SUIYUE SHOUCANG

沈月英 孙永兴 ◎著

岁月收藏

一位乡村收藏家的人生印迹

江南农耕的缩影

温故知新的课堂

苏州大学出版社
Soochow University Press

图书在版编目(CIP)数据

岁月收藏:一位乡村收藏家的人生印迹/沈月英,孙永兴著. —苏州:苏州大学出版社,2019.1
ISBN 978-7-5672-2678-4

Ⅰ.①岁… Ⅱ.①沈… ②孙… Ⅲ.①民间艺术-收藏-介绍-中国 Ⅳ.①G262

中国版本图书馆 CIP 数据核字(2018)第 264967 号

书　　名:	岁月收藏:一位乡村收藏家的人生印迹
著　　者:	沈月英　孙永兴
责任编辑:	刘　海
装帧设计:	吴　钰
出版发行:	苏州大学出版社(Soochow University Press)
出 品 人:	盛惠良
社　　址:	苏州市十梓街 1 号　邮编:215006
印　　装:	苏州工业园区美柯乐制版印务有限责任公司
网　　址:	www.sudapress.com　QQ:64826224
邮　　箱:	liuwang@suda.edu.cn　sdcbs@suda.edu.cn
邮购热线:	0512-67480030
销售热线:	0512-67481020
开　　本:	700mm×1000mm　1/16　印张:13.25　字数:231 千
版　　次:	2019 年 1 月第 1 版
印　　次:	2019 年 1 月第 1 次印刷
书　　号:	ISBN 978-7-5672-2678-4
定　　价:	68.00 元

凡购本社图书发现印装错误,请与本社联系调换。服务热线:0512-67481020

谨以此文纪念我贤惠的母亲、辛勤的父亲、钟爱我的祖父祖母、淳朴善良的公公婆婆。

谨以此文献给我至爱的亲人、尊敬的领导、热情的同事、所有帮助过我的亲戚朋友。

Preface 序

　　什么叫收藏家？收藏金银玉石、古旧瓷器、名人书画等物品的人，称得上收藏家。可有谁见过收藏坛坛罐罐、破椅烂凳、过时农具的人成了收藏家？

　　意外的是，有位阿姨专门收藏坛坛罐罐、破椅烂凳、过时农具，而且乐此不疲。别以为她这样做是因为有了年纪，敝帚自珍。她收藏这些宝贝，不但收藏出了名气，而且收藏出了文化，收藏出了事业，使人吃惊不小。

　　收藏家通常转悠在古玩市场，进出于书香门第、艺术世家，寻访、捡漏、交易，谈笑有大款，往来无贫民。阿姨却转悠在即将拆迁的居民区，跟拆迁户磨嘴皮子，从平民中来，到平民中去。一来二往，人家看到的，不是一个从政府机关退下来的领导，也不是广场上翩翩起舞的靓妇，而是收破烂队伍中的一根嚼不烂、炒不爆、捶不扁的"老牛筋"。

　　拆迁区来来往往的是收破烂的人。老人恋物，用过的东西难以割舍。拆迁了，得先处理这些东西。收破烂的人拉了一车又一车。阿姨专捡有特色的生活用具和生产工具收。从这辆车上拉下一把长勺，从那家人家选上一只筲箕，人家以为她在打秋风，难免产生误会。

　　精明的人是能够从拆迁场地淘到宝贝的。我的朋友宗师傅，虞城赭石砚非物质文化遗产的传承人。他到常熟六沿河拆迁场地一转悠，捡到一块石头，夹在自行车后座上就走了，人家以为他带回去是用来压腌菜缸的。他见到我，笑得合不拢嘴，说捡到宝贝了，是块澄泥石，我国名砚石之一。澄泥石原产苏州城西的灵岩山脚下，民国初年就被采光了。此石可能是清代末年有人买下，没琢成砚，久而久之，后人不懂，弃置一旁。宗师傅拿回家，将它琢成四方砚台，雕上花鸟亭台、蝇足铭文，成了砚界一宝。

　　阿姨没有这种专业眼光，但她熟悉生活，她心中在酝酿写一篇锦绣文章。她要再现江南农村20世纪五六十年代原生态的农耕生活，她要建造民俗馆，把当年的生活用具和生产工具收藏齐全了进行展出，再现当年景象，让人走进馆体验当年的生活，与当下突飞猛进的现实对比，从而揭示时代意义。实现这个创意是一项浩大工程，比宗师傅捡一两块石头要困难得多，琐碎得多，也有意义得多。

绳锯木断，水滴石穿。阿姨集30多年收藏建成的江南农家民俗馆终于在常熟市蒋巷村开馆了。展馆建筑面积达3000平方米，外加500多平方米的老街。馆中蜡像人物栩栩如生，男耕女织，匠作百工；农家小院里，锅瓢小灶，提桶水缸；门外，生铁补镬子，棒槌弹棉花；铜匠担子老皮匠，箍桶篮篾豆腐坊。新房里，飞来床架挂发禄，麻纱蚊帐相思钩，床后米窠稻柴做，床前榉木马鞍台。场地上，鸭下河，鸡上树，老婆婆簸扬新谷米。捕鱼捉蟹的鱼篓、撩海……各种网具，一应俱全。蒋巷村是国家级农村现代化建设示范村，江南水乡的旅游热点，民俗馆成了蒋巷村景观的一大亮点，来此参观游览的人川流不息。仅2017年5月的某一天，大客车就来了180辆，游客近万名。

阿姨变腐朽为神奇，成就了事业，她被吸收为中国收藏家协会会员。欣赏民俗馆的人，触发了怀旧情结，特别是当年的下乡知青，一物一故事，一事一段情，见物思旧情，当年的生活重现眼前，他们激动不已。许多人不远千里来拍照绘图，准备回去仿制。阿姨的锦绣文章越写越长，她开设了一系列民俗场馆——古砖雕石馆、锡壶艺术馆、古门窗馆，为的是让参观者全方位了解昔日江南。

阿姨说，即使在收藏领域，也需要创新思维。她的成功之路，是创新实践之路。

阿姨名叫沈月英。她勤奋、真诚而朴实，这是典型的江南农民性格。她的经历涵盖了共和国成立之后急剧变化的江南农村的大事件，本书即是她以往经历的回顾，一幅幅生动的画面，再现了当年生活的沉重和当今业绩的辉煌。

本书的第一道风景线是江南风情，分三个镜头：20世纪五六十年代原生态的江南风情；六七十年代农村改天换地的苦干激情；改革开放后经济腾飞的小康之情。本书好像也是一家民俗文物馆，从坛坛罐罐到生活起居，再到江南农民的谋生道路，真实地再现了这半个世纪的历史，展示了这一历史阶段乡村中的人物群像。

　　本书的第二道风景线是共和国提供了一位普通农民的上升通道。主人公从一位普通农民成长为大队的条线干部，被提拔为公社干部，连续四届当选为乡镇领导，主管一乡农业生产，进而担任常熟市妇联副主席（主任科员），退休后居然又成了一名为人注目的民俗文物收藏家。她一路埋头苦干，一路沐浴雨露阳光，任劳任怨，奋发向上，不间断地发挥自己的光和热。一滴水反映太阳，她的身上，体现了翻身农民爆发出来的建设能量，体现了社会主义制度的优越性。

　　本书的第三道风景线是江南农民勤奋刻苦的创业精神。他们从种田的第一天起，手不空闲，脚不停步，劳累到老。每个农民往往掌握多项技艺，既会务农，又能副业，男耕女织，六畜兴旺。改革开放后，社队办企业形成的"苏南模式"，就是建立在他们多才多艺、实干硬干精神基础上的。

　　摩挲这本书稿，我百感交集。我也生长在农村，头戴着菜花、稻花长大。我也曾从事田间劳动，与沈阿姨有许多共通之处。她在党的培养下成长为一名国家干部，不断为社会做出贡献，可喜可贺。我直到"文革"后恢复高考才考入高校，毕业后在乡村中学任教，两耳不闻窗外事，一心专教圣贤书。今天，阅读沈月英的精彩人生，流逝的岁月一一在眼前苏醒，令人心头一热，深感鼓舞，能不浮想联翩？

孙永兴
2018 年 6 月

目录

第一章　童年记趣事　　/ 1

1. 人生起点　　/ 1
2. 祖父祖母、父亲母亲　　/ 3
3. 我和奎生哥　　/ 20
4. 妹妹和弟弟　　/ 41
5. 短暂的学校生活　　/ 50
6. 迎战困难年　　/ 54
7. 砟田埂脚　　/ 59
8. 上海割草去　　/ 65

第二章　青春扬激情　　/ 76

1. 家乡河白茆塘　　/ 76
2. 社员挑河泥　　/ 79
3. 宣传队　　/ 86
4. 郎舅参军　　/ 89
5. 路线教育　　/ 94
6. 大寨评工　　/ 100
7. 花好月圆　　/ 105

第三章　成年记事业　　/ 110

1. 支塘新居民　　/ 111

2. 严家的媳妇沈家的囡 / 117
3. 亲人离世 / 123
4. 主管支塘农业 / 125
5. 林牧副渔 / 135
6. 计划生育 / 145
7. 商海大潮一勺水 / 149
8. 痛失双亲 / 159
9. 工作在常熟市妇联 / 162

第四章　夕阳争贡献　　　　　／170

1. 收中乾坤大，藏里日月长 / 170
2. 收藏资金何处来 / 173
3. 踏破铁鞋苦搜寻 / 177
4. 蒋巷村江南农家民俗馆 / 183
5. 场馆系列 / 191
6. 与岁月共舞 / 194

后记　　　　　　　　　　　　／200

第一章
童年记趣事

1. 人生起点

就在20世纪40年代即将过去时,中华人民共和国在北京天安门城楼宣告成立了!东方巨龙,重振雄风,惊雷震响,举世瞩目。

半年之后,江南白茆塘畔的一户沈姓人家添丁增口。一轮圆月下,破草房里亮着一盏煤油灯,一个女孩呱呱落地。

接生婆婆如是说

夜深人静,一缕月光从巴掌大的天窗漏了进来,照在我这个初生娃娃的圆脸上。接生婆婆后来对我说:"月英啊,这就叫'秧好稻好,娘好囡好',你娘灵绽(灵绽:吴语,聪明、灵巧),养的细娘(细娘:吴语,姑娘)也有模有样。你初出娘胎,长的那个眉眼啊,那个活灵,我一边兜蜡烛包,一边把你亲了个够。那是清明节过后没几天,杏花梨花开得热热闹闹,到处是'嗡嗡'乱飞的蜜蜂。我对你爹妈说,'这不是百花仙子送来的一朵花吗?亲公亲婆,阿爹阿娘,等着享福吧。'你爹你妈好像不当一回事,这叫'有眼不识金镶玉'。不用看别的,看你一双胖嘟嘟的小手,手指长长的,尖尖的,庄稼人抓粪掰烂泥哪用得着这样的手,明明是一双坐账台拨算盘珠的手嘛。"

婆婆能说会道,她老伴却是个死田角落里的土佬儿,说话像弄堂里拔木头——直来直去，他见婆婆夸我，便哼一下鼻子："什么仙子神道的！生在丰年吃好粮，生在荒年饿断肠。她出生在荒三春苦七月，这叫落地时辰，注定她一辈子有得折腾。"

我出生那一天是农历二月廿一，清明节后的第三天。俗话说："三月清明麦不秀（秀：吴语，指稻麦抽穗），二月清明麦秀齐。"房前屋后的麦地和往年一样，麦苗碧绿。油菜花一片一片金灿灿、黄澄澄，耀人眼目，饱含着庄稼人的希望。

早春的景色虽好看，但是"荒三春，苦七月"，这时大熟粮食快吃完，小熟粮食还未成熟，是农民最难熬的日子。大家都勒紧裤带在田间劳作，根本无心欣赏春色，只盼望夏熟作物快点登场。我在这时出来闯荡世界，世界将赋予我什么使命呢？

我这个刚出娘胎的婴儿是谁？我将步入怎样的人生？其实谁都不知道。谁都不可能知道新中国会给一个普通农民在政治上、生活上提供多少上升的机会，谁也不知道我这个农村小姑娘能在人生的道路上走得顺，还是不顺；远，还是不远。

接生婆婆不知道，胡子伯伯也不知道，我的爹娘更不知道。

我家房子大转身

我爹妈不为接生婆婆的美言所动，并不是因为他们有多少定力和见识，这里面另有原因。我爸妈只知道"不孝有三，无后为大"，儿子最重要，传宗接代，交班接力，没有儿子万万不能。家里已经有了大儿子奎生，至于女儿，那是锦上添花，有这朵花可以，没有这朵花也可以。接生婆婆说我爹妈有眼不识金镶玉，这跟爹妈的见识有关。

其间还有深层次的原因。我亲公是沈家的上门女婿（太爷爷一代没有儿子），亲公领养了一个五岁女娃，就是我妈，她又招了个上门女婿。两代上门女婿，大家族中我家好像比人家短了点什么。家族宅基地，我家得到的就非常怪异——只是村子中间南北窄长的一条屋基，我家朝西造了三间土墙草顶小屋。人家的房子坐北朝南，冬天晒太阳，夏天乘风凉。我家的是朝西屋，俗话说："有囡不嫁朝西屋，六月里西晒太阳熏得像蒸笼，寒冬腊月西北风吹得像刀割。"之所以能招上一名上门女婿，是因为这女婿家穷得揭不开锅，才愿意到我家来支撑门户。

三间朝西小草屋，能巴望以后子女成龙成凤、光宗耀祖？我爸妈从来就没有过这种奢望，他们也不敢有这种奢望，他们想的不过是"中年有子万事足""不图孩子屙金尿银，只图孩儿见景生情"。

新中国，我家的第一个奇迹出现了，三间朝西草房来了个大转身。随着社会主义革命与社会主义建设事业的深入发展，农民渐渐淡化了对土地的强烈占有欲望，过去的寸土寸金意识，过去的"宁愿老婆给人困，不愿田地让人种"的小农思想，让位于农村合作化，生产资料集体化、公有化，我家的房子也就有了转身的机会。

那是个少见的忙乱而欢快的场面。我的父母、亲公亲婆叫了几个匠人帮手，先把屋里的台凳桌椅、床铺橱柜、被褥碗筷搬到外面场地上，再把屋顶的稻草扒下来，敲去四面的墙壁，连灶台也扒了。竹作匠人进屋，把四排列柱用竹竿捆扎固定起来。这时，村上的干部正在开会，一声呼唤，一二十个壮汉来了，每人抱一根柱子，"一、二、三！"一声令下，就把屋架掇了起来，再"一、二、三"齐步走，屋架就转了个身，原来的朝西屋变成了朝南屋，通风透光，门口望出去，一马平川，我家大小一家子的心也舒畅亮堂起来。我妈借来行灶，烧水端茶，忙里忙外，左邻右舍的阿婆阿娘来拣菜烧饭，泥瓦匠再砌上墙，用稻草盖上屋顶，砌上灶台，搬进家具，旧房就变成了新屋。新社会，新房子，新心情，社会主义新农村从这里起步，我们隐隐感觉到，我家的前程无比广阔。

2. 祖父祖母、父亲母亲

祖父、祖母，我们叫"亲公""亲婆"；外祖父、外祖母，我们叫"外公""外婆"。祖辈和孙辈，俗话说"隔代亲"，"舐犊之情"，比父女、母子的亲情更加如胶似漆，隔代的传承更加入肌入骨。

亲公孵茶馆

每天鸡叫头遍，启明星还有一丈高，亲公就起床了。先是一阵咳嗽，接着摸摸索索，穿鞋点灯，坐在床沿上，煤油灯上点燃纸煤头，吸上一管水烟。"骨碌碌碌"吸罢，又是一阵咳嗽，"扑扑扑"吹灭纸煤头，把它插在水烟管的侧洞里。有时，天色尚早，灶上热一点剩饭，吃罢早点，背了褡裢，摸黑出门上市。时间如果不早了，就空着肚子直接出门。亲婆照例不满地送上一句："无利不起早，你上街拾铜钿去？"

亲公名叫沈根仁，他"嘿嘿"笑两声，并不回嘴，出门走了。亲婆翻了个身，自睡她的觉去。

早起上市，是江南农民的生活习惯，镇上孵孵茶馆，听听山海经，交流一下农时农事。家里有农副产品的，挑到街上，摆在茶馆门口出售，换几个现钱。亲婆说"街上拾铜钿"，指的就是这个。亲公见多识广，有满肚子故事，"上街拾铜钿"的典故，他给我们讲过，我记得很清楚。故事蕴含了农民的美德，惩恶扬善，体现了千百年来农民的价值观，亲公讲这个故事的时候眉飞色舞，好像他也拾到了五张银票。亲婆经常唠叨"去街上拾铜钿去吧"，我想，她对这个故事一定也很熟悉。

亲公早早去支塘镇上喝茶，一路鸡啼声声，月色朦胧，人影憧憧。田间小道，把村村户户连成一个巨大的网络，三三两两的庄稼汉，沿着网络的经纬线向中心镇支塘走去，就像周身的血液顺着血管流向心脏。江南的好些乡镇被人冠名为"贼偷某某镇"，其实，并不是镇上遭到贼偷了，而是这里的农民上市早，天不亮，街市上人头攒动，黑暗中频繁交易，就像贼偷一样。

江南小镇茶馆多，百十米长的街道也有三四家茶馆。那时候，一个庄稼汉不上茶馆，不与人交流，被看作上不了台盘。两个人争论起来，会说："你也要到茶馆台上坐坐的，怎么说出这种话来？"上茶馆，显示了一种身份，一种能力；上茶馆的人是懂道理、讲道理的。村里解决不了的纠纷，拿到茶馆内叫大家评说，这叫"吃讲茶"。四方台子八方理，众人的评断，当事人不得不服。

亲公中等身材，面容清癯，长年穿一件铁灰长衫，斜襟上蚕头纽扣排列有序。出门肩上背个褡裢。他回来，我总要爬到他怀里，手伸进褡裢，在口袋里抠东摸西，总有收获。亲公看上去温文尔雅，像个乡间绅士。我不知道他为什么要穿长衫。他是个木匠，在家还要干农活，按理说，干体力活的人穿短衣才出手利索。穿长衫的人一般是教书先生、说书先生，或者走江湖的测字算命先生。他们识文断字，跟扛大锯、挥斧子的木匠没有一点关系。乡下穿长衫的人不多，乡下人也看不起穿长衫的人，会在后面指指戳戳说坏话："长衫马墩只，活像偷鸡贼。"意思是穿长衫的人偷上一只鸡，裹在长衫里，人家也看不出。后来我琢磨：亲公识文断字，他要顽强表示自己的文化素养，用穿长衫来显示他的文化知识。

支塘街上茶馆多，老茶客通常是挑一家茶馆喝茶，从一而终，不去其他茶馆凑热闹。茶馆里有自己专用的茶壶、茶碗，专坐的座位。上茶馆不像去店里买东西，这家进、那家出，货比三家，像走马灯似的。亲公是支塘街上绿云泉茶馆的常客，固定座位，每天必到。他每天到这里来，正如亲婆所说，是来街上"拾铜钿"的，即找活干，"赚钱谋生"。

匠人必须早晨到茶馆，这叫"撑市面"。匠人之间谁有了雇主，缺人手，到茶馆里就好叫上同行，组成帮次，一同干活；农户人家要找匠人，就到茶馆里去找人。亲公识文断字，他出身木匠世家，他的木工技艺虽然比不上祖上几辈，但门面还在，能够揽上活，有时还能做个作头师傅。他穿长衫，大概也有显示这种鹤立鸡群的身份的意思。

亲公老了，"年轻木匠老郎中"，木匠是重体力活，亲公没有年轻人的体力，但他有老到的经验、周密的计算、巧妙的设计，这些足以弥补他体力的不足，而穿上长衫则可以强调他这方面的才能。

这是我胡乱猜测好公穿长衫的原因，至于到底为什么，只有他自己知道了。我们面对长辈的一些习惯和爱好，也只能猜测，没有他们的经历，很难有确切的解释。

江南木匠，行当繁多，各有专攻。大木造房、小木家具、舂作农具、圆作盆桶、红木匠硬木家具、船匠造船修船、橹匠制作船橹、解匠锯解板材、白木雕花、红木雕花，还有木模工、纺织机械维修工，各行其是，各有门槛。俗话说"隔行如隔山"，你造房不可能去请个箍桶匠。只有经过专业匠人的手，制作的物品才美观实用。各种木工，各种部件，都有相匹配的木材，这叫"物尽其用，人尽其才"，亲公在这方面是别具慧眼的。

孵茶馆孵到日上三竿，便有人来叫好公做生活。当然也有无人问津的日子，这时他就拍拍屁股走人——从凳子上拿起褡裢背在肩上走出店堂。这有个讲究，这里乡间农民上市都要提只篮子，俗话说"上街不带篮，赛个（吴语，就像）活讨饭"。我估计这句话是家里老婆孩子造出来的：你一家之主上街，家里人都盼着你带点吃的用的回来，两手空空而去，两手空空而回，算什么名堂？我亲公不带篮子，就背个褡裢，道理就在这里。

亲公走出茶馆，常有附近的农民凑过来，硬拉死扯，请他到面馆吃上一碗阳春面。常熟的面馆是天下一绝，做出的面条"此味只应天上有，人间能有几回尝"。我小时候嘴馋，向往到街上吃一碗面。亲公第一次带我上面馆吃面时，我的个头还只有桌子般高，面馆里的一切都让我感到新鲜。一筷子面条入口，一股鲜味沁人心脾，鲜而不杂，油而不腻，吃罢面条，那汤汤水水我也舍不得留下，喝个碗底朝天。

现在来常熟打工的人很多，我曾对两位来自北方的外来务工人员说："你们北方人爱吃面条，我们常熟面馆的面条味道好，你们去尝个鲜吧?"想不到他们说："我们不爱吃这种面条。北方人爱吃面条，爱的是那种原汁原味的面粉味。这里的汤面加了好些佐料，失去了面粉味，成了另外一种食物了。"看来"一方蚯蚓吃一方泥"，各自从小养成的饮食习惯很难改变。

话还是回到我亲公身上。

有人拉亲公吃面条，那是有事情求他。一般是手头拮据，想卖掉家里一两棵树，叫亲公去估一下价，看看能派什么用场，能值多少价钱，能否找到理想的买家。亲公吃罢面条，抹抹嘴，跟着就走。来到树前，他用虎口量一下树的圆周，估算一下材积；看一下树根，如果河岸边的树，有粗大的主根弯向河堤，这根可做木船的船梁，可以去联系船匠；看一下树冠，如果是虬枝，看看枝条的弯曲度是否能做犁弓、牛轭木，可以联系春作。亲公对树一一做出评估，并介绍需要的买家。

亲公上市回来，褡裢里的好东西不少。我们兄弟姐妹等在村口，急不可耐地要吃。邻居家的孩子也远远站着，眼睛盯着，艳羡不已。亲公拿出油条粢饭糕、橄榄花生米……按需分配给孙子孙女，邻家孩子也分上一点，他说："好东西要大家分享，这叫'十人吃了十人香，一人吃了烂肚肠'。"亲公的大方，得到邻里的称许："到底是百家师傅，手面跟旁人不一样。"

我是亲婆后面的跟屁虫

我们称呼"祖母"为"好亲婆"，简单一点称"亲婆"。亲公是上门女婿，我的母亲又是养女，亲婆便是沈氏家族的正宗嫡传，我们家的主心骨，当家掌权的财务主管。

她的大名叫沈南宝，大家叫她沈阿南。亲婆身材高挑，体格健壮，是位大个子老婆婆。身大力不亏,她干活利索,手脚勤快,一天到晚风风火火,忙罢队里忙家里,种菜割草纺棉花,转身如牵钻,来去一阵风。奇怪的是,这样一位死田角落里的老婆婆,竟然也识文断字,家里得到只书片纸,她从头看到底,嘴里喃喃有声,眼里熠熠放光。老年妇女聚在一起唠家常,数她知道得多,"三个女人一台戏",她唱主角。

每天鸡叫,亲公第一个起身,"嗞嗞"吸罢烟,一阵咳嗽,便开门出去上街。我睡在亲婆的脚跟边,感觉她连翻几个身,睡不安稳。她披衣起床,看我一眼,把我身边的被子揿好煞好。然后她刷牙洗脸,从竹枝扎钩上拿下筲箕,草窠里畚上米,到屋后的水栈上去淘洗。不一会儿,听得"咚咚咚"的脚步声由远及近,然后是灶上舀水声,门外柴庐上拔柴草的声音。之后,她坐在灶后,折起草把,生火熬粥。

等一家子起床,盥洗舒齐,灶搁沿上一碗碗的稠粥已经凉在那里了。而亲婆却不见了人影,她去侍弄菜地了。我家的菜地要供全家一年四季的下饭菜蔬,马虎不得。

我知道亲婆的行踪,喝罢粥,筷子一丢便往菜地跑。亲婆早晨到菜地,不是拔草松土,就是翻地整畦,准备晚上播种或移栽。亲婆拔草,我也拔草,亲婆翻地,我在旁捉蚯蚓,回去喂鸭子。亲婆种豆,她在前头用镰刀在地上砍出一道道口子,我在后头往口子里放两三粒豆种,然后一脚把口子踩平。

亲婆侍弄的菜地,垄成垄,行成行,横竖平直,像棋盘似的。边沿点上毛豆、豇豆、赤豆、绿豆,中间畦垄,各色蔬菜搭配,保证一年四季都有吃的。一畦韭菜是不变的当家品种,韭菜的再生能力强,春、秋两季割了一茬又一茬,生生不息,但要勤锄草,多施肥,它才长得粗壮,不会焦梢。到了夏季,韭菜焦叶休眠,这时,即使它不焦叶,也不好吃。俗话说"六月韭,臭死牛"。

春天,最早种的是洋芋艿,即土豆。春和景明,太阳照在身上暖洋洋的,万物苏醒,百草回芽,隔年留种的洋芋艿长出了粗壮的新芽。亲婆把菜地畦垄翻整好,再横向垄出一道道小沟,在小沟里撒上羊圈灰或鸡舍灰,用锄头和泥土拌均匀。我拿着一颗颗洋芋艿在小沟里种下,苗芽朝上,洋芋艿埋进土里,大约隔两虎口远就种一颗。亲婆再在上面洒上麦壳麦秸,以防霜冻。种下的洋芋艿不用浇水,也不用施肥。江南的洋芋艿长得快,二三月种下，五月份就可以收获。收获的时候，亲婆拔去齐膝高的叶梗，我只要用锄头在小沟里一刮一拉，洋芋艿便一颗颗滚出来，就像一窝窝的鸡蛋，有椭圆的，有正圆的，有大有小，颜色有黄、有红、有白，济济一堂。我捡起一颗颗洋芋艿，就像捡到一只只金蛋蛋，拿在手里，乐在心窝。后来，我到北方旅游，看到北方人种土豆是在土豆种上用刀捞出一个个芽，放在篮子里，就像一篮子蚕豆瓣，再一芽一芽地种在田里。直到秋季八月，那里的洋芋艿还在田里，白色或蓝色的花开成一片，还结出番茄样的果实。那里的洋芋艿春种秋收，生长期得经过漫长的三个季节，相比之下，江南的确得天独厚。

　　菜园里种一畦黄瓜是很有必要的。黄瓜生长期长，产量高，可以吃整个夏季。夏天吃黄瓜，清热解暑，甘甜解渴。种黄瓜，先要育好秧。好婆在门口向阳背风处挑上几担熟土，晒干爽，平出桌面大一块苗床。清明前后下籽育秧，除了育黄瓜外，还可以育长豆，早熟毛豆品种五月乌、六月白，茄子、辣椒……下籽后，上面覆盖一层草木灰，再盖上柴草保暖。育秧要早晚洒水，保持泥土湿润。不久，秧苗就能拱出地面，舒茎长叶。这时，我天天到苗床边观察，草木灰拱起来了，黄瓜的子叶顶着籽壳钻出了地面，子叶展开来，子叶中间添芯了……一天一个惊喜。天气也一天天暖和，菜花开了，蚕豆花开了。蚕豆花夹在叶窝里，像一双双小玉兔，长着一对对黑亮亮的大眼睛，非常可爱。蜜蜂嗡嗡歌唱，蝴蝶翩翩起舞，谷雨就到了。

　　亲婆不让我种瓜苗，瓜苗娇嫩得很，她怕我手脚不知轻重，碰伤了幼苗。我只得嘟起了嘴在旁边看她种，给她提秧苗的篮子。她种一段，我拎着篮子跟一段。

　　亲婆为了弥补我的缺憾，在菜园角落划出两张桌面大小的一块地，作为我的"自留地"，给我自由种植。自然，我种几窝甜瓜，一圈芦穄，几棵神仙葫芦，都是孩子喜欢吃的"猢狲食"，或者孩子喜欢玩的玩具。古人云："昼出耘田夜绩麻，村庄儿女各当家。童孙未解供耕织，也傍桑阴学种瓜。"我种菜的手脚是亲婆手把手教的。俗话说"种瓜得瓜，种豆得豆"，可这句话对我来说也只是说说而已，那时我还小，没有种植经验，种瓜往往结不了瓜，种豆往往生不出豆，常常没有收成。

　　亲婆在菜园里的时间很短，忙完后风风火火回家吃粥，她吃粥就像往喉咙里倾倒一样，转身就扛了锄头铁铬去生产队出工。

中午回家做饭也是亲婆的任务,做罢饭,看看上工的时间还早,就搬出纺车纺棉花。照亲婆的说法,"世上只有懒人,没有懒事,偷忙豁溜(吴语,挤出一点时间)就能把事做了"。

亲婆中午纺棉花是忙中抽空,分秒必争。大段的时间是在吃过晚饭后,这时左邻右舍来串门闲谈,大家讲得热闹,她借着如豆的灯光,"嗡嗡嗡"地纺棉花,就像给嘈杂的众言堂伴奏一样。

亲婆坐在小板凳上纺棉花,两脚前伸,一脚平直,一脚稍屈,右手摇曲柄,左手拿棉条,从锭子尖徐徐拉出线来,拉到身仰手直不能再后了,再轻轻俯下身去,让线自然绕在锭子上,再向后拉线,锭子上慢慢鼓起一个大包,这个线锤,我们叫它"纡只"。

亲婆纺棉花,不忘带好接班人。我个子还不满桌子高时,亲婆就教我纺棉花了。我人小手臂短,一手摇纺车曲柄,一手捏棉条,顾了这头,顾不上那头,两手张成"一"字形,像肩上挑着扁担。板凳上坐不得,只好站起来。线拉出来了,一会儿粗得像驴索绳,一会儿细成头发丝,粗粗细细,像吞食了蛤蟆的蛇肚皮。一会儿断了,一会儿拉不动了,弄得我六神无主。亲婆在旁边一个劲鼓励:"万事开头难,见惯不如摸熟,多纺多练,手里有了感觉,棉线自然能纺得又细又匀。"亲婆的话也真灵,一回生,两回熟,反复练习,我终于会纺纱了。人小站着,一手摇曲柄,一手拉棉线,大人坐着纺,拉得再长也只能拉个半个人体位,而我站着,可以退两步,能拉一米来长。上前一步绕在"纡只"上,退后一步拉纱线。亲婆看我别出心裁的纺纱样子,笑着说:"这叫'人小鬼大'。"

亲公"骨碌碌碌"吸着水烟,虽然桌上有煤油灯,但他还是"扑扑扑"地吹火纸卷。看着祖孙两人纺棉花,亲公就说应该再叫上几个邻居,一起来"借光"纺棉花。问他老人家什么叫"借光",他就讲"借光"的典故。

古时候江南妇女很辛苦,白天地里干活,晚上聚在一起绩麻。照明的蜡烛,各人轮流供给。有一个女子家里穷,买不起蜡烛,大家便商量把她赶出去。这位女子说:"我穷,买不起蜡烛,所以,我每天早一点来,为大家扫干净房间,铺好席子。这间房间用一支蜡烛,你们用不了那么多光亮,我来借光,又为大家干了些事情,为什么还要赶我走呢?"妇女们商议了一会儿,认为她说得对,便让她留下来借光干活。

母亲、亲婆白天田里干活,夜里家中纺棉花,原来古代的妇女就是这么干的，吃苦耐劳是江南妇女的传统美德。

困难年代后期，十边地可以种点棉花，家里把它纺成线，自己可以织成布。有了棉花，亲婆又可以织布了。"唧唧复唧唧，木兰当户织""纤纤擢素手，札札弄机杼"。亲婆不是木兰，也不是织女，但她比木兰、织女更辛苦。白天她要料理许多家务，还要到生产队出工，只能利用夜里的时间坐上织布机，一织就织到深夜。我只能一个人先睡，但我不甘心，尽管亲婆一再催促，我还是常常会搬张小凳子呆呆地坐在织布机旁边，看亲婆双脚来回蹬踏，两手扳动扣夹，"啪啪啪"，梭子来回奔跑。布机上，一盏油灯发出微弱的光。

那一点点光亮，稍有风吹草动便摇摆不定，照得亲婆的脸也忽明忽暗。亲婆老了，眼角的皱纹像松针，向脸颊上扩散开来。这张饱经风霜的脸，蕴藏着多少坚毅、多少慈爱啊！她虽然跟我们没有血缘关系，但是"生亲不如养亲"，她用全身心呵护我们一家。饥荒年月，亲婆生了浮肿病，浑身无力，她仅有的一点点口粮舍不得吃，塞给孙儿孙女填充饥肠。她对我们的爱，不是用几个形容词就能表达的。渡过难关后，她又忘我地干活，干活，再干活，努力改善我们一家的生活。

我的眼睛模糊起来，不知是泪，还是困，亲婆的身影一个变成两个，变成了一串，我的上下眼皮粘住了睁不开。当我醒来时，发现自己好好地睡在床上，被子煞得紧腾腾的，被窝里暖烘烘的，脚边却空荡荡的，隔壁传来亲婆"札札"的织布声。亲婆要到什么时候睡觉？不知道，很快我又睡着了。

新中国成立前，我们这儿织棉布有两种形式。一是布商织的洋布。布商到上海纱布商那里赊来棉纱。棉纱拿回后，上浆染色，摇成纱管，在经车上扳成盘柁。布商的织机分散在农户家里，盘柁送到农户家，配上相应的纬线棉纱，由农家织布，那是三尺多宽的洋布。布商定时到农家取布，再返销给上海的纱布商。

而更多的农户是在自家小布机上织布，织的是一种一尺多宽的小布，叫土布，自产自销。我亲婆织的就是这种土布。亲婆从小就会织布，新中国成立后，政府提倡"以粮为纲"，棉纺织国家专营，民间纺织消失了。亲婆专心致志种粮食，三年困难时期，家里分到十边地，种了一点棉花。收了棉花后亲婆搬出满是灰尘的老织布机，叫亲公修修补补，利用晚上时间又织起布来。

古人说："良冶之子，必学为裘；良弓之子，必学为箕。"意思是，好铁匠的儿子，一定先学习缝制皮衣；好弓匠的儿子，一定先学习制作簸箕。我没有生长在书香门第，没有做科学家、文学家、医师的奢望，但我生长在谙熟纺织和农耕技术的亲婆怀里，耳濡目染，培养出了热爱劳动、精通农业技能、手脚不能闲空的秉性，力争成为一个心灵手巧的姑娘。

母亲，我的生活老师

母亲叫沈桂珍，亲公亲婆的领养女儿。她中等身材，不胖不瘦，鹅蛋脸，十指尖尖，一对忽闪忽闪的大眼睛，好像能把这个世界看个透彻。人道是"手大扒烂泥，手小称黄金"，我母亲是个普通农家妇女，她的手是小，但称不了黄金，凭她的心灵手巧，绣罢地头绣行头，她的手摸到哪里就好到哪里。俗语说"千金难买勤手脚"，人家会做的她都会做，人家不会做的她照样会做。比如说，亲婆会织布，但不会前道工序，经布啊，做综头啊，都得请人帮忙；而我妈能纺纱，能织布、经布，能做综头，做鞋子、做花边更不在话下。她从一朵棉花做到一匹布，全道步骤一丝不漏，全包了。自己的事情做好了，还去帮人家经盘柁，我妈称得上村子里纺织的佼佼者。村里不少人家从经布到最后的点数打结都要请她帮忙，经了她的手，她们才放心。

妈妈是我的偶像，一直供奉在我内心深处。她不仅手脚灵巧勤快，还是我们家里知书达礼的先生，家庭成员中数她文化水平高。她外出会宣讲宝卷，会用毛笔书写"疏头"（"疏头"即"青词"），常给人家读信写信，村上有关文化上的事，常有人向她请教。她还会自编山歌，在赛歌会上与人家对歌比赛。

"吃遍天下米好，走遍天下娘好。"女儿是母亲的贴心小棉袄。妈经布时（小布经盘柁有用经车的，也有在场地上插上几个小木桩拉着筒管来回跑的），妈跑，我在后面跟着跑，拉着一根根经线，直到满数为止。妈把经线卷在盘柁上，我给她拉直理平。还有一种经布方式是背着经车，用三根竹片分成层次挑着经布，我们常用这一种。这种经布难的是最后数线头，这决定了以后布的花纹式样。妈妈数，我也数，慢慢我就学会了。妈妈出去帮人家经盘柁时会带上我，她告诉左右邻居，我女儿都学会了，让她锻炼锻炼吧。妈做综头,我在旁给她递线头。妈妈织布,我给她摇纱管。妈叫我坐上布机织布,教我如何换梭,如何织出花纹,如何接线头,挽蚊子结、拳头结,或干脆粘结——手指往嘴里蘸一点唾液,把断头轻轻一捻就接上了,真是"馋唾不是宝,处处用得到"。在妈妈的言传身教下,我早早学会了织土布的全套工艺。照理说,纱布是国家统购物资,不允许民间经营,但分了十边地,农家自种棉花,也就允许农户自产自用,由此便出现了小规模的土布交易。

妈妈教我女红,最值得称道的是做花边。

常熟花边是常熟农村妇女的传统副业,有些城镇妇女也以此为生。村上几个绣花女,三五成群,带上矮凳,挎着绣花篮子,夏天在竹林树荫下,冬天在壁根暖阳里,春秋在花间篱笆旁,一边穿针引线,一边娓娓谈笑。雪白的桌布披在膝间,引来蜂飞蝶舞,饱染大自然的馨香,陌生人见了此情此景,误以为一群仙女来到人间。家里有个花边女,老公会把家中的洗衣、做饭、拣菜、看孩子等一切家务包揽下来,尽量给花边女充足的时间,让她们多绣几根线,多挣几个钱,好让家里的生活宽裕一点。

花边,又叫雕绣,是替县里花边社加工的手工艺品。花边社将花边整理后,再出口到海外赚取外汇。所以,做花边在常熟农村是一种政府提倡的副业,即使在割资本主义尾巴最厉害的年月,做花边还是在常熟农村遍地开花,不受干扰。妈妈教会我做花边责无旁贷,因为这是直接关系到女儿成家后能不能挣到零花钱、能不能保证家庭经济正常运行的大问题。

妈妈做花边的时候,叫我坐在她身边。她做包花挑丝雕剪,我做简单的游筋,逐步深入,把一项项技艺学到手。我到十四五岁就能独立做花边了,先做手帕,再做台面罩、床罩。挣到的钱,妈妈把它存起来,好以后为我置办嫁妆。

妈妈注重培养子女真诚做人,"不识字能吃饭,不识人难吃饭"。待人接物很要紧,对人要真诚,不能伤害他人的自尊。她说,一个人就像一条鱼,周围环境、左右的人就是水,鱼离开了水,如何生活?

生产队出工,干活时人多热气高,嘻嘻哈哈,口无遮拦。某人遭遇了大不幸,经受磨难,往往会有人装出关心的样子说这说那,骨子里借此炫耀自己的优越。母亲说,绝不能学这些人,他们是在"消费"人家的苦难,很不道德。人家本来很痛苦了,这不是雪上加霜,往人家伤口上抹盐吗?

"笑人不过夜，犯在自头上"，人要真诚对待他人。你掏出一颗心来，人家也会以诚相报，热心能化解心中的寒冰。"冷粥冷饭好吃，冷言冷语难熬"，邻居有人起了难听的外号，妈妈从不允许我们去附和称呼。

妈是生产队里的莳秧快手，是我们全家的骄傲。每年到了黄梅天，东边日出西边雨，水田里水平如镜。生产队里的男男女女在田里"一"字形排开莳秧，莳着莳着，母亲一马当先，把众人甩开了一大截。她莳的秧横看像阶梯，竖看一条线，棵棵一枝香，稻棵调匀，整齐划一。黄秧落地便成稻，秧苗在母亲手里，像雨点一样一棵一棵戳到田里，一戳定终身。"莳秧六棵，毛病最多"，有些人却不是这样的，莳得横里偏斜，叫"扯篷"；莳得弯曲叫"环带"；枝棵塌在水面上，叫"眠枝"；还有人莳的"乱六棵""落脚秧""烟管头秧""浮棵"——这些都会给水稻的成活与后续管理带来麻烦。莳秧跟学生写字一样，一人一个面貌，学在手里习惯了，很难改变。秧莳得像我妈那样又快又好的人，并不多见。

黄秧，人称"黄金狗屎草"。如果育秧碰上坏天气，出现烂秧，秧板上稀稀拉拉几棵苗，大田莳秧就要缺秧。怎么办？再育秧来不及，只能求爹爹、告奶奶，到处找秧，它就像黄金般贵重，或者去买，或者用人工去换。如果秧多了，又没用处，就将多余的秧拔了扔在田埂上任人践踏，这时的秧就像狗屎一样贱。这跟人一样，你再金贵，人家不起用你，你的才能发挥不了，也就狗屎一堆。

妈妈是莳秧快手，非要培养我成快手不可。这叫"秧好稻好，娘好囡好（囡：吴语，女儿）"。一年中莳秧季节就10多天，妈嫌我锻炼得不够，就想出了"五棵一缩脚"的训练办法。妈让我闲空时左手拿一把筷子，弯腰在地上摆筷子，像莳秧一样，两腿中间两堆，两腿外各两堆，相当于莳的六棵秧，为了加快速度，放第五堆时，右脚提早向后退缩，这样来锻炼手脚的协调。除了练习手脚的协调外，还要练习弯腰，长时间弯腰，为的是熬得住腰酸。这一招真灵，不久，我的莳秧速度就能跟妈比个高低了。

每年支塘公社开展莳秧比赛，生产队推荐我去参赛，我准能拿到名次。我早早在支塘有名，部分原因是我是莳秧快手，这是妈妈教导的结果。

大概劳累过度，也可能风里来雨里去感染了风寒，我妈得了严重的类风湿关节炎，重的农活不能干了。她脑瓜子灵活，竟然炒起瓜子来，提起篮子去做小生意。

用来做生意的瓜子里有一部分是自家吃南瓜后积攒起来的，还有一部分是到镇上去买的生南瓜子。炒好了瓜子，用纸包成一个个尖角包，三分钱一包卖出去。妈不知从哪里学来的包尖角包技术，她包的包扔在地上纹丝不动，不会散开。我帮忙去包，可是我包的包不用说扔，就是这手递到那手便松开了。看似区区小事，也有窍门。妈妈把瓜子放在篮子里，到大队小学门口叫卖，赚点小钱。人家笑话她："这几分钱的小买卖，塞人家牙缝也不够，你腿脚有病，奔来走去，何苦呢？"妈总是那句老话："金银山，蓬尘肋色（吴语，灰尘垃圾）得（吴语：粘）起来。"这是乡下人的传统理财观念。

　　老妈卖的是清一色的南瓜子。瓜子先要簸扬，两三升瓜子放在竹匾里，一上一下地颠簸，稳重饱绽的瓜子安守故我，甘心留在后面，而轻飘飘的空瓜子、秕瓜子按捺不住，随风而舞，一一飘到它们该去的地方。然后过筛，簸扬过的瓜子再在竹筛中筛，竹筛有细小漏洞，筛瓜子要点儿技术。筛的时候双手把住竹筛两边做圆周运动，轻重缓急要视筛中瓜子的运动情况随机而变。细小的杂质从筛洞漏下，而饱绽的瓜子还是我行我素，稳留下面，半秕的瓜子经不住诱导，争先恐后浮到表面，聚成一堆，以求一逞，老妈趁势把它们捧出来，淘汰出局。

　　通过扬筛把滥竽充数的空秕瓜子剔除后，剩下来的瓜子个个精神，粒粒饱绽，无可挑剔，妈妈把瓜子藏在麦鬉里，随时取用。

　　妈妈炒瓜子用一个小行灶，灶下添柴，灶上翻炒，这样来得方便。炒瓜子得看火候，炒得过了会焦；炒得不够，瓜子不香。妈妈又是烧火又是翻炒，人说"一心不能两用""家有两项，必有一荒"，我妈却两不误，烧火掌握小火、旺火、烘煨，翻炒有左翻、右翻、抖松，既不让一粒瓜子有黑晕，又要炒得粒粒喷香诱人。

　　瓜子炒好了，妈盛出一半来晾在一旁。锅子里的另一半，泼上早就预备好的盐水，热镬热灶，再翻炒几下，让盐水中的水分蒸发干净，瓜子上泛出一点白色的盐霜，这一半就是盐水瓜子——增加一个品种，也就增加了一部分客源。

　　妈妈炒瓜子、卖瓜子是身患风湿症后不得已而为之，是一种权宜之计。世界上有些事是"风起于青萍之末"，亚马孙丛林里，蝴蝶扇下翅膀，加勒比海有可能引发一场风暴，许多大事往往发端于蝇足之微。当然，这是后话。

女儿是妈妈的心肝宝贝，我的一举一动都在妈妈的眼睛里。我长高了，懂事了，妈妈就教我做鞋子。我不知道女孩子为什么一定要做鞋子，但知道跟着妈妈学没有错，妈妈自有她的深长用意。

夜深人静，把美孚灯捻得亮亮的，我和妈妈分坐桌子两边。做布鞋要按部就班，步调不能乱了。第一步是把鞋底样定在蒲篓（一种两面贴纸的硬草薄板）上，放大一圈剪下蒲篓，用布条缝上沿边。第二步是在蒲篓样上用碎布重叠堆砌，最上面覆盖一层新布。第三步扎鞋底：手指戴上铜针窠，用鞋底线"嗞拉嗞拉"地纳鞋底，针脚要密，收线要紧，针脚横看成列、竖看成行，一双鞋底纳得既要有观赏性，又要扎实硬绷耐磨。妈妈再教我糊鞋帮——孩子的虎头鞋，搭襻鞋，方口鞋，松紧口鞋，蚌壳形棉鞋……各式鞋子各有要领。妈从鞋样书里拿出各式鞋样，一一教我。裁剪，沿边，煞口，上鞋，要做得不折不皱，一滑水秀，拿得出手，上得了台面。

当我把这一切都学得八九不离十后，妈妈坐着把我上上下下打量了一遍，她抿着嘴笑，就像艺术家在欣赏自己创作的作品。我被笑得好不自在，我问她："笑点啥？"她说："我的宝贝女儿能嫁人了，能做这么多花样的鞋子，成了家，就能挑起一家人的担子了。"

我把双手捂住脸，挡不住红到耳根的羞涩："我要跟着妈妈一辈子，妈妈吃了这么多苦，我要服侍您到老。"

我们都是凡人，不是诸葛亮，不能前算五百年，后算五百年。妈妈悉心教我的做鞋技艺到现在一无用处——如今大家都到店里买鞋穿了；而她的权宜之计炒瓜子却给子女创业打下了坚实的基础，这叫"有心栽花花不开，无心插柳柳成荫"。

我妈主持家里的饭菜也有本事，如果是她做饭，我们就有口福了。妈妈总是千方百计把饭菜做得香甜可口，将有限的食材做出无限的味道来。印象最深的是她做的两种粥——初夏的"夏至麦粥"和寒冬的"腊八粥"。

夏至麦粥是一种加糖的甜粥。妈妈会在夏至日的前一天晚上把食材准备好，一般是糯米、小麦、赤豆、豇豆、玉米。将它们淘好洗净，小麦、赤豆、豇豆、玉米要提前在清水中浸泡。妈妈鸡叫时起床，将它们一起放在锅内，加上10倍的水，点火慢煮细熬。煮沸以后加糖，焖上半个到一个小时，再煮一下，这叫"乱粥镬"。注意，乱粥镬要掀开半个锅盖，否则，容易漫溢出来，弄得满灶台都是粥腻。妈妈熬的夏至麦粥脂膏稠厚，香滑爽口，是粥中的上品。那时，糖是计划供应物资，不易买到，我们甜食吃得不多，吃一次夏至麦粥就属于改善生活了。夏至麦粥在我们这个地方家家都重视，家家都要吃。俗语说："夏至不吃粥，死了没人哭；端午不吃粽，死了没人送。""夏至吃粥，郎中要哭。"可见，夏至麦粥还有保健祛病功能。

农历腊月初八日，妈妈要郑重其事地做好腊八粥。腊月初八日已经是秋收收罢，麦子和油菜种好，进入冬日农闲的时节。我妈煮腊八粥和煮夏至麦粥类似，只是放进的食材有所不同。时在冬季，食材丰富，茨菰、荸荠、胡桃仁、松子仁、芡实、红枣、栗子，只要有，都可以放进去做成放糖的甜粥。如果没有糖，也可以放进木耳、青菜、金针菇等煮成咸粥。

妈妈做夏至麦粥和腊八粥，倾注了她的全部虔诚和爱心。看上去她是在煮粥，实际上她是在为全体家庭成员祈福，祈求大家身体健康强壮，生活平平安安。

父亲，家里的顶梁柱

父亲叫沈炳元，这个名字大概是亲婆起的。他是个上门女婿，在老家姓高，小名叫"狗狗"，老家共有兄弟两人，弟弟是我们阳桥大队的高大队长。

想起父亲，我的脑海里就浮现出一个高大的身影。一米八〇的身高，一对大大的眼睛，虎腰熊背，挑起担来健步如飞，垦起田来赛过扯篷船。他是个多干活、少开口的实干型人物。人家干活，中途会撑了铁锹说笑一会，他干活像台发足马力的机器，一鼓作气，没有停歇

兄弟姐妹和爸爸的合影

的时候。父亲在生产队里做副队长。在"抓革命，促生产"时代，正队长"抓革命"，常外出开会；他就在队里"促生产"，带领大家干活。他像一

只老母鸡一样，带领着一大窝鸡子在田野里散开，这些人挑河泥，那些人把船上的氨水挑到麦田里浇了，剩下的老弱妇女拿了敲麦榔头到麦田里去敲麦。安排就绪，各人量力而行，各干各的活。我看他从容指挥，身先士卒，真像战场上的一位大将军。

父亲最拿手的活是开船出去罱河泥。"庄稼一枝花，全靠肥当家。"农田最廉价的肥料是河泥。江南水乡，河道纵横，连接成网，有取之不尽、用之不竭的河泥。只是这事做起来费工又费力，肥力还弱，那时分配的化肥少，猪圈灰、羊圈灰等农家肥又有限，罱河泥，沤塘草泥是农民不二的选择。

父亲罱河泥时的气概威武雄壮。冬季罱泥的人不多，天寒地冻，春节前后，父亲还要去破冰罱泥。"十二月里冻懒汉"，罱泥是重体力活，虽然冰呀水呀的，但是罱泥时不会感觉寒冷。挨年过节，人家青衣小帽，蒸糕裹馒头，他却在河里罱河泥，有点说不过去吧？冬天罱泥有冬天罱泥的好处，水冷，小鱼小虾沉在河底不动，一罱网下去，小鱼小虾跟着河泥一起到了船舱里。罱一天泥，罱上一碗鲜鱼虾不成问题。

正宗罱泥多在春二三月，春暖花开的时候。我坐在河边的草地上看父亲罱河泥。河边可以拔茅针，也可以找蚕豆叶耳朵，可以掘"毛弟弟"。草的种类很多，难以尽识，正像人的脾气，各色各样，难以尽知。

父亲的河泥船在河中心。一泓春水，浮萍片片，隔年散落在河底的菱角长出了小小的菱盘。爸爸见了，总要小心地把它拉上来，长长的藤蔓下悬着一只菱角。父亲把它缠成一个小把，扔上岸。在河泥里沤了半年的菱角，乌黑透亮，跟老乌菱一样，但壳比老乌菱薄，剥开来，菱肉却是雪白鲜嫩的，吃到嘴里，香甜如蜜，比秋季的鲜菱甜美多了。老爸拉上菱角，不是为了给我吃乌菱，而是因为河泥里不能混进菱角，如果带进大田，菱角的尖刺会戳伤农民的脚底。

他在船头罱河泥，脱去上衣，只穿背心，露出一身饱绽的肌肉。下系作裙，把住罱竿，戳向河底，然后，将长长的罱竿向前稍去，直到双手只抓住竿梢，再用右手将粗竿夹在腰间，左手抓着细竿，举过头顶，一个弓箭步，细竿就攀成弓状，爸在船头上前三步，直推得罱网装满河泥，才将它收回。收到中舱船沿边，屏住呼吸，将100来斤重的罱兜提进舱，罱竿张开，"哗啦"一声，一大坨河泥就进了船舱。看着他干活，不由得想起"力拔山兮气盖世"的诗句。听老人说，父亲年轻时，远近的农家都要请他去罱河泥，他忙，应接不过来，有的人家提前一两个月就跟他订约，而且还再三叮嘱父亲不能爽约。

罱满了一舱河泥，船摇到河泥窖前，用"欠扒"（一种专门用来把河泥撬上岸的木勺，一尺来长，半尺宽，船形，装上一人来高的木柄即可操作）扒了，拷进河泥窖。河泥窖在河岸边，是一个方形的大坑。拷（吴语，用勺舀起水或泥向上泼）河泥，就是船上两人站在中舱两侧，动作一致，趁着船的侧晃，一勺一勺撬起河泥，顺势向上一送，河泥便飞进岸上的大坑。

我在河泥窖边转悠，河泥窖里的河泥表面光溜溜的，有螺蛳从污泥中爬出，在泥上爬下一道道小沟，螺蛳撅起了屁股，耽在小沟端头。也有小鱼一扭一扭的，扭出一个个小水坑。我把一根竹竿的梢头劈开，夹上一片蚌壳，用线扎紧，去撬螺蛳和小鱼。有顽皮的孩子走过来，一块泥巴扔进河泥窖，污泥飞溅，溅得我一身一脸。我急忙回转身找那坏蛋，他早顺着菜花田里的垄沟逃得无影无踪。我至今庆幸那时没有掉进河泥窖里，如果掉下去，那滋味肯定不好受。

父亲罱河泥回来应该是筋疲力尽了，但他还是干活，干一些轻松的活，调节体力。

别看他五大三粗，像莽张飞似的，其实他会做细活，会劈篾做篮篓。江南多竹子，有人统计，竹子的种类超过1000种。我家屋后种的是篯竹，这种竹子色青而修长，粗细均匀，竹节平缓，劈出的竹篾细腻坚韧，是编竹器的好材料。

编篮篓虽然只是一种家庭副业，可千万别小看了这项副业，光劈篾一项，没有一两年工夫根本上不了手。老爸劈篾，竹片到他手里，瑟瑟索索，作刀下，竹篾抽了一根又一根。阔有阔的用场，细有细的去处。老爸会做篮篓，两个宝贝儿子就吵着叫他做张鱼的退篓。退篓

常熟农家篮篓

做得多，张到的鱼就多。发水时节，家里脚盆里、脸盆里都是鱼。

父亲是家里挣工分的主要劳动力。他教育子女起来不像亲婆、妈妈那样细腻，也不像亲公那样说话风趣。他是身教重于言教，说话丁是丁，卯是卯，快刀斩乱麻，干脆利落。奎生哥有时顽皮过了头，软硬不吃，简直要爬到人的头发梢上去。老爸张开大手，像老鹰抓小鸡，一把将他夹在腋下，奎生哥手舞脚蹬，扭来扭去，像狗刨式游泳，哇哇乱叫。爸说："扔你到河里，喝两口水，长长记性。要不要？"孙猴子跳不出如来佛手心，奎生哥不得不认错求饶，才摆脱爸爸老虎钳一样的大手。

父亲是生产队副队长，长得人高马大，他在生产队里安排农活有条有理，男女老幼各得其所。他自己身先士卒，各项农活都是好把式。他在家里也是个模范丈夫，不因为家里有亲婆和妈妈以及我和妹妹做家务而有所懈怠。早晨起来，他总是抢着拿起扫帚把场院屋里打扫得干干净净。吃罢饭，洗涤筷碗他包了——拿只篮子，把筷碗放在篮子里，拎到后面水栈上，在河里洗好。回到家里还要用抹布把筷碗一一擦干放好。爸爸的家务活真的干得漂漂亮亮。

在父母亲的言传身教下，我们家是村上少有的和睦家庭，家庭成员之间互相体谅，没有什么唇舌高低，更没有吵吵闹闹。

爸爸走了多年，我常常凝视老爸的遗像：魁梧的身材，四方脸，一对双眼皮的大眼睛，沉稳的神态，是他送走了亲公亲婆，包括他挚爱的妻子，而且还拉扯大了四个孩子。今天，罱河泥，已经和耥稻捉草一样成了历史；竹制篮篓，市场上也被塑料制品替代，越来越少见。爸爸去水泥制品厂打过工。奎生哥开厂，他就在奎生哥的阿里山瓜子厂当勤杂工。一个时代造就一个时代的人物，我爸爸就是那个时代的人，他身上有着往日农民共有的优点。遗憾的是，现在日子好过了，儿女正想孝敬老人，老人却不在了。古人有语："树欲静而风不止，子欲养而亲不待。"这是人生的一大悲哀。

我身上哪些秉性来自父亲？一股子拼命硬干的精神，宁折不弯的脾气，事事挺身而出、干在前头的勇气，这些都是父亲留在我身上的印记。

3. 我和奎生哥

孩子时代的游戏

我刚能记事时，奎生哥和我左右为伴。他年长我三岁，高出我半个头。庄户人家，大人种田起早贪黑，只能把孩子丢在家里，大孩子带小孩子，小孩子带小小孩子，这是惯例。人生之初，哥哥带着我认识这个世界：缤纷灿烂的花花草草，人各一面的邻里朋友，稀奇古怪的民风民俗，层出不穷的自然变化：在哥哥的引导下，我一一接触，一一熟悉。

奎生哥背着我走东家、串西家。找到玩伴，他把我地上一丢，自顾跟他的小兄弟疯玩。村子里不是同姓，但都沾亲带故，孩子们年龄差不多，排起辈分来，有的已经是叔伯好公一辈了。打起架来，孙辈打了好公，并不会被看作犯上。奎生哥是村子里的孩儿王，他拳头大，胳膊粗，哪个孩子不受管教，他就武力解决。这一招也灵，吃过亏，就长记性，几个小兄弟跟在他身后，屁颠屁颠的，他说东，不敢走西；他说风，就来雨。车起铁环，"咣嘟嘟"响；骑起竹马，一股股烟。

拿一根光溜溜的小竹棒，夹在胯下，一路飞奔、一路尘烟，那时候这是男孩子最常玩的游戏，叫"骑竹马"。现在这种游戏不容易看到了。

奎生哥骑竹马，孩子们一呼百应，集体行动。奎生哥一声令下，小孩子后跟着小小孩子，人人胯下一根粗细不一的棒棒，一蹦一跳，你追我赶。一队人马，呼啸而行，竹棒"呱、呱、呱"刮着地皮，扬起股股尘烟，呐喊声此起彼落，大有古战场上的磅礴气势。哥们沉浸在这种氛围中，就像天马行空、驰骋疆场的英雄。当然，当年骑竹马的小英雄现在都成了老爷子，大多数人一辈子没骑过高头大马。高头大马不是轻易骑得的，俗话说："门前拴起高头马，不是亲来也是亲。"事业有成的人毕竟是少数，大多数人都是赶脚的。

可惜我们女孩子不太喜欢骑竹马，男孩子骑，女孩子躲得远远的，和玩伴一起玩跳房子。

奎生哥有时也讨厌我这个"跟屁虫"，"道不同，不相与谋"，我在旁边绊住了他的手脚,他难以到处疯玩。但他也不会扬起拳头,像"修理"他的同伴一样"修理"我。用他的话来说:"她是我的亲妹妹,我是她的保护神,拳头不应该落在她的身上。"

鲁迅先生说:游戏是儿童最正当的行为,玩具是儿童的天使。奎生哥以后办企业有所成就,大概就是在这个时候培养起了组织能力和想象能力。

隆冬闲趣

冬天到了,寒风刺骨,冰冻雪落。白茆塘边的冬天虽然来得迟、去得快,但到了"小雪大雪,种麦歇歇"之后,天气骤冷,也冻得人窝身缩颈,做事缩手缩脚。我们这里冬至以后的《九九歌》是这样唱的:

头九暖,二九寒,三九冻脱百鸟卵。
四九腊中心,冻煞赖床精。
五九中心腊,冻煞河里鸭。
六九五十四,再冷呒意思。
七九六十三,破袜两边甩。
八九七十二,黄狗啃河泥。
九九八十一,再到清明廿四日。

冬日早晨,最暖和的地方是家门口,屋檐下的墙角落,这里阳光照得到,冷风吹不着,老人小孩都喜欢猫在这里"孵太阳"。"孵太阳"习俗由来久远,古人称之为"负暄"。这还有个小典故:从前有个穷农民,他穿得破破烂烂,咬着牙关挨过寒冬。春天到了,他到田间耕种,见个土角落便蹲下去,太阳暖洋洋晒过来。他一年到头干活,也不晓得天下还有高屋暖房、丝绵绸缎、狐皮貂裘,认为蹲在这里的阳光下最为舒服。他回家便对妻子说:"背对着太阳真是暖和极了。别人还未发现这个秘密,我要去报告君主,他知道了这个诀窍,一定会厚厚赏赐我的。"由这个典故便产生了"负暄"一词,古代常用"负暄"来比喻皇上的恩惠。

奎生哥把我安排在家门口"负暄",我享受着"负暄"的妙处,当然这不是皇上给的恩惠,而是奎生哥给的恩惠。他把脚炉放在稻草编的焐窠里,放到我脚下,让我坐在凳上,面朝太阳,这时的我像个惠山泥人大阿福。一切舒齐妥当,叫爷叔老伯带看一眼,他就像燕子出巢——飞了。

等老爸揪着他的耳朵,再把他拉回门口,他蹦着双脚,歪着嘴巴,"哇哇"乱叫，原来是老爸弄痛他耳朵上的冻疮了。他很不情愿地又回到了我的身边。

太阳升老高了，我和奎生哥望着冬日的原野，浓霜已化，一群麻雀蹦蹦跳跳啄食，几只鸡在垃圾堆上扒拉，草狗在田埂边打架。奎生哥只能坐在我身旁看着，两脚发痒，却被我绊住，坐立不安，无可奈何。

不一会，他来了主意。他到田埂上捡回几个稻穗，把我脚下的脚炉拎起来，放在凳子上，一起爆米花。奎生哥把脚炉盖打开，炉灰四周朝下撬拱一下，中间的火灰就露出来了，稍稍用硬纸板拍平，上面就可以爆米花了。撒上谷粒，不一会工夫，"噼噼啪啪"，谷粒爆裂开来，一大朵一大朵雪白的米花又香又脆，都归我吃，奎生哥享受的是炒作的乐趣。脚炉里还可以炒黄豆，炒南瓜子、葵花籽。炒黄豆不好，吃多了尽放屁，南瓜子和葵花籽是上品，但那是妈妈的宝贝，是奎生哥从妈妈密藏的罐子中偷出的。如果让妈妈知道，免不了要被揪耳朵，到那时他又要"哇哇"乱叫了。

这样的平静保持不了多长时间。村头的草狗汪汪大叫，"狗咬一响，窜到半场"，有狗叫，必有陌生人来，有陌生人来，必有新鲜事发生。奎生哥警惕的眼睛四面张望，接着便快速背起我往田野奔跑。

隆冬的江南并不寂寞，竹林的葱翠，菜畦的碧绿，犬奔鸡飞，农民还是很忙。只有染霜的田野，落叶乔木，显出淡淡的苍凉。草狗的叫声，警示一小队猎人正向村边走来——他们是来捉猪獾的。

捉猪獾的猎户就是夏天张黄鳝的渔民，他们住在渔船上，天寒地冻，油篷盖住船头船艄，泊在荒郊野外，篷隙间冒出袅袅炊烟。但是，温暖的船上生活笼不住他们的心。他们背着猎枪，手拿挖铲，带着猎犬，踏着霜花冰屑来了。猎犬是一种四肢短小、嘴尖紧腹的小犬。

猎犬直奔荒坟、乱岗、树丛、草莽，狺狺不已。奎生哥拉着我也跟着猎犬跑。这时的猪獾潜伏在洞穴中冬眠，洞口用泥土或落叶伪装覆盖。猎犬凭气味能准确定位猪獾的藏匿地。只见猎犬抓爬得欢，猎人赶过去，除去草莽，挖开洞口，拢一堆枯枝落叶，点起烟火，把烟扇入洞内。他们这样做并不是为了把猪獾熏出来，而是在观察附近哪儿冒烟。"狡兔三窟"，猪獾像兔子一样，洞穴有多处出口，哪里冒烟，猎人便在哪里张上麻袋，防止猎物逃逸。洞口掏大了，小猎犬钻进洞内，把猪獾拖出来，或者把它吓出来，猪獾便逃进了猎人预设的麻袋中。

猪獾腿短身圆，胖乎乎的，大的有二十来斤重，脑袋上有竖向的灰白相间条纹，有个平平圆圆的猪鼻子。如果嘴是尖的，那是狗獾。据说，它的油治疗烫伤有奇效。

奎生哥上去踢那野兽，我忙把他拉住："万一被它咬了咋办？"我们站得远远的张望，这样也已经很有趣了。

腊月廿四送灶神

冬天就像头顶的冬日，慢吞吞地过去，到了腊月廿四便是送灶日了。过了这一天，浓浓的年味弥散开来——准备过大年了。

传说，灶神原是昆仑山上的神仙，被玉皇大帝召来，封到凡界当灶神。灶神是神仙中最小的官了，它一天到晚守在老百姓的家里，记录各家各户一年之内做的善事和恶行。灶神左右随侍两位神仙，一个捧"善罐"、一个捧"恶罐"，将一家人的行为记在罐中，年终时灶神便向玉皇大帝报告。腊月廿四日，灶神离开人间，要上天了。这一天称"辞灶"日，家家户户"送灶神"。这也要分不同人群，民间有"官辞三""民辞四""邓家辞五"的说法。又称，"忘了辞五别辞六"，就是说，如果二十三、二十四没辞，就辞二十五，但千万不要辞二十六。"官"指官绅权贵，习惯于廿三谢灶。一般平民百姓廿四谢灶；"邓家"即水上人家，他们廿五谢灶。百姓也会选择廿三谢灶，为的是能带来贵气。送灶神的供品一般用些又甜又黏的东西，如糖瓜、汤圆、麦芽糖等，这些又黏又甜的东西能粘住灶神的嘴巴，他到了天上时便多说好话，"吃甜甜，说好话"，"好话传上天，坏话丢一边"。祭灶为的是求神降福免灾。在祭灶君时，摆齐供品，焚香祭拜，接着第一次敬酒，向灶君诚心祷告，完毕后再进行第二次进酒。第三次敬酒后，一家大小拜过灶神，将旧有的灶君像请下，连同甲马及财帛一起焚烧，代表送灶君上天，仪式完成。同时焚烧一个用篾扎纸糊的马，作为灶神的坐骑，还要准备一点黄豆和干草，作为灶神和马长途跋涉所需的干粮、草料。此外，还要在灶坑里抓几把稻草灰，平撒在灶前地面上，喃喃叮咛："上天言好事，回宫降平安。"

我家过廿四夜会裹馄饨、做团子：馄饨象征元宝，招财进宝。团子象征团圆，家族兴旺；还隐含灶神爷吃了团子把嘴粘住了，上天打小报告时少说坏话，多讲美言。斋（吴语，祭祀的一种形式）灶仪式，由亲婆执掌，奎生哥和我负责在神像前跪拜磕头。酒过三巡，送灶神爷上天。

门前场地上，亲婆用一根稻草扎住柴梢，下面蓬开，中间掏空，竖着，就成了个窝棚，把灶神爷请到窝棚中，旁边放上纸的千张元宝，还有纸扎的龙驹宝马。灶神爷平日安坐在灶山的小角落里，那是个纸糊的小小长方体，正面印有神像。今天，灶神爷被请进这个小窝棚，也算重见天日了。稻草外面靠上柏枝、"爆三万"枝，这是奎生哥的任务。

过去的坟地，罗城一圈种石岩树（学名"铁铃木"）、柏树（有团柏、黄柏、桧柏之分）、"爆三万"，它们都是常绿树，也被看作长寿树，象征后人对家族的祝愿，它们也代表了坟上风水。奎生哥折来柏枝、"爆三万"枝靠在小窝棚上，点火，送灶神爷上天。刹那间，柏枝散发出阵阵香味，"爆三万"一片噼噼啪啪的爆裂声，火焰熊熊，繁响震耳。

送走了灶神爷，村子里充满了浓浓的年味。先是蒸年糕。"糕"与"高"谐音，"水向低处流，人往高处走"，谁不巴望新年新气象、步步高升？糯米与粳米按比例掺和，水中浸上一夜，第二天就舂粉。快一点的，人爬上舂米架，脚踏打粉；简陋一点的则是手持舂米杵手舂。这些都是大人干的活。奎生哥爬上舂米架踏踏板，我抱着他的腰在后面帮踏。奎生哥又要看前面，又要照顾我，他说："你这不是帮忙，是在添乱。"蒸糕时，奎生哥和我挤在灶前烧火。烧火用树柴，灶膛里火焰熊熊，夹出将要烧尽的火柴，放在边上的甏里闷一下，它便成了木炭。过年生火锅时，要用这些木炭做燃料。每家蒸上锅盖大小的糕三四盘，品种多样，琳琅满目，主要有白糖糕、黄糖糕、豇豆糕、枣泥糕，殷实人家蒸的则是桂花板油糕。刚蒸出的糕不用刀切，用一根绢线一拉，一条糕就下来了，孩子们放开肚皮尽管吃。

过大年的前几天，大人忙于采办年货，笋干、粉丝、水芹菜，咸肉、鲢鱼、鲜猪头。我跟奎生哥扛着半篮子黄豆去豆腐工场换油泡和豆腐干。一切采办就绪，便杀鸡宰鹅；开油镬，炸走油肉，炸肉皮；肉包蛋饺，肉嵌油泡——这些都是大人干的。奎生哥和我拔一些公鸡的尾毛，再拔几根母鸡的翎毛，自己做上几个毽子。小布头中包一枚铜钱缝上，翎毛剪下根部的硬管，做毽子的立柱，尾毛插在立柱里，一个毽子就成了。这是我的手工，毽子做得好坏，也是女孩子的脸面。

宰了鸡鹅，嗉囊要收好、洗净，中间放几粒黄豆，吹鼓起来，两端用线结好，晒干后便是好玩的气球，这是奎生哥干的活。

过新年

大年三十夜，祭祖先，我和奎生哥磕罢头，一家人围坐在一起吃年夜饭，这是一年中最为丰盛的饭菜。吃年夜饭的时候，对我们孩子来说，也是接受传统教育的时候。

"百里不同风，千里不同俗。"各地"年俗"不太一样，但有一点是相同的："大年初一见了面——尽说好话。"新年里，人人都要客客气气，与人为善，不管平日里是否有过矛盾，是否心存芥蒂。昨晚，两个人还为琐事争得面红耳赤，一夜后，新年新岁，大家都温文尔雅起来，连贺几个"恭喜恭喜"。满街是新衣裳，到处是笑脸，充耳是祝福语。

吃年夜饭时，亲公亲婆便调教孩子。新年里，孩子的谈吐是一家人的脸面，小嘴巴要甜一点。经常见到的熟人，什么辈分，怎样称呼，一一交代明白。包括一个笑脸，一个动作，都要耐心地教导。如果出一点意外，也有专门术语应付。比如摔了个跟斗，就说"如意滚元宝"；摔破了碗，就说"落地开花"；割破了手，就说"岁岁平安"（吴语，割破皮肤叫"碎"，"碎"与"岁"同音）。

吃过年夜饭，就"炒发禄"，炒瓜子，炒黄豆，炒花生，炒得满屋喷香。一家人嗑着瓜子，闲话山海经，这叫"守年岁"。我和奎生哥急不可耐地等着亲公亲婆发"压岁钱"。奎生哥拿一元，我却只能得八毛，同样的孙儿孙女，这不是人为制造不平等吗？真是气死人了。关门爆竹放过，全家睡觉，这是跨越两个年头的一夜，意义非凡，过了这一夜，大家就都长了一岁。

大年初一开门爆竹放过，大家穿上新簇簇的衣裳，到处向人问好"讨口彩"。早晨吃汤圆，吃面条，意味着团圆长寿，也有吃馄饨的，叫"堆财馄饨"。奇怪得很，大年初一也有出来讨饭的人——家有病人，出来讨"百家饭"，据说病人吃了能缓解病情。

大年初一是玩的日子：地也不用扫，扫了会扫去财气，有损福气；活儿也不用干，干了要辛苦一年。一家大小到支塘街上看热闹去。

我紧跟奎生哥来到镇上，只见茶馆爆满，人们来来往往，人挤着人，背挨着背。空场上，"大力士"搭起帆布帐篷，表演马戏、三上吊、钻火圈、魔术及各种硬气功。场地周围摆满了套嬷嬷、西洋镜、小书摊、卖拳头使枪弄棒的场子。卖各色草药的、卖各类鞋帽成衣的、卖秘制膏药灵丹的、给人看伤接骨上胳膊的、相面测字衔牌算命的、捉眼虫捉牙虫的、卖各地珍奇干果的、卖竹器篮篓的、卖台凳桌椅的……当然，最受青睐的是各类美食，油氽小鱿鱼、粉丝牛肉汤、绉纱小馄饨都有正儿八经的摊位。肩挑小贩卖鸡汤豆腐团、松花粉油麻团、水豆腐"涣"，担子一头小炉子热气蒸腾，另一头是各类佐料。提篮卖腌草头、腌黄连头的大嫂，直往人群里钻。

奎生哥喜欢看"小热昏"卖梨膏糖，既有趣，又不破费钱。我只得跟着他呆站着，虽然我更爱去套嬷嬷。卖梨膏糖的前面围了一大群人，正所谓"长人看戏，矮人吃屁"。奎生哥自有办法，三拱二钻，拉着我钻到了前面。"小热昏"是颇有造诣的说唱艺人，以卖梨膏糖为生。他的场子不占地方，掇条长凳，往上面一站，小锣一敲，即刻开场。手拿"三巧板"，左手两块，右手一块，"的的笃笃"敲出欢快热烈、有节奏的节拍，放喉开唱。他唱新闻，新鲜引人；唱俗事，笑料百出；唱长篇故事，到关节处便停下来，要求客人买了梨膏糖再唱，买得不多不唱。就这样，一两个小时过去，他身前的梨膏糖便卖得差不多了。他唱的九腔十八调都是吴语小调，大家熟悉，喜闻乐听。他还鉴貌辨色，随口即兴编词，竭力推销，见了小孩便唱："小囡你吃了我梨膏糖，念书得中状元郎；小囡你不吃我梨膏糖，撒尿撒得满裤裆。"唱得人不买都不行。

我和奎生哥的压岁钱有限，只能"有钱的捧个钱场，无钱的捧个人场"。在集市上，喝上一碗"涣"（江南小吃，北方人称"豆腐脑"）、买上几张年画就打道回家。

初一夜里要早点睡，据说这天夜里"老鼠娶亲"，不能打扰了人家的好事。

从初二开始到正月十五元宵节，是串亲访友吃年节酒的日子，大人到哪里，我和奎生哥就跟到哪里。倒不是嘴馋贪吃，而是因为到这些人家去有可能领到补发的压岁钱，这可是一笔不可小觑的收入。

正月十五，吃年节酒结束，"过了正月半，打开碗橱任你看"，年货都已吃光，客人来了也无力招待了。

正月十五元宵节是奎生哥大显身手的时候。元宵节是我国传统的灯节，

"正月元宵闹花灯"，但在农村，举行灯会的年份不多，孩子们在自家田埂上"点点财"倒是每年必须进行的。这一天下午，奎生哥会找两根竹竿，每根上面扎一个稻草把，中间包上砻糠（稻谷的外壳），做成一大一小两个火把。

元宵节晚饭，照例是吃荠菜鲜肉馅的馄饨。荠菜，谐音"聚财"。大人斋灶，接灶神爷回家。月上树梢头，奎生哥点燃稻草把，他拿大的，我拿小的，跟着他走上田埂，拿着竹柄，不住地挥舞火把，边走边唱：

> 点点财，点到我家田里来，
> 我伲田里大棵稻，
> 别人田里牛毛草。
>
> 点点财，大发财，
> 人家的稻庐荸荠大，
> 我家的稻庐枭天高。

也有唱：

> 点点财，大发财，
> 开则新年就进财，
> 斗大元宝滚进来。

稻庐，就是收获的水稻堆在场地上形成的稻垛。"点点财"有祈求丰年的意思。家家孩子舞着火把在田埂上游走，火把中包有砻糠，随着火把的舞动，撒出的火砻糠连成一条条小小的火龙，火龙游满远田近垄，就像满天的繁星。火把燃完了，不能带回家，竹柄也要在田头烧去，以"孝敬"田公田婆。"砰砰砰"的竹节爆裂声响彻田头角角落落，新年也在这响声中结束。

庙会看社戏

早春农闲季节，各村纷纷做社唱戏，这就是鲁迅先生说的"社戏"。村子里确认一位历史名人，尊他为村子的保护神，这就是"社"。有人说社庙就是土地庙，这种说法是不对的。在苏南一带，土地庙一般每乡一个，要得到官府认可，土地公公是管一方百姓的亡灵户口的，这是官庙。而社庙每村都有，不必经官府认可，是民间信仰，一般请一位历史名人作社庙之神。不知为什么,庙里神仙都挑芒种前的农闲日子过生日。元宵节后,今天这个村庙会,明天那个村庙会,一直要热闹到菜花黄、大麦熟。

"锣鼓响,脚底痒。"奎生哥听说有戏看,便拉着我往村外跑。我人小,听不懂唱词,也看不懂戏文,便在赶节场的小摊贩前看花花绿绿的玩具,吃热气腾腾的豆腐花,我对雪白的小藕、青黑的甘蔗非常嘴馋。我们看了一会就回家了,这就叫"看戏看仔卖甘蔗"。远的庙会去不了,只能看附近有数的几场戏。

到三月初三,祖师生日,到虞山看拜香佛会,那才叫大庙会。人就像蚂蚁一样,铺满了山岗沟壑,真是热闹非凡。

村上到虞山路远,村里的男女老少,人挨着人,挤了满满一船,摇着船向城里进发。

两人架橹,坐在舱里的两个孩子伸手去吊绷。摇船的人生龙活虎,船中人兴高采烈,就像端午节赛龙船,船头把水撞得哗哗直响。

我家全体出动——难得的休息日子,要玩个舒畅。船上时间长,母亲拿出宝卷,在舱里讲经,老太老头们在旁边和唱。宝卷是江南流行的宗教说唱故事,一人讲述,众人和唱。妈妈讲的是非常好听的《相骂宝卷》:

有个新娘子叫都二姐,心直口快,嘴皮子厉害,吵得新郎强富官母子日夜不得安宁。新郎不得不把新娘遣送回娘家,准备休妻。

媳妇走后,富官的老娘松了口气,烧了一碗肉,准备庆祝一下。想不到一转身,被隔壁邻居家的花猫吃了个精光。老太太火起,操起刀劈向花猫,一劈两半爿,猫死了。

这猫是隔壁嗡鼻头阿二家的,嗡鼻子阿二妻子听到消息,寻上门来。她说:

跳蚤咬杀大老鼠,咳嗽吓杀大雄鸡。
钓鱼钓着咸鸭蛋,风吹石臼满天飞。
打杀一个落水鬼,水牛冲死在秤眼里。
....

一卷宝卷讲完,大家喜笑颜开,一身轻松。

船到了虞山脚下,歇在烧香浜。从霸王鞭一条山路上山,到山顶有一百二十级石阶。走了几步,我就走不动了,骑到爸爸肩膀上,爸爸背着我,若无其事地走着,跟没有负担一样。还是奎生哥厉害,一路蹦蹦跳跳地走在前头，还不时地捡起石子向山沟掷去。看看山沟在眼前，但石子也只扔在脚下不远，就是扔不到沟里。

到了山顶，寺院里烧罢香，便到山顶前沿居高临下看风景。山下是尚湖，尽是湖水，水从山脚一直漫到天际，一个明晃晃的水世界。看不清水鸟，水面上是大大小小的船。船多极了，像白烧饼上嵌着的黑芝麻。小的是渔船，在捕鱼，一动不动；大的是帆船，"巧驶船能借八面风"。尚湖水面宽阔，能看到相向航行的帆船。鸣叫着汽笛的轮船拖着长长的船队像一条条蜈蚣，循规蹈矩地在湖中心驶过。

肚子有点饿了，买上几扎山前豆腐干。奎生哥解决了肚子问题，又来劲了。

山顶前沿有一长溜山崖，层峦叠嶂，陡如刀削。中间有一条缝隙直通崖下，深如枯井，向下望去，令人胆战心惊。奎生哥却似猴子一般，手脚并用地爬了下去。

奎生哥再爬上来，亲公说："这就是剑门，传说尚湖里有一根一丈二尺没有节的芦苇，就是剑门的钥匙。用这把钥匙打开剑门，里面尽是金银财宝。"

亲婆骂了一句："老东西，困梦头里做亲，尽想好事。三两黄金四两福，没有福分，得个金山银山，也是祸害。"

亲公说："我不是这个意思。一把钥匙开一把锁，打开一扇大门，就是打开一个世界。孩子还小，他们以后要找好多钥匙，去打开好多锁，打开好多大门，见识好多世界。"

从山上下来，我还是很兴奋。爸爸却说："人看人，没啥意思！"老爸一天到晚忙于干活，是不是神经麻木了？

雨后春笋

乡下人接收到春的最早信息，是从泥土中拱出来的竹笋上。江南村子的周边通常都种竹子。绿树翠竹掩映着几栋竹篱茅舍，人好像生活在画中一样。

几点春雨淋湿了泥土，竹笋像接到了命令，接一连二拱出地面。我见了星星点点的竹笋，便急不可耐地拉着哥哥去挖笋。奎生哥操起笋凿，我拎着篮子，两人一起来到屋后的竹林。竹笋头顶笋花，身裹笋衣，一夜下来能蹿老高。竹林里，嫩草如茵。奎生哥是憨大买时团，拣大的挖。挖笋时要看笋花，笋花向哪边倾斜，主根就弯向哪边，把泥土向外两扒拉，一凿下去，笋跟竹鞭脱离，笋就挖出来了。

我人小心细，看不清哪是草花哪是笋花，便用脚掌在地上轻轻地磨，感到尖刺了，便猜是竹笋，往往八九不离十。发现了笋，我就插上一根竹枝做标记，嘴里还大呼小叫的。竹笋挖出来，剥去上面泥土，整整齐齐码在篮子里，就像一个个并头而睡的小宝宝。哥哥挖笋是有选择的，因为要留一部分长成竹子。笋挖好了，奎生哥把笋凿的一头搁在我肩上，他扛另一头，上面挂着篮子。晚上，就有鲜美的竹笋吃了。

竹子的种类很多，我们屋前屋后只种燕竹、橡竹、篾竹三种小巧竹子。它们模样娇小，竹笋的味道却非同一般。

燕竹只有娃娃手臂那么粗，苗条修长，竹梢刚蹿过屋顶。它其貌不扬，大人手指粗，瘦骨伶仃，黑不溜秋。可不能以貌取人，论鲜味，它的笋是竹笋家族中的极品。燕竹笋是家常菜，做起来极简便。我坐在板凳上，一支一支剥去笋壳，亲婆拿去切成滚刀块，码在碗里，放半匙细盐，滴几滴菜油，放在饭锅上清炖。米饭熟，它也熟了，不嫩不老，恰到好处。我嘴馋，抢先夹上一块放进口里咀嚼，鲜味直钻肠胃，食欲大开。用农民的话来说，这叫"打耳光不掉"，它不愧为素菜中的"第一品"。

有一利必有一弊，燕竹笋鲜美，但它不过是单纯的食用竹，竹竿除了囫囵用作晾衣竿外，不堪大用。如果有人拿燕竹来叫我爸加工篮篓，我爸会拒之门外。燕竹劈成竹篾，又脆又嫩，爸爸称它为"燕鼻涕"。

既能用材又能食用的竹子是橡竹。燕竹笋出罢，橡竹笋才拱出地面。橡竹长得粗壮，有成人手臂粗，比燕竹高过一头，看上去英武潇洒。奎生哥挖橡竹笋，要在它将出土又未出土之时挖出来。长出地面的橡竹笋带苦味，不宜食用，干脆让它长成竹子。刚挖出来的橡笋矮矮的，胖胖的，通体米黄色，像一个个金娃娃，人见人爱。我要拿它来玩上一会，舍不得剥壳食用。橡竹笋的口味没有燕竹笋那么鲜，但它脆嫩，嫩得像水梨，咬上去，满口碎琼乱玉，感觉是神清气爽。橡竹笋的出笋时间很短，只有六七天。过了这段时间，要等到春末夏初篾竹笋现身时才有笋吃，篾竹笋是苦的，少有人食用。我家屋后主要是篾竹，供爸爸劈篾做篮篓用。

按笋的口味优劣来排队，那是燕竹笋、橡竹笋、篾竹笋。如果按照竹子的用处大小来排队，就要倒过来了，那是篾竹、橡竹、燕竹。用篾竹劈出的竹篾，劲韧细腻，好的竹匠把它编成席子，据说能折成小方块，放在衣服口袋里随身携带。世间万物，各有所短，也便各具所长。

春天过去了，按理说这一年就没有吃竹笋的口福了，但竹林中还能掘到鞭笋。鞭笋是竹子在地下向四面八方伸展开去的竹鞭的嫩头。它的生长期长，从初夏一直长到深秋，竹鞭不停生长，鞭笋也就有得吃了。鞭笋长在土里，难以发现，所以市场上鞭笋数量少而价钱贵。毛竹鞭笋虽粗壮但有苦味，燕竹鞭笋口感上乘，但它短小，可食部分少。橡竹鞭笋没有上述缺点，是鞭笋中的顶尖上品。

橡竹鞭笋通体雪白，有成人的大拇指粗，半尺长，笋头微翘，码在一起，像一只只小象牙，也像一枚枚羊脂白玉，一看就知道是名贵之物。橡竹鞭笋一如橡竹笋的鲜嫩可口。盛夏，我和奎生哥在竹林里挖到几支鞭笋，亲婆就切成鞭笋丝，和着豆瓣做成汤，加上几叶雪里蕻腌菜，清清爽爽，味道悠长，一勺入口，就会明白"清高"两字到底是什么意思了。

生活在农村，虽然难吃上大鱼大肉，但餐桌上不乏城里人不容易吃到的稀罕物。美食家李渔有语："饮食之道，脍不如肉，肉不如竹。"竹子又象征了坚韧、气节和虚心，是"梅""兰""竹""菊"四君子之一，也是文人的爱物。知道这一点，是我成人以后的事了。

茅针和"毛弟弟"

"乱花渐欲迷人眼，浅草才能没马蹄。"清明过后，春气越来越浓，即便是野草，其中也有许多乐趣。踏着刚冒出嫩叶的茅草去拔茅针，是童年一乐。茅针对奎生哥毫无吸引力，他爱掘的是"毛弟弟"。白茆塘边，公路侧沿，早春的野大蒜很多，一簇簇，一片片，据说，炒菜吃很香，但一般农民不吃这个。"毛弟弟"叶子跟野大蒜相似，但不是同一种东西。它只有两张叶片，一指长，比野蒜叶细而短，长叶片的顶端有一颗半粒黄豆大的灰白色花苞。它的根是球茎，比黄豆略大，灰白色，一层薄如蝉翼的膜剥去，便滚出一粒晶莹纯白的"毛弟弟"。它没有葱蒜气，口感清脆纯甜，跟荸荠差不多。

奎生哥在河边寻找"毛弟弟"。"毛弟弟"并不多见，没有成片成簇的，如果走二三十步能找到一棵，那算运气的了。

拔茅针就容易多了。在成片的茅草中，茅针一目了然。茅草叶是直竖的，茅针的顶叶横斜且短阔。茅针是茅草的花苞，这种茅草俗称"茅柴"，是一种多年生宿根草本植物，只有长江流域才有。别看它是野草，来头可不小。

2700年前，春秋第一霸主齐桓公为创霸业出师伐楚，理由是楚王"贡苞茅不入"，大逆不道。"苞茅"是什么东西？就是这种茅针。楚地的老祖宗要把它作为贡品献给黄河流域的周天子。周天子爱不爱吃茅针，我不知道。用它来祭祀，却是千真万确的事实。祭祀时，用它来"缩酒"，"缩酒"是怎么回事，我也没有弄清楚，有待考证。

我在河边拔茅针，每拔一根茅针，我便小心地把它剥开，用舌头舔吃里面白生生的花序。茅针开的花为银白色，这种茅草也称作"白茅"。我们的家乡河"白茆塘"的名字就是从这里来的，"茆"是"茅"的异体字。我拔了一大捧茅针，拿回来和村上的女孩子分吃。男孩子和大人不爱吃这种东西，他们也不知道其中的典故。

塘河网船

百花盛开的春天，桃花水发，百舸争流，到处都是有趣的人和事，掘"毛弟弟"和拔茅针不过是余兴节目。我和哥哥坐在河岸上看网船在河面上捕鱼捉虾，就有趣得紧。

江南草长，杂花生树，群莺乱飞。河边的蚕豆长得老高，青青翠翠，叶窝里会生出小触须，须上顶一个喇叭状的小叶筒，我们叫它"蚕豆耳朵"。找蚕豆耳朵得眼睛尖，万绿丛中一耳朵，谁掐的耳朵多谁就称得上火眼金睛。河里不见网船，我们便在河边掐"蚕豆耳朵"、拔茅针、找"毛弟弟"，见网船经过，便有滋有味地看网船捉鱼。

"吱吱嘎嘎"，网船荡出河浜，揉碎了水面的雾气，打破了清晨的宁静：拖虾的、耥蚬子的、张丝网的、笃麦钓的、鸣根的，成群结队，船分五色，业有专攻，搅醒了塘河，惊飞了鸥鹭。

网船上的人在岸上没有居所，一年到头生活在船上，我们叫他们"网船上人"。他们船上也养狗养猫，在船艄广梢基上放一个大竹笼子，喂养鸡鸭。他们的鸡鸭每天都能吃到鱼虾，所以生蛋多，蛋也大。他们会在小狗小猫的脖子上系条绳子，把它们缆在前隔舱的平几板上（船上搁板称"平几"）。水乡水乡，以水为乡，他们是真正靠水吃饭的居民。

傍着河岸走的拖虾船行动最慢，拖着沉重的虾网，哪能走得快？

耥蚬子船锃亮崭新，金灿灿，亮闪闪，干活也轻松，穿着新簇簇花衣的阿婆在船艄摇橹，穿戴得干干净净的老公在船头耥蚬子。老公持两根竹竿，一根梢端系两尺见方小网，戳向河底，竹竿搁在左肩上，右手拿一细竹竿，端头横装一截竹片作耙子，将河底的淤泥往网中耙。耙满一网，荡去河泥，便是蚬子。船几乎不动，船艄阿婆把着橹、打着盹，初一一橹，初二一橹，爱动不动的，像倚窗绣花的思春闺女，发呆的时间长，动手的时间少。船头老公小网小耙小动作，干这烟着火不着的活计，竟然过着船新、衣新、家具新的滋润生活，难怪人们感叹："这就叫'吃力不赚钱，赚钱不吃力'。"

这情景也证实了妈妈说过的话："女要选对郎，男要选对行。"

奎生哥脾气冲，他上去对拖虾船的渔民说："干吗干这'吃力不赚钱'的行当？也去耥蚬子不就发啦？"那渔民瞪大了眼，话像被噎住了，呆了一会才转过神来，一脸不屑地嚷道："什么？叫我去耥蚬子？叫我去耥蚬子！耥蚬子算什么行当？"他像受了奇耻大辱。

人人都认为自己的职业是神圣的，对自己的衣食饭碗有一种天然的敬畏。但是奎生哥的话也不错，在这大海一样的社会里游泳，总得看准了哪个方向能到达彼岸。

那时候，一招鲜，吃遍天。人们一技在手，很少跳槽，往往子子孙孙传承下去。一个行当就是数代人专业技能的结晶，改换门庭简直就是数典忘祖。只有张黄鳝的渔民有多种职业，夏天张黄鳝，春秋张虾，冬季捕猪獾，渔猎兼营。

张黄鳝的，算不上水上生活者，他们吃住在船上，干活却在岸上。黄鳝生长在水稻田里，他们在河边田头翻地找蚯蚓，在水稻田里布鳝篓。鳝篓是一种曲尺形的竹编篓篓。两尺多长的主篓有茶杯口粗，两端空洞装上只进不出的逆苏，一端直角转弯，接装一尺来长的支篓，内隔逆苏，支篓内插有串着蚯蚓的诱饵篾丝。傍晚，几百只鳝篓散放在水稻田埂旁，第二天清晨时收起鳝篓，黄鳝便在篓内了。春秋两季，稻田里没水，鳝篓便散放在河中，捉到的是虾，这时的鳝篓便叫"虾篓"。

奎生哥一再要求爸爸给他编几只鳝篓，他也要去张黄鳝。爸爸说："我还要给你打造一只网船，让你做个网船上人呢！"奎生哥的愿望始终不能实现。爸爸编鳝篓是举手之劳，为什么不给哥哥编鳝篓？一是因为岸上人对网船上人看不起，就像拖虾船看不起稍蚬子船一样。另外，水上生活者捕捞水产也是要向政府交税的，你去张黄鳝，不是抢了人家的饭碗？

农家端午节

春天结束夏天到来，转眼到了端午节，端午节夹在夏收夏种的大忙日子里，油菜籽要搓，大麦要收，而水稻的秧地要准备灌水落谷。

这些日子，大人忙得团团转，亲婆和妈妈只能在夜里挤出一点时间包上一锅粽子，煮沸，再焙上一夜；清晨，亲公从镇上喝早茶回来，带回一瓶雄黄酒——过端午节，大人只能做这两件事，其他的事由我和奎生哥包了。

我到河边拔几枝菖蒲，在路边折几枝艾草，弄一棵开花结籽的大蒜，把它们捆成一个小把挂在门楣上：这是过端午节的标志。

日上三竿，我把前几天晒干的艾草折成小草把，泼点雄黄酒，放在脚炉中点燃。它只冒烟，不发火，有一股呛人的味道。把脚炉端进房间，关上房门，一个一个房间地熏。据说，毒虫蛇蝎会望烟而逃，再也不敢来打扰。

下午准备过节酒菜，这是奎生哥的强项。腌渍的苋梗、香椿、雪里蕻在大小坛子中，菜地里有新鲜蔬菜。素菜是现成的，荤菜呢？田鸡（青蛙）是明令禁止捕捉的，奎生哥便带着我去稍螺蛳。我拎个小桶，他捐个稍网往外跑。刚割去麦子的田地，沟垄裸露，草花香艳，走在上面，"咔嚓咔嚓"地响。

人在田里走，沟渠侧边，有些小动物像缩头乌龟，直往洞里躲，那是蟛蜞。它模样像蟹，也能抓来煮吃，但太小，只有荸荠般大，吃时还要去盖去脐，可食部分不多。我俩一般不去惊动它们，毕竟它们太低档。奎生哥捐了稍网，来到河边，把稍网戳向河底，特别是戳向近河岸的杂草丛。螺蛳一般吸附在芦苇的秆上、草茎上、浮萍下，遇到不测，它立即跌落下来，沉向河底，这是它的逃窜方式。奎生哥的网戳上去，它们跌下来，刚好落在网兜里。稍了一网，把网收上来，倒在岸上。我把螺蛳一粒粒捡到篮里，他再去稍，直到稍到足够吃为止。

回到家，将螺蛳洗净，剪去屁股，养在水里待用。

端午节晚上，照例每人喝一点雄黄酒，祛除百毒。下酒菜以螺蛳为主，吃螺蛳啧啧有声，虽然不够文雅，但一大盆放在桌上任人品尝，也够热闹的。明月清风，一灯如豆，左手美酒泛绿，右手河鲜美味，一家人娓娓而谈，节日气氛就上来了。

端午节也是黄鱼大量上市的时候，一般人家过端午节都要买上几条鲜黄鱼尝尝鲜。黄鱼有"鲜黄"与"咸黄"之分，鲜黄是用冰块冰的，咸黄直接用盐腌在船舱中。

那时候我家买不起海鲜，不过，自己动手也能把节日过得丰富多彩、热热闹闹。端午节温馨的节日氛围，用现在的话来说，是真正的"农家乐"。

黄梅鱼乐

端午节后不久，江南进入梅雨季节。连续下雨，到处黏乎乎、湿漉漉的。

可是在农民眼里，黄梅天是生活之源、生命之源。天蒙蒙亮，妈妈早早把我和哥哥叫醒，催着起床："起来，起来！外面吹吹黄梅风去。"妈妈认为黄梅天的晨风有滋补保健作用。你看草木，黄梅前，叶子是弱不禁风的嫩绿色，黄梅风吹过，就变成了老成持重的墨绿。黄梅风抚慰过的庄稼也一个劲地往上蹿。黄梅风吹拂着人群起早贪黑地干。黄梅天是天赐良机，这时候的农务做好了，才谈得上一年的希望、一年的收获。

一场闷头大雨把黄梅天带来了。雨下的时间特别长，短则一天一夜、两天两夜，长的达三天三夜。直下得大河涨水小河满，直下得暑气退尽凉风生。刚才还是干得冒烟的麦茬地，一下子成了水汪汪的泽国，数不清的蛤蟆趴在孤岛似的小土堆上欢声乱叫。用爸爸、妈妈的话说就是："哈！这雨下得蛤蟆不眨眼！"旱地成了水田，水把农田泡得酥酥的、烂烂的，这时就可以插秧了。爸爸披着蓑衣、戴着斗笠在田埂上巡视，看田里的雨水是否合适。水多了，开个缺口排掉；水少了，把缺口堵住。

于是，田里的水从缺口"哗哗"流向河道，河里的鱼儿听到水声，一个劲地向缺口的小瀑布上跳。鱼有逆反心理，水流得越急，它们越是逆着水游，遇到"哗哗"的小瀑布就向上跳，都说是"鲤鱼跳龙门"，其实鲫鱼跳得更欢。被暴雨憋在家里的奎生哥再也按捺不住了，他带上我，拿了退篾，偷偷溜出门，在小瀑布处埋设退篾。

退篾是个竹篾编的笼子，粗如牛腿，有半人来长，一端有盖，用竹篾扣住，另一端装有逆苏，鱼进得来、出不去。奎生哥把退篾放在田的缺口处，用细竹竿插住固定，我就抠了泥巴递给他，让他在退篾两边筑住缺口。然后再去折些树枝和蒿草盖住现场，这叫"守吃猫咪食"。爸爸满足了哥哥的要求，给他编了好几个退篾。每个田边缺口上安上一个退篾，过一段时间倒一次鱼，晚上，家里的脚盆、脸盆中尽是摇着尾巴咂着嘴的鱼，够吃上好几天。

如果黄梅雨早到，刚割完麦的大田垄畦间也有匆匆来去的鱼儿，我和奎生哥便在大沟里摸、小沟里抓，回家时，一身水半身泥，但手里多少有点收获——用柳枝串着几条小鲫鱼交给妈妈，算是交代。有时一无所获，湿淋淋回来，免不了被亲公数落几句："鱼没抓到，人倒成了一条大泥鳅。"亲婆总是心疼我和奎生哥这两个心肝儿肉的，急急忙忙拿出干衣裤，给我们洗净身子，让我们穿上干衣。他们嘴里这么数落，其实心里还是疼爱的。

豪雨过后，天成了"东边日出西边雨"的阴阳脸。这是插秧的好天气。插秧这农活看似简单，但是要插得好、插得快就不简单了。一个受人尊敬的农民，首先要有过硬的插秧技术。我和奎生哥都是早早就学会插秧的，爸妈不许孩子下田瞎捣蛋，我俩便偷偷在田角落里乱插，一边插一边玩水，有时跌倒在田间，就像两只水鸭子，拍打着泥浆水，一个是黑脸包公，一个是西天罗刹，成了神话中的人物。

黄梅天结束后，我们这里有"看杨梅"的风俗。虞山和尚湖之间有个叫"宝岩"的地方，那里有大片的杨梅林。秧栽好了，天也放晴了。方圆百里的农民都想直起腰来舒展一下，于是便涌到这里来"看杨梅"。山脚下，尚湖边，人山人海。我和奎生哥跟在亲公亲婆、爸爸妈妈后面，到这里仰望树上红紫的杨梅，到"王四酒家"去喝上一杯桂花酒，叫上一盘冰糖葫芦，适适意意慰劳一下自己。

举目望去，明镜似的水田已经变成了绿如海洋的稻田。"六月风潮，稻像油浇"，这是农家人辛勤劳动的结晶，更是黄梅天的恩赐。从小在水稻田里跌打滚爬，我跟江南的水环境结下了深厚的情谊。

山歌飘扬

夏日真热，热得鸡上树、狗伸舌，热得赤脚走在大路上只觉得脚底滚烫滚烫的。农谚说："六月不热，五谷不结。"夏天是农家水稻管理的关键时节。"一百廿日稻回家"，这一百二十天，要经过三次捉草，两次耘耥，施肥除虫，水浆管理，农民一天到晚一颗心吊在喉咙口，生怕田间出现突发情况。

炎炎烈日下，爸爸戴着斗笠在稻田里耘耥，耥竿是长梢竹子。在绿如海面的稻田里，星星点点的农民颤动着弯弯的耥竿，就像一只只孤雁"扑楞楞"地拍击着翅膀，贴着绿色的海洋缓缓飞翔。头顶烈日，脚踩发烫的秧水，各自干活，身边连一个说话的伴也没有，怎样挨过漫漫长昼呢？只有一个办法：唱山歌。于是，发自肺腑的歌声飘荡开来：

　　望望日头望望天，家家烟囱冒青烟。
　　人家婆娘在喊吃饭，我家婆娘在借油盐。

这边的歌声隐隐传到远处，远处的那只"孤雁"也会把山歌回敬过来：

　　谷堆满廒仓米堆满囤，稻谷全由汗结成；
　　白米饭好吃田难种，吃饭不要忘记种田人。

山歌的尾音拖得很长很长，延延绵绵将农民心中的坎坷不平之气在旷野里化作一缕缕的天籁。据说，那曲曲折折的拖腔会招来阵阵凉风，回赠到农人心间。

我们小孩子不会唱山歌，比较入迷的是听小调。唱小调是夏夜乘凉时的娱乐活动之一。傍晚，我和奎生哥各掇着方桌的一边，把桌子搬到屋前的场地上，旁边用两条凳子支起一扇门板，这是童年乘凉的标准模式。

我和哥哥争抢各自的阵地。桌子上地势高，蚊子少，但地方狭窄，睡不舒服；门板地方宽畅，睡着舒服，但是地势低，蚊子多。于是，一会儿桌上，一会儿门板上，相互争夺，纠纷不断。等到两人划定各自的疆界安静下来，已是月上树梢头了。

睡下来，仰望乡村的星空！一碧如洗的苍穹，像一块蓝水晶。星汉灿烂，熙熙攘攘，一条银河横贯天穹。天河两旁是牛郎星和织女星，还有几颗星簇在一起叫梭子星，天河端头有车水星。北斗七星，亲婆说是棺材星，不许孩子看。"天阶夜色凉如水，卧看牵牛织女星。"六七月间见到的银河是南北走向的，叫"河像环"。到了八九月间，银河走向西南角，叫"河向角"。到了十月，银河东西走向了，叫"河向西"。在静谧的夜色中，我们都会唱这首儿歌：

河像环，真吮念；

河向角，吃菱角；

河向西，吃新米。

六七月间"河像环"的时候，青黄不接，是农民过苦日子的时候。

只要听到村上一个叫"馊饭"的民歌手唱歌，我就放弃桌子上的领地赶过去听歌，奎生哥对此没有兴趣。"馊饭"已经是个脸如干枣的龙钟老人，在他的周围人流不断。白天，待在他的身边，太阳会很快下山；晚上跟他在一起，一天的劳累不知不觉间就消释了。大家掇条凳子围坐在"馊饭"周围，伴着蒲扇"噼噼啪啪"击打蚊子的声音，老汉张开了没有牙齿的嘴，唱起来：

东南风吹到黄泥浜，网船上大姐搭梢棚；

青布汗衫晾在梢棚上，十八里水路阵阵香。

"馊饭"的嗓音并不清脆，也不响亮，但是他有一种常人难以企及的柔情，他把这柔情糅进了歌词的每个字里，附在歌唱的每个音符上，于是，这种火辣辣的情歌直扑人的心怀，每个人的心都为之颤动。大家手中的蒲扇停止了拍打，只有他的歌声弥散在夏夜的星空下，如此温馨，如此令人神往，好像眼前的一草一木都充满了情意。

我爱山歌，与我们隔河相望的乡镇是白茆乡，白茆山歌名闻天下。我妈妈是个民歌手，耳濡目染，我从小便爱听爱唱民歌，后来参加宣传队表演，靠的就是小时候打下的基础。哥哥也有副好嗓子，唱起歌来脆生生的，能抓住人心。他的画也好，"文革"中画主席像、写标语，都赶在前头。

捕知了，玩水车

盛夏季节，我除了看奎生哥在塘河里游泳打水仗外，就是跟着他洗了面筋去粘知了。

村上，凡是有树的地方，蝉声一片，声浪逼人。人走近，声浪"嘎嘎"渐止，人走远，声浪又起，此起彼伏，抑扬有致。肥硕的知了高踞树梢，声鸣远扬，娇小的蟪蝉藏匿丛莽，孤吟自赏，乡村到处是活泼泼的鸣虫声浪。

奎生哥粘知了是高手，后面跟着好几个小伙伴。

先从瓦甏里舀一碗面粉，放几粒盐，和好面，盖上湿毛巾，静候片刻，再把面团放在水里漂洗,便能洗出面筋来。将面筋绕在竹筷子上,竹筷子插进竹竿,拿着竹竿,就可以去粘知了了。

知了跟鸾凤一样,讲究"择木而栖"。路旁河边,知了喜欢栖息在柳树、枫杨和乌绒树(学名"合欢树")上,其他树则很少光顾。城市的行道树,如果没有这三种树,就听不到蝉声。即使有了这三种树,如果地上铺满了水泥板,蝉蛹钻不出地面,也不会有蝉声。

粘知了的孩子三五成群,结伴而行。奎生哥一人操竿,我和其他人蹑手蹑脚,弯腰屈背,双眼紧盯树上,紧张地在枝叶间搜寻。可能是风俗吧,这里的孩子,不管是捉蜻蜓、扑蝴蝶,还是粘知了,都要捂住自己的屁股眼。人体器官一般都能自控,唯有腹中之气会爆冷门,坏了大事。一天下来,收获有限,粘知了必须粘住翅膀,粘在其他部位的话它会逃脱。知了被粘住后拼命挣扎,拼命叫唤,附近的知了"轰"的一声,全逃了。面筋只有在将干未干的时间里才有黏性,所以,能捉到两三只知了也算大运气了。

我们捉知了,没有太多的诗情画意,只听它的叫声,被捕到的知了像在斗气,不叫了。于是,我们也斗气,把它喂鸡。除了捕知了外,玩大农具龙骨水车还要刺激,不过要防备被大人看见。

种水稻,得保持水田的水深,龙骨水车是必备的大农具。

车好了水,一般水车不再拆去,搁在那里——水田随时要添水,拆去了再装很麻烦。奎生哥见没人,有机可乘,便拉着我去玩这个大玩具。小朋友偷偷相约,爬上水车。几个孩子就能踩动水车。人太矮,手臂搁不上车杠,就反握车杠,照样能车水。水车吱吱嘎嘎响,河水慢慢地车上来。车筒里的水越来越多,脚下就越来越重。如果一个孩子支持不住,脚一松,其他三个孩子也都踩不住。几双脚一齐缩起,水车飞快地倒转下去,车筒里的水回泻,斗板"啪啪啪"的一阵乱响。孩子们紧紧抱住车杠,吊挂在车杠上,这也有专用名称,叫"吊田鸡"。

水车最怕逆向倒转,因为会损坏木链上的斗板。干活的大人听到声音便赶来制止。其他人来,我们不怕,不过吆喝一声:"怎么啦?屁股发痒,欠打!"我们一哄而散,啥事也没有。如果队长来了,就没有好果子吃了。他会把孩子一个个抓住,让他们"一"字形站好队。每个孩子额头上重重地凿一下"毛栗子"(也叫"栗爆"),随后怒吼一声:"滚!下次再来,两个'毛栗子'！"我们敢怒不敢言，奎生哥再犟也没办法，只能气鼓鼓地离开。

农村陋习，车水的时候要把全身的衣服脱光，腰部只围一个小布兜，就像非洲丛林里的土著，腰上只挂一片香蕉叶。夏日里，大姑娘小媳妇出门时都撑一把阳伞，不是为了遮阳，大多是因为怕见了车水场面难堪，只好用伞遮脸而过。其实农民也是不得已而为之。试想，盛夏酷暑，三四十度的高温，他们顶着烈日踩动车轴，就像在进行马拉松长跑，身上怎么挂得住一丝一缕？一直到20世纪60年代中期，农村普遍用水泵、开水渠，农民才告别了龙骨水车。

从20世纪60年代到现在，短短40来年时间，农村便很难再找到一架完整的水车了。我办江南农家民俗馆，为找水车，真是花了一番工夫。收集不到水车，我只好让人砍倒几棵树，叫了几个老木匠，花了三十多个工，才重做了一部水车。如果亲公在世，那就好办了。

秋来捉蟹

江南的秋天来得迟，"火烧七月半"，八月"木樨蒸"，一直要到中秋节后，暑气才能退尽。秋凉的标志是，西北风一阵紧似一阵，来一阵风，温度降下一点，一点一点往下降。

俗话说"西风响，蟹脚痒"。为什么秋风响起，蟹脚要发痒呢？因为这时的蟹成熟了。回想年初，桃花水发，幼蟹像小蜘蛛，小生命从海边出发，逆流而上，千里迢迢，散居到内陆各地的塘河池沼中。经过一个夏天的生长，深秋，它们就有资格当爸爸妈妈了。七月在田，八月下河，九月螃蟹满河爬。它们性急慌忙，急着要回到出生地产卵繁殖，什么都顾不得了。

父亲、奎生哥和弟弟奎元都是捉蟹的好手，蟹汛到来，他们都要一试身手。

乡间有句俗语："家养三张卵，鱼腥虾蟹吃不完。"我家有爸爸、奎生哥、奎元三个男子汉，秋来餐桌上也有吃不完的蟹。我爸爸钓蟹的第一步是寻找蟹的洞穴。田边、河岸、水渠都有蟹洞，蟹洞的口呈椭圆形，一般在水面下两到三寸的地方。把串有蚯蚓的篾丝慢慢探入洞内，拿篾丝的手指会感觉到蟹爪在拨弄篾丝上的蚯蚓，它拨一下停一下，就像小花猫玩线球。这时，手指要捻着篾丝不停地转动，一点一点往外拉，引蟹出洞。不能让蟹用螯把篾丝夹住，一旦篾丝被它的螯夹住，拉又拉不出，手伸进去挖它就逃，放弃又可惜，就只能在洞口望蟹兴叹了。把蟹引到洞口，就能见到水下的蟹脚、蟹背壳。这时，左手要快速出击，一把把它抓住。要手心向上抓，不能向下摁，钓蟹的技巧全在左手抓蟹的速度和精准性上。蟹一旦逃脱，便成了"老蟹"，吃一堑，长一智，以后再高明的钓蟹高手也休想把它从洞里钓出来。

钓蟹还能钓到副产品——黄鳝。黄鳝和蟹一样，居住在水面下的洞穴里。别看黄鳝是肉乎乎的一条，它才是水中真正的霸王，它上钓的方式与众不同，用"鲸吞"两个字来形容可谓恰如其分。它不像河蟹那样温情脉脉地拨弄钓饵，黄鳝吞住了钓丝还要拼命地拧过去，像鳄鱼打滚，力图把钓丝拧断。所以专门用来钓黄鳝的钓丝是用自行车的钢丝制作的，由此足见黄鳝力气之大。别看河蟹浑身铠甲，威风凛凛，实际上，它远不如黄鳝凶猛，到了捕蟹人的手里，螃蟹便会把足螯蜷曲起来，温顺得像只小花猫。这也说明世间万物是不可貌相的。

有一次，我看着爸爸钓蟹，眼馋不过，也学着样子，见洞就伸手去抠、去挖。挖进去，手指触摸到粗糙的东西在蠕动，急忙缩出手来，洞中缓缓游出一条花斑赤链蛇，我吓得一蹦老远，一颗心狂跳不已。爸爸若无其事地过来，一把拎住蛇尾巴就扔到了远处。爸爸告诉我，蛇一般藏身在离水近的洞穴里，水面下的洞穴不会有蛇。

人生之初，一年四季的变化像电影一样在我眼前——演绎，让我永志不忘。我跟着奎生哥在村前屋后玩耍，在玩耍中增加见识，在玩耍中认识人生。哥哥引领我认识江南，认识江南风情。这种风情一直在我心底荡漾，生下根子，刻骨铭心。多年后，有人问我：退休后，你怎么会产生收藏江南民俗文物这个创意的？我想，应该是童年播在我心底的这些种子开出了花、结出了果。

4. 妹妹和弟弟

奎生哥上学去了，他终于摆脱了我这个尾巴。他摆脱了尾巴，我的后面却长出了尾巴，那就是我的妹妹，她叫妹金。

妹妹妹金

妹金的脸有点像我，又有点不像。我的脸，鼻子以上像妈妈，鼻子以下像爸爸。妹金相反，鼻子以上像爸爸，鼻子以下像妈妈。我俩的性格、脾气差别可就大了。我脾气直爽，性格外向，要摸螺蛳就下河，要掏鸟窝就上树，眼里所见，没有什么不能去做的，生就一身吃牛胆。而妹金则是谨小慎微好脾气，一双眼睛永远是怯生生的，遇到小沟小坎，就躲在我身后让我先走，好像小沟里会蹿出一匹大灰狼来。看她这么胆小，我暗自好笑：一个娘肚子里出来的亲姐妹，怎么就这样不同！要不人家怎会说"十个囡红十样心，各人肚里一本经"？

我被妹妹绊住了脚就走不远，怎么办？干脆跟她坐下来"捉帖子"。捡几块小石子，用一方小布做个小沙袋。把小沙袋往上一扔，手立刻抓住下面一粒石子，再翻过手腕，接住掉下的沙袋，这得手捷眼快。刚开始，妹金不是把沙袋扔歪了，就是没抓住石子就去接沙袋，手忙脚乱，越忙越乱，顾了天上忘了地下，顾了地上，沙袋已经飞了，抓抢不到。我教她先要把心静下来，要有信心，按部就班，慢慢练习。沙袋要扔得垂直，扔得高一点，这样抓石子接沙袋的时间就充裕。可以先单独练扔，再单独练抓，最后把两个动作连贯起来。妹金生性柔婉聪慧，不多久就学会了。

学会了"捉帖子"，就可以再增加难度了，由抓一粒石子发展到两粒石子、三粒石子、四粒石子、五粒石子、六粒石子，一口气抓到六粒石子，算大满贯。我跟妹妹比赛，看谁得的大满贯多。

地上"捉帖子"，坐得腰酸背痛，两腿麻木，就站起来"跳房子"。地上画两行大方格，提起一只脚，单脚跳。一格一跳，间格跳，错格跳，花样不断翻新，简单蹦跳就发展成了复杂运动。不管是"捉帖子"，还是"跳房子""踢毽子""跳绳子"，虽说都是女孩子的土法游戏，但这种游戏就地取材，运动量可大可小，既可舒筋活血，又可锻炼快速反应能力，对孩子的身心发展很有好处。

妹妹胆小，喜欢花花绿绿的花呀，草呀，蝴蝶呀，蜻蜓呀……这些是田埂上常见的东西。

别看蝴蝶、蜻蜓这些小生命飘忽不定、随遇而安，它们可机灵着呢。等你轻轻靠近，它就飘然而去。不远处，它又在枝头停下来，等你赶到时它又飞了,像在跟你捉迷藏。

我和妹金发明了一个简便的捉蝴蝶办法:折一根小竹枝,梢头系一片小白纸,拿着小竹枝到菜地旁、田埂上,不断抖动,小白纸就像飞来飞去的蝴蝶。旁边的蝴蝶围拢来做伴,还没亲热上,就被竹枝打落在地,这样捉蝴蝶就十拿九稳了。这有点残酷,小生命热恋时,也是应急能力最脆弱的时候。

捉蜻蜓一般在夏秋季节。据说,蜻蜓会吃蚊子,我和妹金捉了蜻蜓,便将它们请进蚊帐里好生招待,对它关怀爱护。但它们并不领情,大多数活不过夜的。

我家屋后的竹林是夏天乘凉的好地方。清瘦修长的篾竹,竹梢刚好窜过平房的屋脊。竹林后是横塘水面,来来往往的农船从这里经过。条石水栈,男孩子从这里跳下水游泳,女孩子也可以在这里冲冲凉、吹吹风。塘边,菖蒲、茭头、芦苇丛生,鸭子"嘎嘎嘎"叫着,伸头曲颈在芦根下擦,擦够了,便游到河中心翻起跟斗,梳理羽毛。

竹林里蜻蜓多,河边的滩湾是滋生蜻蜓的渊薮。"小荷才露尖尖角,早有蜻蜓立上头。"青黑条纹的"老虎蜻蜓"喜欢"天马行空,独往独来",它立在芦箭上,立在竹篱笆的高端,立在花瓣的边缘,纹丝不动,像一幅静置的画。绯红的"小红蜻蜓"喜欢集结成堂堂大阵,在雷阵雨将到未到的时候密密麻麻地飞上天空,熙熙攘攘,像一片绯红的云。暗红的"晚饭蜻蜓"是羞涩的少女,整天躲在密集的竹叶丛中,粗粗看去,与竹叶无异。

亲婆、妈妈有闲空便掇张竹椅,拎着装针头线脑的篮子或花边到这里来做活,隔壁阿婆、婶婶也闻风而至。她们一边纳鞋补衣、做花边,一边家长里短地闲聊。妹妹缠着妈妈唱歌,古老的吴歌就从妈妈的嘴里飘出来:

上种红菱下种藕,红菱牵着莲藕走;

片片红菱片片游,丝丝莲藕丝丝愁。

妈妈是在用吴歌回忆她的青春岁月吧?

妈妈把妹妹拉到身边,教她做竹叶风转子。拉三张竹叶,两张相对并拢,一张撕上一半,绕在两叶中腰。两竹叶再向外绕一圈,收紧,再绕一圈卷成圆桶状,风转子就成了。去粘一根蛛丝,把它挂在竹枝上,微风一吹,它就骨碌碌地转动。妹妹一学就会。做了好些风转子挂在竹竿上,像串串风铃。

妹金做累了，躺在竹榻上沉沉睡去。这时，一只"老虎蜻蜓"飞来，立在她小巧的鼻尖上。不要去打扰，让漂漂亮亮的蜻蜓也进入她的恬梦吧。

"夏雨隔牛背"，轰隆隆一声雷，把我的妹金惊醒了。几点烂桃子一般大的雨点砸过来，砸在竹叶上"簌簌"地响。雨小住，风来了，竹子被吹得前仰后翻，妹金做的风转子都被风刮走了。妹妹倚在我的腿上，双手捂住了耳朵。竹林里人散了，我拉着妹妹回家。

雷阵雨来得突然，去得也快。夕阳在山，我和妹妹又回到了竹林边。竹林的地面，因为走的人多，被踩得光溜溜的，寸草不生，几点雨湿润了一下。我俩研究地面上的裂纹，猜测哪条裂纹下有鞭笋在生长，然后拿来凿子挖下去。挖到鞭笋，妹妹拍手欢呼；没挖到，妹妹便很失望。

很快就到了七月初七的七夕节，这是我们姑娘家的节日。我拉着妹妹到墙脚下采凤仙花。凤仙花是一种齐腰高的草花，叶片像桃叶，光溜溜的主茎，花开在叶与茎交接的腋窝里，随开花随结籽。轻轻一碰成熟的籽壳，它就"啪"的一声炸裂开来，小如芥子的种子散落在地上，壳瓣蜷曲成兰花状。种过凤仙花的地方，第二年，小苗出得满地都是，你只要间苗就行了。

凤仙花有大红的，粉红的，瓷白的……把采回的花捣烂，敷在指甲上，用布条把手扎好。等干了，拿掉布条和花渣，指甲就染上了红色。如果嫌颜色不深，还可以染两次、三次。妹妹人小，自己干不了，我就帮她敷，帮她扎布条。她看到指甲被染得红艳艳的，高兴极了，到处炫耀。亲婆说："今天的妹金这么漂亮，可以坐花轿嫁新郎了。"她到妈妈那里，妈妈说："女儿家笑不张嘴、怒不上脸，要有涵养。一点高兴事，就五个手指甩到了六处，被人家说轻骨头。"

妹妹本来就性格内敛，被妈妈这么一说，就把布条往地上一扔，不干了。

七夕节，亲婆也忙起来，她和面擀面，面中放点糖，擀成馄饨皮子模样，上面撒一点黑芝麻，皮子中间划一条缝，将一端穿过这缝，一拉，放进油锅炸。炸好后，就是"烤果"。七夕节晚上"乞巧"，必吃烤果，这叫"七月七，油炸烤果真好吃"。

夕阳西下，吃罢晚饭，我和奎生哥把方台抬到前面场地上。妹金特别积极，她掮着长凳，一一放在方台边上。亲婆拿出一个小香炉，两边一对小蜡钎，台子上放茶酒、时鲜水果、烤果以及桂圆、红枣、花生、葵花籽、南瓜子五样干果。几枝木槿花用红纸包成一束，插在瓶里。亲婆点燃香烛，全家女性由小到大，一一朝着天上的织女星座跪拜。这叫"拜织女"，意思是拜织女为师，也要成为巧手姑娘。

妹妹凡事都跟在人后，做惯了小尾巴，这次终于当上了头领，高兴得不行，她又伸开十指叫大家欣赏她的红指甲——她早把妈妈的训诫忘到爪哇国去了。

拜完织女，妈妈拿出针线小匾，让我们就着烛光比赛穿针线，看谁穿得多。这当然是我的强项，将线头在嘴里一抿，手穿手拉，闪电一般，一会就穿好了七八根。妹妹手生，她学着我的动作，也将线头一抿，可是线头不是弯了就是开了花，怎么也穿不过针孔，急得她满头大汗。这是"乞巧"，怎能不成功呢？亲婆心疼小孙女，忙说："不算不算，生手和熟手比赛不公平。明年等妹金练好了再来比。"

比罢穿针，大家围坐一起，仰望夜空，听亲婆和母亲讲星星的故事。天上的星星好多好多，"天上一颗星，地上一个人。"亲婆说。银光一闪的流星，那是一颗星星降落人间，意味着又一个孩子出生了。中间星星密集的地方，是一条天河。天河两旁最亮的两颗星，就是牛郎星和织女星。织女星前面几颗小星，是一架织布机，旁边还有梭子星。牛郎星两边有两颗小星，是牛郎挑着的两个孩子，也叫"扁担星"。王母娘娘为了惩罚牛郎和织女私自相恋结婚，用簪子划出了这道天河，让他们各守在河的一边。只有到七月七日，喜鹊来搭桥，牛郎、织女才有机会相逢。如今，七夕节成了"情人节"，也成了"女儿节"。

亲婆她们知道的星星故事真多。天河南端一簇星叫"车水星"，兄弟两个人踏着龙骨水车，他们要车干天河的水，捞出王母娘娘掉在河里的金簪。也有人说，天河中有个聚宝盆，车干了河水，两兄弟得到聚宝盆就发财了。他俩车了千年万年，天河的水能车干吗？王母娘娘惹的事怎么这么多？真不是一盏省油的灯。老太太如果像我亲婆那样，那该多好啊！

北面天空的北斗星，亲婆告诫我们不要去看，那叫棺材星。你看，长方的四颗星，可不就是棺材？而前面三颗星分别是喇叭鼓手，一副出殡的样子。如果见到流星进到四星中间，那是要死人的。原来星空也暗藏杀机，吓得我们只看南面的星，不看北面的星。

七夕节，妹妹非要等着牛郎织女鹊桥相会，听他们说悄悄话。但睡虫不争气，等不到弦月西沉，在一片蛙鸣声里，她趴在桌子上睡着了。

接着，就是七月三十日傍晚烧狗屎香。狗屎香是一种棒梗香，一根细竹签，半根涂上香，半根棒梗把手。烧狗屎香的都是孩子，传说烧了狗屎香的人人缘好。如果孩子性格孤僻内向，就会有人说："七月三十夜里多烧点狗屎香，多结点人缘。"也有人考证，烧狗屎香是吴地老百姓纪念元末起义军首领张士诚的。张士诚定都苏州，对老百姓有恩，老百姓纪念他。

狗屎香点燃后，通常是插在门前石阶的缝隙里，也有插在南瓜上、茄子上的，再戳上一根小竹棒，就像戳着一只刺猬，孩子捐着到处走，算是一个大玩具。

我和妹妹稀罕的不是点狗屎香，而是稀罕点罢香留下的那根小棒棒。第二天清早，我和妹妹一起床就去拔小棒棒，拔上一大捧，我俩就可以玩"撒签子"的游戏了。

把一大把签子竖在桌子上，突然手松开，让签子自然倒下。用一根签把其他签子一根根地挑出来，但不准震动其他签子，动了其他签子就算失败，这时就该轮到另一方上场挑，直到挑尽签子为止。谁挑到的签子多，谁就赢。妹妹做这个游戏特别在行，她眼睛也尖，签子堆稍有震动都休想瞒得过她。

刚带妹妹的时候，我觉得多了块绊脚石，来去不自由。带久了，妹妹增添了我许多乐趣，我也有了玩伴，由势单力薄变成了来去有姐妹。古人说："两人同心，其利断金。"如果发现她不在身边，我反而会有一种无名的冷清感，心里会恐慌起来；见到她，心中一块石头才落地。她简直成了我身体的一部分，冷暖心自知。同时，小孩带小孩也增强了我的责任心和引导能力，我想，这可能也为我以后的农村管理工作积聚了能力吧。

妹妹聪明伶俐，一副温温和和的好脾气。改革开放后，企业转制，她当了阿里山大酒店的经理，成了常熟市妇联表彰的有名的女企业家。

弟弟奎元

弟弟奎元，比我小十三岁。我辍学在家，跟着生产队里的十来个小朋友在田间干活时，他才呱呱落地。婴儿时的奎元胖嘟嘟，笑眯眯，粗脚大手，肩宽体高，好似爸爸的小像。妈妈生下他后，身体稍稍康复，就带着孩子到田头干活了。我抱着弟弟，妈妈掇着窠篮，亲婆拿着干活农具。到了田头，树下找块干净空地，放好窠篮，两边支好，弟弟躺在窠篮里。农家的孩子，大人没时间抱，倒也乖。睡在窠篮里，醒了，挥着小手，蹬着双脚，"呵呵呵"自顾自说话。妈妈休息时，给他换尿布，让他吃饱奶就行了。

稍大后，弟弟奎元就站"立桶"或坐在"坐车"里。这时妈妈一边干活一边要回头看弟弟，发现弟弟困了、睡了，要赶紧去把弟弟抱到窠篮里，安排睡觉。上工时，又带"座车"、又带窠篮，像搬家一样，自家人拿不了，求人家帮忙。

弟弟蹒跚走路了，坐车里坐不住，便抓了坐框子爬起来，这时免不了摔跟头，可是坐小凳子又坐不定，怎么办？拿条围巾绑在坐车上。好动的孩子失去了自由，一个劲地哭，哭得妈心碎，哭得我心烦。亲婆只得从田里到孩子那里、从孩子那里到田里来回地跑。个别社员就有意见了："老好婆，你干脆在家看孩子得了，心顾两头，一样事都做不好。这叫'家有两项，必有一荒'。"办法终于想出来了——在弟弟腰间围条围巾，再用根纱绳结在围巾上，另一端结在一棵树上，就像把山羊缆在羊桩上吃草一样。放一张小凳子，弟弟想坐就坐，想玩就玩，有了活动空间，他就安静多了。

小孩子好奇，什么东西都要抓，拿起来就玩。黄梅季节，老年人拔秧，几个小伙子挑秧，其他人在大田里莳秧。抓进度，赶季节，天蒙蒙亮出工，太阳落了山才收工。用社员的话说，就是"鸡叫做到鬼叫"。这时候带奎元弟弟更困难。好在农忙季节队里办起了托儿所，把弟弟寄放在那里，大人也就能放心地在田里干活，只要收工的时候去抱就是了。

弟弟到三四岁时有了玩伴，就好带了。只要看他不到河边、河泥窖边，大人就可以放心地干活。那时，农村的孩子就是这样带大的。

弟弟长成了大孩子，他的兴趣莫过于跟着大人走亲戚，吃年节酒。

我家和人家不同。人家父亲一方的亲戚叫伯伯、叔叔、堂兄弟、堂姐妹，母亲一方的亲戚叫"娘舅""表兄弟"，我家倒了个身：父亲、好公方的亲戚，叫"娘舅""表兄弟"；母亲一方的亲戚叫"叔""伯""堂兄弟"。这是因为我家两代都是上门女婿。新年走亲戚，吃年节酒，到娘舅家比较近，朝南走两条田埂就到了。到舅公公家就远了，要到邻乡的董浜添智堂，得走几个小时路。

新年，娘舅家总要去的，俗话说："外甥不断舅家门。"但我家忙，纺纱织布，一年难得有个新年，生产队不出工，家庭副业可以好好做一手。"千要紧，万要紧，吃饭最要紧。"走亲戚的任务全交给奎元弟弟了。娘舅家近，妹妹和弟弟两人同去；舅公公家路远，亲公带着奎元一个人去。亲公说："这样也好，两人来去利索，免得一家子都去，像'吃大户'一样。"

弟弟穿上新簇簇的衣服，跟着亲公走亲戚。他走路也不老实，人家走官塘大路，他偏走田间小道，好像只有这样，他的高兴劲才能发泄出来。数九严寒，他不怕冷。遇到小河河面上结了冰，就捡一块砖向冰上掷去。砖碰到冰，"嘘溜溜"向前飞去，滑得很远很远。碰到阻挡，就"扑扑扑"地跳过去，像一只青蛙。

河边，田埂边，见到枯萎的茅柴，弟弟就缠着亲公拿出火柴"炝茅柴"，火随着风势一炝好远。冬天炝茅柴，有道是"烧得煞，长得发"，正像早春踩麦，"踩得煞，长得发"。弟弟走亲戚，图的就是一路上玩耍，像出笼的小鸟，自由飞翔。回到家里，问他吃了点什么，往往回答不上来。白天疯玩了一天，晚上回家就走不动了，哭着喊着不走，还得传信回家，叫姐夫去背他回来。有一次，他赖在亲戚家不走，我们全家出动，才把他哄回家。

喜欢张鱼摸蟹是小孩的天性。奎生哥上学读书去了，奎元弟就接他的班，跟鱼鳖蟹虾过不去。江南水乡，到处是湖荡河道，湖荡河道里都有水族聚居。"鱼在河里团团转，手中无叉只好看。"捕鱼要用工具，当然，爸妈是不会花这笔闲钱遂他心愿的。他就只能在河边看人家网鱼，过过眼馋。

二月早春，寒意还未退去，春的信息先是从河面上透露出来的。"春江水暖鸭先知"，不！应该是"鱼先知"，最先"知春"的是朗咀鱼，"二月朗咀，三月鳑鲏"嘛。到了二月里，朗咀鱼在塘河水面打浑，过了二月，就难见它们的踪影了。

江南的早春，日长夜短，叫"长春二三月"。西天的太阳挂得老高，大孩子们放学回家了。奎元弟慢慢地靠拢上去，看大孩子张丝网。这些学生娃买来丝网，剪成一人来长的一口口短网。丝网穿挂在筷子上，蓬蓬的，像老人的一捧银发。

大孩子一手执一根细长竹竿，竿端挑起用芦秆折成三角的丝网浮子，另一手扯直丝网一角，竹竿一挥，丝网在空中划过一道漂亮的弧线，稳稳地撒落在河里。几口丝网阶梯形排开，像设在水中的八卦阵，朗咀鱼撞上网便束手就擒。

丝网在一泓春水中飘荡，孩子们找个避风处，躺在柔和的枯草上，等候猎物撞网。初春的夕阳，暖洋洋的。身边枯草丛中，已经冒出星星点点的嫩绿，耐寒的金钱草藤蔓上开着一朵朵蓝色的小花；一撮撮的野蒜，细如丝线；荠菜长得有硬币大小了……仔细看，大地生机盎然。

"鱼上网了！"有人一声呼叫。原来一口丝网的浮子在颤动，水面上漾起圈圈水波。大孩子用竹竿挑起丝网，蓬松的丝网被鱼儿缠成一团，两条朗咀鱼像作茧自缚的蚕宝宝，在乱丝中扭动着身体。奎元要上去当帮手，孩子们叫他别动，免得弄乱了丝网。大孩子仔细地把鱼从网丝中剥离开来，再把丝网理好，重又撒回河中。

日落西山，可以捕到七八条朗咀鱼，养在茶杯中。鱼儿们挤在一起，不住地翕动小嘴，露出青绿相间的脊背，像向人乞食的宠物。

到农历三月，河里的朗咀鱼不见了。哪儿去了？问老人，老人说："'鱼行仙路'，你问我，我问谁去？"

三月里的小鱼叫鳑鲏，身体像鳊鱼，扁扁的，圆圆的，个头只有梨树叶大小，身披雪白的鳞片，很是富态。鳑鲏鱼出现时，已是桃红柳绿，春色满园。河岸边，一片葱绿，蜂飞蝶舞。荠菜开花结籽，坑坑坎坎边的马兰头长得油绿肥硕。捕鳑鲏的丝网，网眼比捕朗咀鱼的大。时已农忙，孩子们很少有张鳑鲏鱼的丝网，只有划着小划子的渔民有。鳑鲏网有百十米长，从河的这一头一直张到那一头。网船上的婆婆头扎青布方巾，手拎竹篮，上岸串村叫卖。篮子里的鳑鲏鱼像一枚枚银圆，白亮亮地闪着光。

3月结束，河里的鳑鲏鱼又不见了。它们去了哪儿？神龙见首不见尾。内河许多小鱼，像朗咀、鳑鲏一样，如候鸟一般在迁徙。农民根据动植物的这种变化来认知时间、节令，这叫"物候"。"二月朗咀，三月鳑鲏"就是一句物候谚语。

遗憾的是，奎元从来没有拥有过丝网，他很乖，不好意思叫父母买这种"奢侈品"，怕破费铜钿。看看大孩子张网，解解眼馋也就满足了。有时，孩子们捉的朗咀鱼多了，送几条给他。亲婆就把鱼收拾干净，打一碗鸡蛋汤，鱼放汤里，再放一簇荠菜，在饭锅上炖。饭熟了，鱼蛋汤也熟了。

鲜美的农家菜，豪华的大酒店是吃不到的。而油炸鳊鲏鱼有一种不可多得的脂油香味，现在已经是大酒家中的名贵菜肴了。当年不起眼的小瘦鱼也迎来了"咸鱼翻身"的一天。

弟弟不时也会出些小差错。莳罢秧后，天气很热，大人从农田收工回家，亲婆做饭，妈妈做花边，我们哥姐妹几个各干各的。眼睛一眨，弟弟不见了。屋里屋外找，不见人影。一会儿，他回来了，淋淋漓漓一身水。问他到哪里去了，回答是"捉鱼"。大概在水稻田里他发现什么动静，就下去摸，结果鱼没抓到，自己倒成了条大鱼。妈妈一边给他换衣服一边数落，小家伙不以为错，反以为有功，笑着做鬼脸。

弟弟是全家的开心果，添麻烦的是他，给大家欣慰的也是他。想不到后来他的捕鱼捉虾本领超越了爸爸和哥哥，成了我们家的准"渔民"。家里有客人来，只要一声唤，他用不了多大一会儿，就能把鱼虾手到擒来。

"打虎亲兄弟，上阵父子兵。"后来，奎生哥办企业，奎元弟弟是有力的助手。创业开始，资金短缺，人来客往的招待，连买好一点的菜钱也没有，怎么办？一声唤，奎元弟弟河边一转，一桌丰盛的鱼宴就配备俱全了，给企业解决了大问题。现在，奎元是支塘的"钓鱼王"，人家钓鱼空手而去，常常空手而回；他钓竿在手，抛线进河，鱼就咬他的钩，不大一会儿就满载而归。在他身边，聚集了许多向他请教的钓鱼迷。他家的鱼永远吃不完，从来不用花钱买鱼。

5. 短暂的学校生活

我没读上几年小学，当时正逢困难年，小学没毕业就留在家里干活了。学生时代虽然短暂，给我的印象却深。任何东西，要是不错失，可能不当一回事；一旦错失了，就倍感珍贵。"要是怎么样怎么样，就会怎么样"，人们常常这样说，这样做假设。但是，历史没有假设，现实就是这么回事。

民主小学

民主小学在我们村东边，走过黄泥溇小桥，再穿过一个长长的村巷便到了。这是一所初级小学，一个老师教四个班级。它跟阳桥大队的大队部同处一个院子。我背着妈妈缝制的书包上学了。这意味着：我成大孩子了。

这是座高墙大院，前面有石砌驳岸，有小石平桥，据说，后面原来还有后花园。

走进高大的墙门，第一进为大厅，四根粗大的立柱，顶着雕花叠梁，压着沉重的屋顶。厅内空旷，阴沉肃穆。地上是青方砖，前面是落地长窗。天井两旁是厢房，一边是大队部，干部在那里办公，一边就是我们的小学。教室里，用砖墩支起一块块木板作课桌，凳子学生自带。大厅改作大礼堂，下雨天，我们可以在里面做早操、上体育课，大队也可以在里面开社员大会。第二进是起居房，天井两旁也有厢房。我们不常到那里去，里面有些什么，不太清楚。

这座大院，是地主徐复初家的。徐复初是我认识的第一个老地主，他人不胖，走路急急的，就像前面有铜钱在等他去捡。

徐复初跟一般地主不一样。他并不是饭来张口、衣来伸手、四体不勤、五谷不分的地主，他自己也干农活，并且很勤快，有一定的务农经验。正因为如此，一般地主发财了都搬到市镇上、县城里去居住，过安闲日子，他却把宅院建在农村，跟田地亲密接触，早晚侍弄庄稼。他在历次运动中都受到了大冲击。人家地主住在城里，路远迢迢，农民眼不见心不烦，他每天都在村里，早上不见晚上见，一有运动来，农民就揪他斗他，让他做反面教材。

学校里只有一个老师，一间教室，三个班级，这叫复式班。体育课和音乐课一起混上，其他课，老师一个年级上几分钟，叫学生练习做作业，然后再上另一个年级。有时，高年级的学生批改低年级学生的作业，以减轻老师的负担。

那时的学生都没有上过幼班，没有接受过学前教育。入学一开始就要读书写字，执笔、拿书的姿势都得从头学起，俗称"开荒田"。我一边看高年级同学写字一边自己摸索，一回生，两回熟，慢慢的，字能写进方格中了，歪歪扭扭的笔画也能写直了。有一次，老师竟然把我写的字拿到中心校去展览。这对我是极大的鼓励，后来做作业时我更加认真了，写字一丝不苟，一心想争取老师的表扬。有一次，我们班还选我参加顾泾片中心小学的写字比赛，我得了一个优秀奖。

从"人""口""手""马""牛""羊"开始，到一个个句子，再到一个个语段，当我像模像样回家读给妈妈听的时候，妈妈津津有味地听着，笑眯眯地看着，说："只要你乖，书一直让你读下去。"

那时候读书、上学很轻松，上午八点半上课，下午三点多放学。小学生在家里也要干活，割草、放羊、带小孩子、做晚饭，直到大人收工回家。一家人都风风火火的，自留地上播种移栽，搞点小副业的则整理渔具，准备夜里出发捕鱼捉虾。

回家作业很少。夜里，我跟着亲婆纺纱。纺纱高手一天能纺一斤多纱，挣三四毛钱，这也是一笔不错的收入。

我的同学

我羡慕人家小学、初中、高中、大学都有一长串同学，开同学会忙不过来，而我的读书时间短，手指头扳来扳去就那么几位同学。但刀小只要快，人少只要精，这么少的同学中也出了人才，有几位给我的印象特别深刻。

学校规定，学生进了学校不能走出大门，课间只能在天井和大礼堂里玩耍。大礼堂里，水磨方砖上女同学跳房子、跳绳子；天井里玩老鹰抓小鸡的游戏。男同学用写过的练习本折成"回"字形"牌结结"，一只放在台阶上，另一个同学拿了"牌结结"掼，谁的"牌结结"掼出界就算谁输。

这么个天地，活动虽然不少，但对活跃的同学来说地方实在太小了，一转眼，他们就溜出大门，成了脱缰的野马，回来后受老师批评也是难免的。

同学中，高德康同学留给大家的印象很深，他比我低两个年级，但我们是复式班，在一间教室上课，极其熟悉。他身材并不高大，长得结实灵活，上课时老师常表扬他，说他字写得端正，解的题正确率高，课余活动他跟大家也玩得来。同学们爱跟他结伴读写、一起游戏，他的身上有股磁铁样的吸引力，这大概是他以后能干出一番大事业的内在因素。他家住白茆乡，跟我们一河之隔，便就近到这边支塘所属的小学上学来了。

高德康家不是书香门第，而是裁缝世家，辍学后，他在家务农，同时传承裁缝技艺，也就是一边做农民一边做裁缝。俗话说："春算命，夏郎中，秋道士，冬裁缝。"裁缝活的季节性很强，忙碌在冬季，其他时间也要下农田干活。1976年，二十四岁的高德康为了保证常年有活干，带头办起了大队缝纫组，创业时只有8台缝纫机、11个员工。作坊式的缝纫小组没有自己的品牌产品，只是给人缝制衣服。

三年以后，改革春风吹起，高德康的缝纫组发展为服装厂，他们凭借精湛的缝纫手艺拿到了上海一家服装厂的订单。高德康当厂长，兼做采购、缝纫、运输。他骑着一辆老旧自行车，来回奔波在上海、昆山、常熟三地。他是缝纫行家，也是摩托车骑手：从村里到上海购买原料、递送成品，每天能骑行160公里。

自行车的安全系数毕竟不高。一次，车子爆胎，高同学只好把车寄在人家家里，自己扛着百十斤重的成衣挤公交车。车上人闻到他一身臭汗，不但将他推下车，还骂他"'阿乡'弗识相"。鄙视的目光，粗俗的话语，深深刺痛了他的心："阿乡"怎么啦?！离了"阿乡"，你能吃得脸色红润、穿得衣衫光鲜？高德康发誓要脱贫致富，拿出点成绩给这些看不起"阿乡"的人看看。

工厂办到1984年，高德康为上海一家羽绒服厂做贴牌生产。这时羽绒服还是稀罕物件，样式臃肿，颜色单调，在市场上并不被人看好。加工羽绒工序复杂，许多企业都不愿意揽这种活干。但高德康觉得这是一个潜力深厚、前景广阔的事业。

1994年，高德康在加工生产的同时，自己采购原料，自己设计，自己注册商标，以"波司登"品牌正式面市销售产品，进军羽绒服行业。

四年后，高德康采用多品牌战略，先后将"雪中飞""冰洁""康博"等多个品牌推向市场。通过这种品牌矩阵加上代理商渠道，波司登迅速成长为中国羽绒服行业的老大。2006年，全球三分之一的羽绒服产自波司登。次年，公司股票在香港上市。

一个裁缝师傅，一个被人称为"阿乡"的农民，将一个缝纫组发展成了一个大型集团公司，"波士登"羽绒服成为世界驰名品牌，产品畅销世界各地。高德康成为改革开放风口浪尖的弄潮儿，全国劳动模范，全国人大代表，全国工商联纺织服装业商会会长。白茆塘边出过宰相严讷，出过众多名人，现在又出了一位重量级的企业家高德康，他是我们同学的骄傲。

6. 迎战困难年

1959年,"大跃进"后期,这年我十岁。大家吃集体食堂,提倡"放开肚皮吃饱饭,鼓足干劲搞生产"。每星期日大吃一次,大鱼大肉任凭大家吃,人们感觉到已经到了共产主义社会。吃了三个月,食物开始紧缩,食堂凭票吃饭了。接着,发的饭票越来越少,饭票发到1960年初,小孩每月10斤,大人每月16斤。饥饿侵袭着每家每户,每个人都要经受这场考验。

食堂办不下去了,纷纷解散,国家进入三年困难时期。人人千方百计寻找食物,个个竭尽全力保持体能。

挑 野 菜

困难摆在大家面前,家家户户重新砌起炉灶,买回镬子汤罐。粮食不够吃,买来小石磨,把米磨成粉,撒一点米粉在野菜中,不管好坏,把肚子塞满就行。

困难年,我家第一件不幸的事是亲公分开过了。他一如既往,不近情理的事到他嘴里说起来都振振有词:"天下大势,分久必合,合久必分。现在是非常时期,大家分开过,容易解决问题。毛主席当年把部队化整为零,展开游击战,就是用这个办法渡过难关,取得了革命的胜利。"

亲公的话,像一滴水溅进热油锅,立即爆炸开来。只听说过同舟互济共渡难关,没听说过困难来了扔下大家不管,自己逃命去,而且还说得这么有道理,真是"一张嘴,两层皮,翻来翻去都有理"!

妈妈首先激烈反对:"这不是'夫妻本是同林鸟,大难来时各自飞'吗?我是领养女儿顶门户,现在老爸分开过,人家看起来是我亏欠了他,丢下他不管了。人家这么看,我的脸往哪里搁?"

亲婆的话说得更难听:"这就叫呀,'裤子穿剩六根筋,不知丈夫按啥心'!"

亲公打定的主意谁也劝他不回。亲婆坚决跟大家一起过,活要活在一起,死也要死在一堆。

怎样渡过难关?碰到困难年,大家的眼睛不约而同地盯住了野菜。挑野菜本来是孩子和老婆婆干的事,现在是人人出阵,个个争先,向野菜进军。

我挑起野菜来是轻车熟路。传统的野菜,我们只挑两种——荠菜和马兰头。荠菜,吴语便叫野菜,挖荠菜叫"挑野菜"。孩子们一边挑一边唱:"挑马兰头挑野菜,隔壁细娘烧夜饭……"做孩子时,谁都挑过马兰头、野菜。倒不是没有吃的,要用它充饥,而是野菜(荠菜)和马兰头比较值钱,市场上容易卖掉。孩子挑上一点,卖了钱可以买铅笔、橡皮。

放学后,三五成群的孩子,每人一只竹篮子、一把"丫"字形小铲刀,蹲在野外挑野菜。野菜在荒郊野外很难寻觅,它喜欢"人气",爱"轧闹猛",人来人往的村头路旁,菜地四周,野菜连成了片。野菜娇小,挑的时候要耐心地蹲在那里挑,一蹲就是半小时、一小时,头不抬,眼不眨,一个劲地挑,这样才能积少成多。文静认真的小女孩干这活在行,屁股坐不热凳子的男孩子就难有作为了。奎生哥就常从我的野菜篮子里抓上一把拿回家充数,气得我嘴巴噘起,上面都好挂个油瓶了。

困难时期,荠菜和马兰头最早被人们一扫而光。人们饥不择食,到后来,挑进篮子的野菜便是平常不吃的野草了:野红花、野草头、蛤蟆叶、米糊草,还有酱瓣草、河豚草(一种小圆叶蔓草,我们村上称它为"鹅肠肠草")、灰灰菜、蒲公英、苦菜。其实,这些野草的味道和平常吃的蔬菜差不多,并不难吃,有的略有异味,只要在开水中焯一下就好吃了,只是现在一般人不知道它们能吃。

当时,人们没有条件讲究吃好吃坏,只要能吃、能填饱肚子就行,这叫饥不择食。挑野草时也得小心谨慎,草的种类很多,有些草不能吃,有毒,还有些草难以下咽,也没有吃的价值。我感到能挑来吃的野草都不难吃,难吃的倒是胡萝卜缨,哽喉咙,像吞吃活蟹一样难吃。常吃的有河豚草,在滚水中焯一下,捏成野菜团子,外面滚一层米粉,在当时算是上好的食粮了。

这时家里集中保护的对象是奎生哥,他是沈家香火的传承人,所有吃的东西首先要满足他的需要。妹妹妹金还小,也是照顾对象,只有我不在照顾之列,我整天饿得眼冒金星。吃食堂时,一只饭后的盛粥饭桶,三个孩子争着捞桶边上的粥腻,往往因争抢不均而引起纠纷。这是我们家中极少见的纷争。古人云:"仓廪实而知礼节,衣食足而知荣辱。"饥饿占了上风，道德就处下风，正因为这样，不受"嗟来之食"典故中的齐人千百年来才受到人们的赞颂。

耥螺蛳

地上的绿色植物能吃的都吃光了，大家便寻觅水中的食物。江南河网，绿水萦绕。水中最多的是螺蛳，食之不尽，取之不竭。用耥网去耥，一会儿工夫就能耥到不少，够你吃得喉咙发痛的。

粮食吃不饱，能不能用螺蛳来充饥？

其实，螺蛳并不是荒年救急的粗粝食物，它本身是一种美味，也是最便宜的一种荤菜，比萝卜青菜还不值钱。但它鲜美，鲜得让人掉眉毛，它可以和任何一种山珍海味媲美。俗语说："清明螺，抵只鹅。"因为便宜，一般人把它看作是上不了台盘的菜。如果用它来招待客人，客人便会生气：你怎么用螺蛳来招待我？难道我像螺蛳一样不值钱？其实并不是螺蛳味道不美，而是螺蛳太便宜，客人觉得会掉身份。这也是人类特有的一种虚荣心使然。

螺蛳低贱，但它毕竟还是有价值的。有的农村老人在家里闲不住，便捐了一竿耥网到河边耥螺蛳。第二天上午把耥到的螺蛳匀成两个半篮，伛偻着身子，挑到街上去卖。回来时，打点酒，买点豆腐干、猪头肉之类的下酒菜，充分利用自然资源改善生活，蕴涵了浓浓的夕阳深情。

困难时期粮食减少了，河里的水产却是不会减少的。我便到河岸边摸螺蛳，妹妹拿着篮子在岸上等着，我摸到一把螺蛳，扔上岸，她一粒一粒捡到篮里。螺蛳爬在靠河岸的石块上、芦苇根上、茭白根上、菱头的叶梗上，手一摸，它就自动掉下来，落到人的手心里。所以要轻轻摸上去，不能打草惊蛇，要是落到河底，就不容易捉到它了。

至于捕其他的鱼，可不是简单的事，一要技艺，二要工具。有言道："临渊羡鱼，不如退而结网"。民间有种说法，空手在河里捉到鱼，就跟空手在陆地上捉到鸟一样，这种人要倒大霉的。为什么？因为你干扰了另一生物世界的正常生活。

可惜，水产只是副食品，不能当主食吃。特别是螺蛳，少吃是美味，多吃了，肚子会非常难受。中医说，螺蛳性寒，且不易消化，不能多吃。米麦是人类的主粮，是最养人的东西，其他任何东西都不能完全取代米麦的地位，当时最珍贵的还是米麦啊。

十边地

为了解决暂时性困难，政府号召社员生产自救，广种"十边地"。"十边地"是指屋边、路边、坟边、河边、田边的那些边角废弃地。生产队按照人口把十边地划分给每家农户，由农户自己去开垦，收益归自家。这也是农村自留地的最早形式。

这个时候，我辍学了，在家里跟着大人挑野草、摸螺蛳、种十边地。妈妈见我早早放弃学业，很是伤心。可是家里急需劳动力，老的老，小的小，妈妈又有病在身，全家靠爸爸一个人挣工分，每年年终分配咱家都排在透支户行列。人家一年做到头多少能分几个钱，拿了这个钱可以去买这个、买那个，我家一年算下来，扣除拿回家的粮食柴草，还得倒贴生产队一笔钱。亲婆和妈妈起早摸黑，做些小手工，挣上几个小钱，积攒下来，偿还这笔债务。我在学校坐不住了，一定要回家干活，要为扭转家庭的经济面貌出力。刚回家的时候我雄心勃勃，到做起来才感觉到这绝不是轻而易举的事情。

种十边地，就是垦荒。地块虽小，可是上面不是多年生的茅草就是荆棘树木，要把它开垦成能种庄稼的熟地，得花大力气。可是花再大的力气也值啊，哪有比种救命粮更重要的事情？

开垦河边地相对容易。河岸上多的是茅草，就是那种能拔茅针的白茆。河岸旁，树也不多，只是一丛一丛的矮灌木，被行船拉纤刮得矮矮的、平平的。茅草的根生长多年，跟泥土结合得很紧，整块地板结得像块钢筋混凝土似的。我年纪小，力气弱，开垦时只能一点一点地凿，一点一点地挖。奎生哥还在上学，早上和傍晚来帮我。亲公分开过了，"黄牛角，水牛角，各顾各"，他自己侍弄自己的边角地。爸妈和亲婆要在生产队出工，也是早晚来垦荒。他们力气大，效率也高，三下两下就把我奈何不得的树根、荆棘垦掉了。爸爸技术全面，把开垦后的河岸从塘路到下面临水垒成阶梯形，像山区的梯田，种上庄稼，通风透光，还扩展了立体面积。

亲公分到了一块坟地。江南坟地很多，一般老百姓家的坟地中间三个墓冢，葬三代先人，周围一圈高垄，称罗城。罗城上种满树木，那是铁铃木、桧、柏、"爆三万"、松等常绿长寿树，也有榆、榉、乌桕、合欢等落叶树，巍巍高大，苍郁肃穆。

亲公处理墓冢上的树木已经力不从心，我爸就去帮他砍树，很快就把罗城平掉了，剩下三个光秃秃隆起的墓冢，就像三个馒头。亲公在这块地上播上大麦，大麦早熟，可以早点有收获。刚开垦出的土地贫瘠，亲公三天两头去浇粪。我说，您在先人的墓地上浇粪，是大不敬，这叫"佛头着粪"。风趣的亲公总有说法，他对我说："这叫'三日不吃还魂食，四脚挺得毕立直'。"意思是，人吃粮食，撒粪尿，粪尿肥庄稼，庄稼再产粮食，这是一个完整的食物链。本源意义上来说，人们每天吃的饭都是"还魂食"，不吃这东西，人就成了四肢挺直的僵尸。

种十边垦荒也有副产品。我们在河边垦荒得来的茅草根、灌木丛、荆棘条，亲婆捡拾起来，晒在路边，作为柴火用来生火做饭。从亲公分到的坟地上砍下来的树木枝条，也可晒干当柴火；至于树干，亲公知道怎样合理利用。他在砍树时发现了一件宝贝，就是榆树下的巨型根。罗城上原有一棵合抱老榆树。榆树在这里俗称"鸟屎野榆树"，虽然是硬木，但不堪大用，只能用来制作水车的木链、脱粒的稻床等农具，不能制作家具。亲公把巨大的榆树根仔细挖出来，叫家人抬到房前场地上，他提来水冲刷干净，然后坐在小板凳上用镰刀一刀一刀把榆树皮割下来。割下的榆树皮晒干了，放在石臼中舂成粉末。把这种粉末拌和野菜野草做成饼子，就是榆树皮饼。饼子很黏，很难下咽，吃了会排便不畅，只是一种暂时缓解饥饿的办法。饥荒年，人们常说："吃树皮草根。"我仅见过亲公做的榆树皮饼子，其他树的树皮都不能吃，也没见人吃过。亲公给我吃饼子，我躲得远远的，就是饿死，也不想吃那种东西。榆树根如果留在地里，处于半腐朽状态，根上会长出一种蘑菇，我们叫它"榆树蕈"。这种菌子与现在常吃的香菇味道和外形都很相似，很好吃，不知道它们是不是同一品种。

后来十边地调整，改称为"自留地"。1962年中共中央颁布的《农村人民公社工作条例（修正草案）》第四十条规定：生产队耕地面积的百分之五到七归社员家庭作为自留地使用，长期不变，用以开展家庭副业生产。

7. 斫田埂脚

1962年初秋，清晨的凉风暂时吹散了尚未退尽的暑气。田里的水稻长得老高了，秋风中绿波起伏。稻田放干了水，正在"搁稻"（水稻种植要经两次搁稻，放干田中的水，使泥土板结，抑制水稻过快的营养生长，使稻棵长粗长壮，促使孕穗）。村里三三两两的孩子往西过黄泥溇小桥，去民主小学上学。我和村里大部分孩子没去上学，而是跟着亲婆、妈妈在生产队出工，当辅助劳动力挣工分了。

我的身份随之一变，由一个乡村小学生变成了乡村小农民。我穿着短衫长裤，头戴草编帽子，手拿镰刀，加入修地球、翻泥土的农民大军。这时我12岁，比13岁下田干活的陈永康（水稻栽培专家）还早一年。我人长得不大，但心很大。我要担负起家庭责任，帮助扭转我家老透支户的经济面貌。

按理说，水稻还未成熟，农田管理基本完成，这是农闲时节。但生产队里除了重大节日，没有"放假"一说。俗话说："只有懒人，没有懒田。"生产队永远有活干，天天要出工，要不，没工分挣了，拿什么年终分红？实在没有农活，就去田里斫田埂脚。田埂上，一个夏天下来，杂草长高了，把这些杂草割去，一方面积了肥料，另一方面也消除了病虫害的滋生基础。还有一点不便明说：没事找事干，大家有工分挣了，不是皆大欢喜？"无事不找事，气定神闲；有事不怕事，善理善断。"这句话在那时的生产队不管用。

这天，生产队一下多出了十多个小劳动力，跟我一样，都是十二三岁的小娃娃，一个个准备做小"陈永康"，一律是初出茅庐来练种田"童子功"的后备生力军，这其中就有生产队长老顾的儿子祖根。打虎亲兄弟，上阵父子兵。大家在田埂上蹲下，就像沉没在了水稻的海洋中。一会儿，稻田中浮出一个小脑袋，"嘀嘀"一声叫唤。待小朋友站起来看时，他却又没影了。凭熟悉的声音判断，肯定是祖根这位小当家的。

我没有站起来，妈管得可严呢！第一天干农活，"良好的开端，成功的一半"。妈说，干活要有"定力"，专心致志，手里才出得了活计。如果东瞅瞅，西望望，像"小猫钓鱼"，那成得了什么气候？干一行，一定要专一行。

我和别的孩子不同之处就在于摊上了一位管得紧的妈妈。我妈妈的知识层次比一般农村妇女高，办事精明，眉毛、眼睛都会说话，人家说她"蚊子飞过能辨出雌雄"。

到了田埂上，她先向我交代注意事项：镰刀是最锋利的农具，你管不住它，它就要来喝你的血、吃你的肉，使用它得特别小心。你看这丛草，看看没什么，如果上去乱割一气就会出问题。你先用镰刀头轻轻地梳理它几下，看中间有没有石子、短树枝，如有，拿去这些硬物，再去割就安全了，这叫"投石问路"，有备无患。如果莽莽撞撞去割，镰刀割在硬物上会反弹起来，弹到手上，割破你的皮肤，造成"流血事件"。

妈妈说得明明白白，步骤交代得清清楚楚，在同队十多个孩子母亲中，这是少见的。一般孩子的妈妈是放手让孩子去干，不是学好了干，而是干起来再学习，任其自然发展，只要孩子不与不三不四的淘伴去混就可以了。这种放任自流的做法，现在人看来是不可取的，人们常说："不要让孩子输在起跑线上。"那个时候还没有这句话，妈妈们也没有注意到这一点。

稻海中，那边隐隐传来孩子叫痛的声音，有位倒霉妈妈正在手忙脚乱地帮孩子绑扎。妈说："那边的镰刀在喝孩子的血了。不吃一次亏，孩子难长记性，你要把人家吃的亏当作教训来吸取。"这次娃娃下田，亲身吸取教训的孩子不少，只有我在吸取别人的教训，自己毫发无伤，因为我旁边蹲着妈妈。不过，"轻伤不下火线，重伤不上医院。"乡下孩子性子倔，一点毛皮伤算不上什么，这叫"鸡连皮，狗脊骨"，没有人怯阵回家养伤的。

砟了一段田埂，妈妈停了下来，她发现了一摊草，一摊与众不同的草。一般的草或丛生或蔓延，叶片纷披，或卵圆或带状，而这种草是稀稀拉拉一片，棵棵像笔一样向上直直挺立，两三片细长的叶子呈三棱形，紧裹成一束，碧绿生青。这是水田中的"三棱草"。农民是不允许三棱草在稻田里生长的，一旦发现它，就要将它从泥土中抠出，还要翻验泥土，看有无根须残留，要将它们全部清除。若有遗漏，此草蔓延迅速，很快就会长成一大片，跟水稻争肥争光照，贻害无穷。田埂上偶尔会有三棱草，田间拔草时，有人随手把它扔在田埂上，它会再次生长，以至谬种流传。

妈妈从篮子里拿出铲子发掘三棱草，一棵一棵地掘。三棱草的叶是嫩绿的，根是惨白的，根须是黑的，奇怪的是，它的根须上挂着一粒粒绿豆大小的茎块，那叫"三棱根"，大多数农民把三棱草也叫作"三棱根"。

妈妈把三棱根小心地收拢起来，脱下外衣，包成一包，准备带回家。妈要干什么？三棱根含有丰富的淀粉，是有营养的。1961年正是三年困难时期的中心一年，亲婆饿得身体浮肿，走路都要喘粗气。富含淀粉的三棱根也算是稀缺资源了，妈妈掘得三棱根，就像得到了救命宝贝。

"不当家不知柴米贵。"身负当家重任的妈妈把三棱根洗净，放在石臼里捣烂，搅和在大半锅野菜胡萝卜缨的稀粥里。我从口袋里掏出一样东西交给了妈："我们还有这个。"

那是茶壶盖大一个糠饼，妈说："哪里来的？"

"昨天交了纺纱，钱没交给你，从祖根手里买下了这个糠饼。"

困难年，因饥饿引发的浮肿病人可以由医生开具证明，购买一到三斤、多至五斤的清糠，用来治浮肿病。这对饥民来说无疑是雪中送炭。祖根的父亲是生产队长，"近水楼台先得月"，家里不缺清糠，有的是糠饼。祖根是连环画迷，要买一套《水浒传》需要好多钱，他就用糠饼来换钱。我用纺了三夜的纱钱换了他一个糠饼。我满足了肠胃食粮，他满足了精神食粮，公平交易，互不吃亏。

农村常会闹饥荒，毕竟农业生产靠天吃饭，老天拉长了脸，给你颜色看，你就得忍饥挨饿。闹了灾荒，就得"吃糠咽菜""糠菜半年粮""啃树皮，吃草根"，"糠"字打头阵。

不管到哪里，人们的主粮都是米或麦，俗话说："走遍天下娘好，吃遍天下米好。""人是铁，饭是钢，一顿不吃饿得慌。"我们环太湖地区的粮食作物，冬春种麦，夏秋种稻，一年稻麦两熟。

夏熟也叫麦熟，初夏季节，依次收获大麦、元麦、小麦，总称"三麦"。大麦成熟早，矮矮的麦棵，粗壮的麦秆，麦芒簇簇，一片金黄。这时，元麦还是青的，将元麦粒在石磨上磨碎，便是麦粞，掺上大米做成饭，叫"麦粞饭"。麦粞饭香气扑鼻，但粗粝难咽，儿歌唱道："麦粞饭，淘韭菜，弗嫌怠慢，明朝还来。"意思是，用麦粞饭招待客人，客人吃了你的饭，下次再也不会登你的门。小麦成熟最晚，磨出的面粉雪白，口感润滑，是包馄饨、擀面条的主粮。

"四月南风大麦黄，枣花未落桐阴长。"大麦的生长期短，种植面积有限，用来接济"荒三春"的粮食不足。农历四月，大麦就熟了，亲婆和妈妈在田里把大麦割倒，捆成麦个，亲公和爸爸将大麦挑到打谷场摊开曝晒。晒上几个大太阳，麦叶焦黄麦秆硬，籽粒饱绽锋芒枯，就可以掼大麦了。掼大麦一般在一天中最热的下午两三点进行，这时的麦穗松脆，容易把籽粒掼下来。

亲婆和妈妈负责掼大麦。在大太阳下容易中暑，她们便搬张小凳坐在场地背阴处，前面放一块大方砖或一块大黄石，手拿一把一把的大麦在上面使劲地掼。本来家里有掼稻的稻床，但她们不用，因为大麦短，稻床大，杀鸡不必用牛刀，一块方砖或一块黄石，因陋就简，反而人能坐着，操作方便。

天气酷热，不能赤膊，也不能穿短衣短裤。亲婆和妈妈穿上长衣长裤，头上还要扎上一块青花大方巾，袖管裤管扎得紧紧的，如果戴上防毒面具，就像防化战士了。这一切都是为了对付大麦的麦芒。俗语说"针尖对麦芒"，大麦那又长又蓬松的麦芒，每根都是细细的、脆脆的，上面布满了锯齿形的细密倒刺，粘在身上，手拂不去，只能用手指甲小心地一根一根掐掉。只要遗漏一根，便是"芒刺在背"，夜里休想睡得安稳。

在一片"噼啪"声中，掼麦场上大麦籽粒迸溅，麦芒飞扬。两位女当家被尘雾和纷飞的麦粒麦芒包围，影影绰绰，模模糊糊。关于掼大麦也有儿歌："一箩麦，两箩麦，三箩开始掼大麦，噼噼啪，噼噼啪……"真到了掼大麦，可就没有儿歌唱的那么轻松了，"粒粒皆辛苦"啊。

掼好大麦，好婆和妈妈就回家处理她们的一身大汗和满脸尘土。爸爸和好公在场地上完成扬筛。大麦收获在家，碾成麦片，和大米一起做成麦片饭，清香爽口，比麦牺饭好吃多了。农民说："大麦有米气。"如今的大麦片正儿八经在商店被当作营养保健品卖呢。

清晨，亲婆起床做饭。灶上三口铁锅，大锅煮麦片粥，小锅炒大麦，中锅烧滚一锅水。抓一把焦大麦放在滚水中，大麦茶就成了。我们起床时，灶台上一碗碗的麦片粥凉着。喝粥基本不用筷子，一手一碗粥，一手一根萝卜干；喝一口粥，啃一口萝卜干，三下两下就完事了。而大麦茶舀在铅皮桶里，桶浸在木脚盆中，脚盆里放满井水，正凉着呢！

割小麦了，天更热。太阳光把小麦秆烤得"噼啪"作响。割小麦是抢收，当天割下，当天捆好，当天把麦子运到打麦场。否则，麦秆摊在田里过夜，会有蛇虫钻进去，很危险。割着小麦，汗水一个劲地淌，一会儿，人就像从水里捞起来一样！不要紧，田埂上放着"大麦茶"呢！琥珀色的大麦茶，井水浸过，凉丝丝的。扛不住热，就到田埂上双手捧起木桶，像梁山好汉豪饮一般，水向口里倾倒。这不是"牛饮"，而是"鲸吞"。大麦茶入口，热汗立即从皮肤沁出，虽说浑身会湿漉漉的，但心头像有凉风拂过，神清气爽，劲头大增。

掼大麦，麦片饭，大麦茶，中间都是农家风情！

到了灾荒年，风情就转化为悲情，吃糠咽菜。三麦是没有糠的。大麦轧麦片时要剥下麦壳，不能吃，量也少。元麦用石磨磨成麦栖，麦皮麦肉一块吃，也没有糠的。小麦磨成面粉，会筛出麦皮，这不叫"糠"，叫"麦麸"，或叫"麸子""麸皮"。石磨上磨出的麸子要反复磨，直到把面粉筛尽。这很累人，又是妇女必干的，所以俗语说："男人最怕垄秧地，女人最怕磨麸皮。"磨出的麸皮可以洗面筋，也可以做麸皮饼吃，麸皮饼也是粗糙难咽的食物。

糠是稻谷碾成米的时候碾出的一种副产品，一般用作饲料。稻谷的外壳粗粝，碾米的时候，先去外壳，外壳叫"砻糠"，只能做燃料，不能吃。去壳的大米称"糙米"，还不能直接食用，要进一步碾磨，碾磨后，便是雪白的大米。而磨下来的就叫"清糠"，可以当饲料，也可食用。这种清糠有淡淡的甜味，比较细腻，并不难咽。一般"吃糠咽菜"的"糠"，指的就是这种清糠。农户还有一种"谷出糠"，用砻糠和清糠一起碾，所得的便是"谷出糠"。这种糠人不能吃，如果硬吃下去，会拉不出便来，所以只能作牲畜饲料。

我给妈妈的糠饼当然是清糠做的饼子。妈妈把饼子一掰为两，一半给亲婆、亲公，一半由哥哥、妹妹和我平分。看着饿得脸无三两肉的母亲，看着她大口大口吃着萝卜缨粥汤，我想：妈妈心里最大的安慰，应该是她的父母亲和子女的脸上能出现一丝吃饱饭的满足感，这样，她作为当家人才能释怀。妈妈自己饥肠辘辘，但她首先想到的是老人和孩子。她常说："饥荒就像天上盖过来的乌云，来得快，去得也快。乌云过后，便是响晴白日。"可是这次饥荒的时间却拉得特别漫长，已经有两个年头了。虽然队里分给农户"十边地"，但十边地从开垦、播种到收获有一个比较长的过程，"鼻子上的肉，拉不到嘴里"，"心慌吃不得热粥"，只能慢慢熬吧。

吃罢晚饭，我们家还要干活，这叫"生产自救"。亲婆、妈妈、我和妹妹搬出四架纺车，坐在低矮的板凳上纺纱。纺车的"嗡嗡"声和着秋风扫过竹林的"簌簌"声，就像一首懵懵懂懂的乡村催眠曲。爸爸坐在远处用竹篾编着篮篓，他大概手熟，不用多少光亮也能做好手里的活。

　　亲公还是坐在桌旁的长凳上"嗞嗞"地吸着烟，看大家忙碌。困难时期物资短缺，亲公吸的黄烟也买不到。分了十边地后，他在墙脚边种上几棵烟叶，还要等这几棵苗长大，才有真正的烟丝吸。亲公不能断烟，他找寻各种树叶、草叶代替烟叶。树叶、草叶不能吸，越吸越呛人，越呛人他越吸，直弄得满屋乌烟瘴气，呛得人眼里噙满了泪。

　　亲婆忍不住便骂了起来："都说'人争一口气、佛争一炷香'，你修不成正果，成不了佛，整天吞云吐雾个啥？叫人讨厌得还不够？"

　　亲公的涵养好，摆出一副居高临下不与亲婆一般见识的样子说："这，你就不懂了。烟杀菌，经我这烟一熏，蚊子苍蝇待不住，病菌也得另找门户。我这烟能驱鬼镇邪，确保一方平安。"什么叫"横理十八条"？亲公就是"横理十八条"。不管有理无理，他都能说出个道道来，"干牛屎也能搅出汁来"，"枯杨树也能开出花来"，用来堵别人的嘴巴。"笃笃笃"，他出一下烟灰，装出莫测高深的样子。

　　这时，屋后横塘摇过一条晚归的农船，那摇船的直着喉咙唱山歌：
　　　　做天难做六月天，做人难做半中年。
　　　　秧要日头麻要雨，娘要服侍囡要牵。

　　我家纺纱是代人加工。镇上发放的废花絮是纱厂车间里废弃的飞花，农户去批上一大包袱，拿回家撵成香肠形的棉条。棉条在纺车上纺成线，线绕在锭子上，为棒槌形的一个个纤子。纤子再用化车化成一捏捏的纱。纺一斤纱，根据质量高低，可得三角到四角的加工费。一般纺手三个黄昏便能纺出一斤纱来。

　　一灯如豆，四架纺车，屋里"嗡嗡"声不断。屋后塘河的农船也不时摇过，悠悠的山歌弥散在夜色中：
　　　　雨落蓑衣水过犁，鹧鸪声里燕飞低。
　　　　青烟冒起前村屋，喊饭人在绿树西。

　　从棉条中抽出的线越拉越长，绕在锭子上的纤子越来越肥，夜也越来越深。从锭子上取下五六个纤子，放在湿润的毛巾下面，免得水分蒸发，亏了斤两。夜深了，妈叫亲婆和我们两姊妹先睡，她想再纺一会儿，她还有一个更深远的打算：搬出屋角的老布机，她要织土布，织布来钱要比纺纱多得多，或许能战胜眼前的困难。

8. 上海割草去

我在大田里干活，一晃就是一年。生产队里十多个小"陈永康"都长高了半个头，走路、说话也大大咧咧起来，俨然像是庄稼人了。其实他们还嫩得很，充其量只是"辅助劳动力"而已，都是半大屁孩子。

这是 1962 年，十边地上的农作物长起来了。蚕豆最早开花，天气只是早春，俗语道："春寒料峭，冻杀年少。"蚕豆却一窜老高，枝繁叶茂，俏青碧绿，腋窝里开出带黑点的白花，成双成对，招蜂引蝶。接着，大麦扬花，小麦孕穗，南瓜出藤，金黄的喇叭样花朵下结出一个个硕大的南瓜来。1962 年是走出饥荒阴影的一年，正像妈妈所说："饥荒就像天上盖过来的乌云，来得快，去得也快。"不过，这次饥荒的时间有点长，连头带尾有三年。

我家要比人家早一点走出饥荒困境，因为我家有一位勤劳又爱动脑筋的妈妈，妈妈认为"千金难买勤手脚"。

古人的睿智大概是对农业社会周期性饥荒的经验总结。天降饥荒，无法回避，但人只要发挥自身的智慧和能力，是可以战胜灾荒的。中国农业社会，自古以来男耕女织，也就是亦工亦农、农工并举。用现在的话来说，就是农业与副业同步发展，以副养农。就像一个人必须两条腿走路，偏废任何一条腿都是残疾，走不成步子。

就拿我们生产队来说，平均每人有两亩地，这在江南农村算是人少地多的一类地区。那时，稻谷收购价 8 元 100 斤，平均亩产在 700 斤左右，扣除农本税收，平均每人收入就在六七十元。这个数，你做再大的努力也不会有大的变化，除非是陈永康，他能一亩田种出两到三亩的产量来。不过粮食虽然重要，但毕竟属于低价格产品，要提高农民的生活水平，就得在副业上想办法、找窍门。

我家的优势就在于副业。亲公会木匠，爸爸会竹编，亲婆、妈妈和我们姊妹是纺织的好手，又能做花边，全家出动，就是天塌下来也顶得住。

妈妈由纺棉花转变为织土布。这时国家困难，农贸自由市场稍微放开，附近支塘镇的交易尤其活跃，号称"小上海"。我妈在分到的十边地上种上一些棉花，不足部分再设法从"黑市"（当时，凌晨在乡镇的某个角落有集市，有国家统购物资私下交易，往往双方先在市场上谈妥，然后领到藏货地点，钱货两讫，因为交易在黑夜进行，又带私密性，人称"黑市"）上偷偷买点，回家经成盘柁，我们姊妹摇纱管，妈妈和亲婆替换织布。这就像一个小小的家庭工场，收入比纺棉花提高了数倍，帮我家走出了饥荒阴影。

农副互补，多种经营，是我们常熟农民的优良传统。我家走上了这条路子，家里人又可以吃饱饭了，妈妈找到了勤劳挣钱的途径，亲婆的浮肿病不治而愈，亲公不用再吸旱烟，也可以吸上卷烟了。人逢喜事精神爽。这一年，妈妈又给我们添了个小弟弟，就是奎元。久违的婴儿啼哭声使家庭显得更加喜庆而忙碌，这是充满希望的忙碌。家里的缺憾也有了转变，分开过的亲公回来吃大锅饭了。他吸着家人给他买的卷烟，但他更喜欢吸自己种的烟叶，水烟管"骨碌碌碌"响，他咳嗽得更厉害了。有时，一阵咳嗽回不过气来，我就上去给他捶背，他喘着气说："老不中用了，我们又回到了吃饱饭的日子，我也算不白活了。"

我想，亲公终于不再死要面子活受罪，回来跟大家一块儿吃饭了，这对他来说是需要勇气的。"人人要脸，树树要皮"，不管他当年说得如何冠冕堂皇，在大家庭最困难的时候与家人分开过，这话说给谁听，都不会说是好事。亲公是"瞎子吃馄饨，肚里有数"，我们也心知肚明。现在他不再固执己见，回到大家庭中来，谁说老年人是死脑筋、转不过弯来呢？

我们生产队里一个个小"陈永康"从学校出来，解除了束缚，在广阔天地里，真是"天高任鸟飞，海阔凭鱼跃"，奔呀，跑呀，一身轻松。干了一年之后，他们渐渐觉得每天上工、收工，回到家里还要干这干那，连个假期也没有，如果不是工作狂，实在单调乏味。俗语说："新箍的马桶三日香。"有的人开始告病假了，有的人偷偷找关系学木工、泥瓦工去了，当时只要能跳出"农门"，就显得有本事、有前途。生产队里的男孩子越来越少，我们女孩子没门路，没地方去，只能在家里做点家庭副业，每天在生产队里出工收工。

老顾队长看出我们这些"接班人"的思想苗头,做出了一个大胆的决定:分期分批上海割草去。

这一决定,现在的人看来匪夷所思:上海曾经是远东第一大都市,全国各地的人都到上海去打工、谋职业、做生意,哪有人去大都市割草的?历史就是这么吊诡,那个时候,没有人去上海打工、谋职业、做生意,每人都在家乡就业,如果去外地谋生,那叫"盲流",被公安发现是要遣返原籍的,只有去上海割草、捉垃圾、摇氨水(上海的工厂常用氨水给铁除锈,用过后当废物排掉,氨水能作肥料,常熟农村常摇农船去上海装载回来)才符合政策:"以粮为纲,大办农业。"做这几件事,随便走到什么地方都光明正大,谁也不会来干涉。

队长的决定如一声春雷,吊足了我们这些半大孩子的胃口。上海,生活在偏僻乡村的孩子谁不想去?我们乡间有句俚语:"脚踏上海滩,百事全甩开。"意思是,在十里洋场徜徉,家里什么事都会忘记的。这么个神奇的地方,就像磁铁一样吸引住了我们稚嫩的心。

从我们支塘的阳桥到上海市区,说远不远,说近不近,摇船去,走150里水路。江南水网密布,大塘小河,处处通达。我们阳桥到上海的水路有多条,最直达的大塘叫盐铁塘。

盐铁塘是条古老运河,依傍在长江口的南岸,从张家港市的杨舍镇一路向东,经过常熟沿江的福山、赵市、梅李、支塘等乡镇,在支塘与白茆塘交汇,盐铁塘就像是白茆塘的支流,所以这里的地名叫"支塘"。出支塘,进入太仓的沿江乡镇直塘、城厢,再到上海市嘉定区的

盐铁塘和白茆塘交汇处

葛隆、外冈、方泰,在黄渡镇与吴淞江会合,全长95公里。吴淞江,也叫清扬江、苏州河、老港,苏州河与黄浦江交汇处便是上海市区最繁华的地段。

"出门一条龙,回家一条虫。"亲公看我轮到去上海割草时高兴雀跃的

样子，他"笃笃笃"地敲着旱烟管对我大泼冷水。亲公此话常用来形容难得有机会出门的农民，偶尔出门便高兴万分，当成天大喜事，外面的世界真精彩，充满新奇和诱惑，开眼界的机会来了，但转了一圈回到家，新闻成了旧闻，诱惑趋于平淡，也就恢复了常态。我们五六个小农民由三个大人带领去上海割草，目标当然是满载而归。大家忙得团团转，步履匆匆，柴米油盐往船上搬，三步两跳，家里抱出被褥往船艄里塞，带上行灶，挂上桅灯，几张油篷搭起艄棚，一切舒齐，便架好船橹、挂好橹绷向上海进发。

我们的船开出横塘不远便拐入了盐铁塘。由成年人当橹，两个半大孩子吊绷，当橹的进三步退三步，船橹拨得船后的塘水"哗哗"响。一个大点的孩子站在船艄平儿（船舱上的搁板称平儿）上扭动橹绷绳的上端，一个孩子站在后隔舱里扭动橹绷绳的下端。船儿受到推力，一侧一晃，快速前行，船头撞在浪花上，发出"扑扑扑"的连串响声。

盐铁塘并不很宽，景幽水澄。河岸低低的：极目远望，竹林村舍，炊烟袅袅；近处，水稻田平静如海。河面上，不时有柴龙围成一方方菱塘，暮春，碧绿的菱盘刚刚浮出水面，星星点点。小小的菱盘分蘖力特强，人称"菱千头"，春天一个菱盘，到夏秋会分蘖出一千个菱盘来，可口的菱角就生在菱盘的腋窝里。临河村居，安静平和。水栈上，扎着青布碎花头巾、穿着青布碎花裙的姑娘婶娘正在捣衣洗菜。河岸边，老人端坐小板凳，戴着箬笠，手牵小扳罾，静候游鱼经过。鱼箍的竹篱横断清流，行船经过，篦片刮得船底"喳喳"地响。不时有渔舟撒开一朵朵蘑菇状的撒网，捕鱼捉虾。一塘渔家乐，一路田园趣。

盐铁塘上行船，饱览水光秀色之余，摇船也很过瘾。我们几个半大孩子抢着去当橹摇船。我们生产队有五六条船，我们这些孩子从小就会摇船、划船、撑篙。手把船橹，人和船便融成一体，一推一扳，船往前行，推重一点，船向左转；扳重一点，船向右拐；推扳均衡，船便直苗苗地前行。凭一双手，把个大家伙摆弄得任意东西，像自由游弋的大鱼。"摇呀摇，摇到外婆桥"，幼时的儿歌仿佛在耳边响起。船橹推扳，人体的关节随之扭动，船儿晃呀晃，像北方人扭大秧歌、南方人打莲湘。

船到了直塘，直塘的街市绵延在河岸上，像河面上的一条墨线，又像钓客闲坐的一抹烟渚。夕阳西下，拱桥似月，碧水漾漾，人影绰绰，大小舟船辐辏在码头旁,像一群进食的鱼。

过了直塘街,盐铁塘开阔起来。直塘之西的盐铁塘像是小家碧玉,直塘以东的盐铁塘像大家闺秀。"小家碧玉"曲折幽深,开合有度,我们像刘姥姥进了大观园,左顾右盼,目不暇接;"大家闺秀"一水平铺,上下天光,玉鉴琼田三万顷,直洗得人肝胆皆冰雪。

在大塘的水面上,立刻感到人和船小了,天、地、水变大了。河面真宽哪,最宽处简直是个湖。河宽风劲,来风了,而且是顺风。我们七手八脚竖起桅杆,拉起风帆,系好帆索,白帆立即被风吹得鼓鼓的。放下船舵,一叶轻舟在水面上悄无声息地滑行,船帮两边犁出两道箭镞样的波痕,只听得船首撞击水浪的声音。远处,碧绿的稻田连成片、汇成海。河边滩涂上,芦蒿菖蒲丛生,小鸟雀在蓬蒿间唧啾,硕大的鸥鹭不屑与燕雀为伍,它们轻扇翅膀,在天空缓缓地飞,像片片白云。

"潮平两岸阔,风正一帆悬。"船在水面上,人在图画中,这画还是动的。我的妈妈不在船上,如果她在,一定会扯开嗓子,吼上几支山歌,让行程生色。

船行非常平稳。两岸景色看腻了,我们缠着根根大伯讲故事,当然是讲关于上海的故事。大伯身材不高,但机敏灵活,跟我亲公一样,有副博古通今的好口才。那时的农村,识文断字的人不多,口才好的人却比比皆是,因为大家都爱听评话,听苏州弹词,肚子里多少都有点东西。根根大伯知道的上海,停留在苏州评弹的几部书上,一部是《山东马永贞,上海白痴痢》。他还讲黄慧如和陆根荣《主仆姻缘》的故事。

讲讲说说,时间就过得快。船已过上海嘉定的葛隆镇,这时的盐铁塘又狭窄起来,河岸很高。"百里不同风,千里不同俗。"这里的景观和我们支塘不同,麦田不多了,都变成了上海郊县的蔬菜地。

太阳西沉到远树的枝丫间,行灶上的饭已经煮熟,摇船人停了橹,船头上撑篙的孩子把沉重的铁锚抛向河岸,停船吃饭。俗语说:"行船无快慢,只消吃顿饭。"大家围坐在平几四周吃饭。饭是一锅煮的,菜由各家自带。有腌菜烧鲫鱼,有螺蛳肉炒韭菜,有清腌马兰头,有盐渍香椿头,有青菜烧蚌肉,有春笋烧面筋,有红烧鳑鲏鱼……都是农家随手可得的家常菜,但也体现了各家的饮食偏好。

人道是"隔灶头的饭菜好吃",女孩子频频夹了自家的菜往男孩子饭碗里送。男孩子也不客气，用筷子拨拉着，风卷残云，狼吞虎咽。"男子吃饭龙抽水，女子吃饭数珍珠。"女孩子吃得慢，吃过了，还要担负起刷锅洗碗、揩台抹凳的善后事务。

男孩子早跳到了船头上，拔起铁锚点开船头。船艄上的男孩架起船橹、扭起橹绷，船又前进了。天黑了，艄棚上挂上桅灯，警示前后的船只。

开夜船时，女孩子会得到优待，只管钻到宽敞的船后艄和后隔舱中睡觉，有男孩子和三个成年人分班摇船，轮休的男孩钻到狭小的船头和前隔舱中暂睡片刻。

出门在外，难以入睡，只听得船底流水的声音。睡不着，就钻出船舱，仰望星空，星空不语。暮春的夜晚，还有寒意，把身上衣衫裹得紧一些，靠着船舷，随着船橹的一来一去，船一侧一晃，人也随着一俯一仰。空船走得快些，近处的灯火快速向船后奔去，远处的灯火呆呆不动，好像大地在旋转。

一个没有月光的夜，周围像睡着了。白天的景物幻化成或大或小、或高或低的黑色山丘。小小的农船前方，永远是巴掌大的一块白亮亮水面，船晃晃悠悠穿过水面，黑暗中又吐出同样大的水面来。船儿一路前行，像钻进黑洞，在探寻未知世界。

黑魆魆的河岸忽而向远处展开，幽邃深远；忽而树丛夹岸，船儿像在隧道中穿行；过桥时，橹声"咿呀"，水声低回；转弯时，吆喝一声"来船松摇"，惊得孤栖的水鸟"扑棱棱"地飞。人在船上，注意力必须集中。稍有不慎，船帮擦着了河岸，发出"嗤嗤嗤"的响声，这时就要赶紧扳艄。不一会儿又撞上了夜渔的小划子，"眼瞎啦，找死啊？"渔夫一顿好骂。

船儿像蛇一样游动，岸边的柳枝不时刮在船帮上，"嗤嗤"地响。突然一顶石桥扑面而来，幻影出镜面似的水光。"晴虹桥影出，秋雁橹声来。"现在是春天，当然不会有秋雁，偶尔有野鸭子在岸边的草丛中惊醒，发出"呷呷"的叫声。

船儿在黑暗中穿行，耳畔静极了，除了"咿呀"的船橹声、"哗哗"的拨水声，别无声响。一天繁星，似乎能听到车水星发出的"嘎嘎嘎"车水的声音。这么宁静的夜里，我只觉得眼睛发涩，上下眼皮打架，便钻进船艄睡着了。

早晨的嘈杂声把我吵醒，原来船已经到了上海闹市区。我揉了揉眼睛，天亮了，河面上腾起薄如轻纱的晨雾。我是一头雾水，这是条什么河呀？河水乌黑，冲起一股强烈的臭皮蛋气味。两边是高高的驳岸，敦实的水泥桥条条带带，汽车响着喇叭穿梭而过。河里的农船多如蚁群，巨大的驳船像羊群里的骆驼，从农船的间隙中挤过。河岸上是马路，马路边是高楼大厦，晨雾从楼脚边漫过，上层的高楼一个个窗口就像蜂巢蚁穴，犬牙参差的屋顶或圆或方、或空或实，浮在晨雾中，就像传说中的仙山琼阁。

根根老伯说："前面就是外白渡桥，大家坐稳了，船过外白渡桥，就出苏州河到了黄浦江，开眼界、经风浪的时候到了。"

船出苏州河，船旁的黑水立即变成了黄水。江水潮急浪大，船在江中，忽而浪尖腾空，忽而浪谷沉底，船舷外的浪花不时溅在我们脸上。女孩子胆小，抱作一团，失声尖叫；男孩子抓紧船梁，也吓得脸色煞白，不知所措。小农船就像沸水中的一张菜叶，颠簸起伏，难以自主。几层楼高的海轮驶过，两侧的江水卷成旋涡，涌成巨浪。行船经验丰富的根根老伯摇着农船，小心翼翼地绕过漩涡，顶上巨浪，把浪尖撞成一簇簇的白花，泡沫像雨点一样洒落下来。我们坐在船上偷眼上望大海轮，它们就像在我们身旁耸立起的一堵城墙，上面的船楼与抬头落帽的高楼大厦没有什么两样。相比之下，我们的船渺小得像大象旁边的一只小蚂蚁。

船到浦东内河了，这里的河流与我们家乡的河流大不一样。这时正值大海落潮，河港里的水被吸得只剩一线细流，河岸显得那么高！农船就像落在井底。抛下铁锚，挽好缆绳，大保、二狗、五官七手八脚把长长的跳板搭到河岸上，跳板这么陡，就像楼梯，从井底直爬向河岸。女孩子背起草篮，手拿镰刀，手挽着手，战战兢兢，踏着陡板上岸，男孩子早就飞到了远处。

浦东农村，条条带带的畦垄，莴苣碧绿，青菜大小不一，团菜（甘蓝）大张着硕大的叶片，菜心结出了浑圆的团包。育苗的塑料大棚白花花的，夹杂在绿叶蔬菜中。农舍楼房不多，大多是青砖小瓦的小小庭院，掩映在竹园林木中。

我们这些孩子为什么不在家乡就近割草，要路远迢迢到上海来呢？因为上海郊县种的是蔬菜地，他们紧挨着上海市区，肥料多得用不完，没有利用杂草来沤制肥料的必要。青草疯长，诗人也就有了"岸草那么青翠，江水这般嫩黄"的感慨。茂盛的青草把百里外的我们吸引来了。

"来得早,不如来得巧。"可是这次来得不巧,我们来早了。青草还没长高,而蔬菜地刚翻过,准备种换季节的蔬菜,地里锄去了草,地边、渠边就像和尚的头皮一样光溜。河边、路边是有一些小草,但割起来就费时费力了。

我们开船出门割草,一般五天时间,两天两夜要在路上行船,实际割草时间只有三天。十来个人,割满七八吨的船舱,每人每天起码得割五百来斤草才能完成任务,割一些小草小藤,真的解决不了问题。

我埋头割草,不久就割满了一草篮,背起就走。驾橹摇船、撑篙拉纤是男孩子的长项,割草种菜、拔秧莳秧是我们女孩子的长项。尤其是割草,妈教我做事要有定力,专心致志,做任何一件事,都要有全身心的投入。有投入就有产出,不管路边草多草少,我割起草来,孩子群中稳拿第一。

大保、二狗们割草没有能耐,小点子是蛮多的。他们一呼众应,拉住我赌草。怎么赌?树一个三脚撑地的竹叉子,旁边每人捧上一小堆草,在四五米外划一条线,每人轮流丢镰刀,谁丢倒竹叉子,那些草就归谁。然后大家再捧上草,再丢镰刀,再赌。

其实这不过是孩子的游戏,只会浪费时间,因为草是永远割不满船舱的。

但你也别小看了男孩子,他们头脑灵活,看得出苗头,抓得住机会,无中会生出有来,捕风能捉到影子。一会儿,五官来报告:东边一块菜地,菜农们正在收莴苣,他们是只要莴苣笋不要莴苣叶的,莴苣叶堆得小山一样高。

我们闻风而动,一哄而上,一草篮一草篮把莴苣叶运到船上,腿长脚快,这又是男孩子的长项。"踏破铁鞋无觅处,得来全不费工夫。"这样割草,真是太省事,太轻松了。孩子自有孩子的优势。上海菜农,即使菜皮有点用处,也不会跟孩子们来计较。他们还会帮我们装篮子,把篮子拎到我们的肩膀上。人心都是肉长的,见了孩子,再强硬的大人心也会软下来。

我们一边割草一边派出人四处侦察、接洽。一旦得知那里有菜壳,菜农又愿意我们去清理,我们便一拥而上,把菜壳清理干净。三天时间就把船舱装得满满的,一船青草加菜壳陆闸搭水(农船船舷外有两根突出的船舷木,称"陆闸";船装载货物满不满就看陆闸,陆闸搭到河面,叫"陆闸搭水",表示船装满了;陆闸沉入河面,叫"陆闸游水",表示超载了)。

好事会多磨，好肉会生疮，节外会生枝，冷灰里会爆出热栗子来。当我们正在搬运最后一堆团菜壳时，二狗突然叫了一声："快跑，那边有人牵着狼狗追来了！"得着风就扯篷，我们背起草篮拔腿就逃。我离船近，逃在前头，三步两跳踏上了跳板，可是意外发生了：这时正在涨潮，我们离船时跳板陡得像梯子，涨潮后，船舷基本与河岸齐平，跳板半条搁空在船上。我踏上跳板，上前一步踩在搁空的板端，就像踏了跷跷板，一脚踩空，跳板翘了起来。我留步不住，顺着惯性飞出船外。根根老伯在船上手疾眼快，一手揪住我的后背把我拉了过来，但草篮和镰刀都飞到河里去了。

二狗的玩笑开大了。谢天、谢地、谢根根老伯，一场意外没有造成严重后果。二狗不过开个玩笑，大家为什么要逃呢？俗话说："白天不做亏心事，半夜不怕鬼敲门。"其实这句话很有问题，即使不做亏心事，人们也会担惊害怕，因为飞来横祸往往是没有预兆的。

险些酿成无妄之灾，可我并没有责怪二狗，后来也再未向他提起，对家人更是守口如瓶。

妈妈有妈妈的处世之道，她对"吃尽苦中苦，方为人上人"这句老话很不以为然。她说，为什么要吃"苦中苦"？人只要开动脑筋，找窍门，寻出路，苦就可以减轻，还能把苦变成甜，就看你有没有这个能力。为什么要做"人上人"？人家也是人，你也是人，怎么能爬到人家头顶上去撒尿拉屎？做人要做"人中人"，你中有我，我中有你，和睦相处。人是群体动物，谁也离不开谁。要做"人中人"，就要宽容，大度，你让人一寸，人家就会让你一尺，你的生活才会如鱼得水，左右逢源。我牢牢记住了妈妈的这番话。

开船回家了，根根老伯认为带着一群孩子过黄浦江实在太危险，他决定船上只留下三个大人过江，一群孩子由我带领着乘汽渡过黄浦江，到了苏州河边再上船。

这是我第一次行使领导职责——带着一队穿着粗布烂衫的农村孩子穿行在大都市。那时的上海人也穿得朴素，但见到我们还是投来了异样的眼光，从这眼光里看不出褒贬，只感到有一种怜悯的成分。二狗做错了事，感到对我不起，服服帖帖跟着我走，其他男孩也为我的宽容折服——我顺利地完成了根根老伯交给我的任务。

到了苏州河边，跳上船，一股难闻的污水味直冲鼻孔，熏得人头晕目眩。那时，苏州河被称为远东第一大污水河，河水墨黑、气味难闻，这样我们船上也就没有水用，大家就像行进在沙漠里。根根老伯早就料到如此，晚饭早已在浦东做好，他叫我们开饭。

在臭味包围之下，饭菜很难下咽，我们都没有胃口，催着根根老伯开船，早点离开那里。

根根老伯慢悠悠地放下竹篙，把我们的船系在邻船的船帮上，然后坐下来点起一支香烟吸了起来："猴急什么？这辰光，哪有起锚开船的？"

的确，河面上，七八十米宽的苏州河已被农船挤满，静静停在那里，就像煮熟了的一锅饺子。河中心几条庞大的铁驳船，船工站在高高的船头上，用竹篙吃力地将农船往两边撑开，挤出一线航道，磕磕碰碰地挤过去。农船上的人，有的在做饭，有的在闲聊；还有的人干脆上岸兜风去了。

"看到没有？这些船都在'守落水'，"老伯摆出一副见多识广的架势说："你们放心睡觉，或者干脆上岸兜风，我在这里看船。"

其实，所谓看船，无非是怕人家把船橹与竹篙顺手牵羊拿去，船上并没有什么值钱的东西。

"守落水"是沿江沿海老百姓的常用词语。"落水"就是落潮，上海地处东海之滨，潮汐大，船借着潮水的冲力，不费力气就能漂流很长路程。

在臭气熏蒸下，我们没有上岸游玩的雅兴，大家把身体蜷曲起来，倒在船头船艄的舱里呼呼大睡。

不知过了多长时间，河面骚动起来，我被惊醒了，天已全黑，我下意识地感到"老港"开始"落水"了。只见老伯坐在船尾掌着船舵，表情严肃。本来密密麻麻挤在一起的农船飘散开来，船与船之间露出黝黑的污水，就像黑乎乎的夜幕。船行得很快，黑不溜秋的夜色中，先是两岸繁密的灯光向后奔驰，接着，灯光稀疏起来，近处的灯闪过，远处的灯似乎不怎么动。船滑行了足足一个多小时，船速慢了下来，前面灯火繁密，是上海郊区乡镇黄渡。掐指一算，这段路程单靠拉纤手摇得走半天时间。

老港的污水已经被远远抛在身后，展现在眼前的是被杜甫赞为"安得并州快剪刀，剪取吴淞半江水"的吴淞江。只见江河开阔，水流清澈，甜甜的夜风迎面吹来，我有一种回到家乡的感觉。

古人云："虽有智慧，不如乘势；虽有磁基，不如待时。"真是智者之言。我们身边有各式各样的机会，如果抓住这些机会，办事能收到事半功倍的效果。

　　天大亮了。在黄渡，我们的船又拐进了盐铁塘。我们来时空船，回去是重载，船走得慢了，风又不顺，不能扬帆，大保、二狗、五官自告奋勇地上岸拉纤。大伯把我们分成三组，让大家轮番上岸，由一个大人拉头纤。别看拉纤靠的是死力气，也要鉴貌辨色。河边的纤路只有一条，来往船只拉纤，是你钻棚还是人家钻棚？到了桥边，你是钻桥洞还是解纤重新系上？这都得由拉头纤的人决定。

　　船回到村后的横塘已是黄昏时分。回到家里，亲婆把我紧紧抱住，又是捏头又是捏脚，生怕我缺了点什么部件、掉了块肉什么的。亲公自言自语："还是鲜活毕跳的，不像虫，倒像虎，长见识了。"妈妈忙端出热饭菜，让我先吃了再说。妹妹黏在我身旁好羡慕："下次我也出门见识见识。"外面走走真不错，尽管只是割草，收获的却不仅仅是草。

　　爸爸听到消息，三步并作两步到船上把我的被褥、碗筷拿了回来，眼光不停地往我身上溜，好像在寻找有什么异样的地方。

　　后来，我们还到浦东的上钢三厂、江湾机场、虹口机场割草，庞大的飞机在我们头顶上起降，啸声锐利，大地震动。我们像草底的羊群，抬头呼叫。有人听得见吗？不要人听见，我们只要发泄一下情感就行了，能感到自己的劳动有意义，这本身就是一种幸福。

第二章
青春扬激情

1. 家乡河白茆塘

"美不美,家乡水;亲不亲,故乡人。"白茆塘是我的母亲河,白茆塘边的人是我的父老乡亲。

水是生命之源,江南水乡水资源丰富,我从记事起,眼里所见,脑中所想,日常所玩,全都离不开水。天落雨水,春秧灌水,水稻车水,塘河流水,捉鱼赶水,夏日游水,纳凉冲水,菜地浇水,水栈提水,处处是水——水是我童年生活的第一背景。生活在水乡的人是水浇灌出的娇艳之花。

生活在川流如网的平原上,我对山的印象比较模糊,乡邦有虞山,山也不小,但它在数十里外,远远望去,只是一道低矮的黑影,远望不过拳头大一堆。妈妈在呼唤:"太阳落山了,你还在外面疯玩,回家烧火做饭去。"天上的太阳像只金翅鸟,远山那道黑影是它的巢吧?每天准时准刻落到那里,天也就准时准刻暗了下来。

我家屋后的塘河叫"横塘",宽宽畅畅,一天到晚"吱吱嘎嘎"的农船从那里经过。村西一条南北走向的城隍塘狭小一点;村东一条也是南北走向的黄泥溇更狭,好像一步就能蹦过去。小村三面环水,波光粼粼的河道包围着一块平展展的农田,我们的小村以河为名,就叫"黄泥溇",黄泥溇生产队户数多,人员集中,是个比较大的自然村。

从横塘往西走不到一里地,便是浩浩荡荡的白茆塘。塘河好宽哪,塘河的名气好响啊，塘河里的船好多啊。白茆塘也叫"茆江"，我们这些塘边村子便也被称作"江村"，"寒食江村路，风花高下飞"，白茆塘贮满了诗情画意。

白茆塘太美了。从地图上看，它的上游从常熟城迎春门的护城河向东分流而出，这段叫"藕渠塘"。藕渠塘经藕渠镇到古里镇与清墩塘会合，向东便叫"白茆塘"。白茆塘不长，经白茆镇、支塘镇，之后在东张镇进入长江，全长也就二十多公里。

塘河不长，但它上接环太湖水系，下通长江，太湖夏季泄洪主要靠这条大塘，牵一发而动全身。这条古老的河流，关系到太湖地区农作物的收成，关系到国家的税收和农民的生活，历代官府都很重视，几乎每个朝代都要花大力气疏浚白茆塘，数十年或十数年疏浚一次。宋代的范仲淹、元末的张士诚，明代的夏元吉、况钟、海瑞，清代的林则徐、丁日昌等，这些响当当的人物都主持过白茆塘的疏浚工作，为这条塘河的畅通做出过贡献。

元末明初，大规模拓宽白茆塘，环太湖泽国，排去积水，成了旱涝保收的良田，开创了明、清两代"苏湖熟，天下足"的局面。

我清楚地记得我爸在白茆塘工地挑河的情景：用硕大的畚箕挑起小山似的泥土，"吭唷吭唷"在河岸边爬坡，大有愚公移山的精神。

从上海到青岛的204国道到了支塘镇跨越白茆塘，白茆塘也由公路之北转而到了公路之南。白茆塘上的这座公路大桥叫"阳桥"，我就出生在这座桥下面的村子里，这里是支塘镇最西边的一个村，人民公社时叫"支塘公社一大队"，现在叫"阳桥村"。

烟雾茫茫的白茆塘像蕴藏着巨大的秘密。撩起它的面纱，揭开它的秘密，是根根大伯摇船带我们这些小农民去割草，才慢慢认识了周边的这个世界。

外出割草，队长总派根根大伯带班。根根大伯五十多岁，已经没有了年轻人的彪悍，但干各种农活还是很在行。尤其难得的是他见多识广，经常跟我们讲些地方上的奇闻轶事，我们喜欢围拢在他身边听他讲故事，增长见识。

讲什么？就讲前面的白茆塘。白茆塘为什么这么宽啊？因为经过一次次的开拓，越拓越宽。最有名的一次疏浚是由名臣海瑞主持动工的。这么大的工程不但要耗费大量的人力，还要一笔工程巨款，钱从何来？海瑞想到了他的恩师——退职在家的宰相徐阶，而且有一张状纸压在他的公案上，状告的正是徐阶的大儿子徐琮。怎样让这名大佬就范？一场有声有色的智斗开始了。根根大伯讲：海瑞假装去看望恩师，回来时由徐琮护送。到了苏州巡抚衙门，海瑞就把徐琮扣押起来审问。徐琮招供自己犯有强占民田致人死命大罪。海瑞再逼迫徐阶退出数万亩农田，并上缴了数万两白银的赎款，这些田地赃款便用作修浚白茆塘的工程款。

故事讲完，水珠收尽，地头晒干，可以割草了。根根大伯前头领路，我们一队小伙伴背着草篮后头跟进。大伯一路走，一路还要介绍各地的风情掌故。

这条白茆塘北向的支流，原叫"补溪"。白茆塘北面割草如果割不满船舱，我们就会再上船摆渡到鲶鱼口南岸去割。这里有一个高高的土堆，根根大伯说这叫"坞圻山"。传说，宋代奸相贾似道的墓就葬在山上，上面有宋代建造的寺院增福禅寺，"文革"中毁掉了。这样也好，便于我们割草。

跟着根根大伯沿着白茆塘一路摇船去割草，最远可以到古里。古里，古名"菰里"。"菰"是一种水生作物，"菰"的种子叫"菰米"，也叫"雕胡"，是一种上等好米。古里镇上有瞿、马、刘、朱四大姓。瞿家在镇上有著名的藏书楼"铁琴铜剑楼"，马家在城里开有著名熟食店"马咏斋"。

根根大伯说，最近有一位上海老人风尘仆仆来到古里镇并在一所老建筑前停了下来，后面紧跟着市文管会和古里乡的领导。他跨进老房子，在内院一株桂花树的根旁指挥民工发掘。结果发掘出一个宝盒，里面藏有汉代铜印三百余枚。老人把文物全部捐赠给了国家，他的名字叫瞿旭初，是"铁琴铜剑楼"藏书家的后人。

白茆塘再向西走就是藕渠塘了，我们很少去，那里比较远，已经靠近县城了。

滔滔白茆塘，滚滚向东流。我跟着根根大伯外出割草，慢慢认识了这条母亲河。旖旎的风光，深厚的文化底蕴，叱咤风云的传奇人物，耳濡目染，我深为这片热土而骄傲。

白茆塘流域面积不过六七个乡镇，但就在这块大地上，仅仅新中国成立后就涌现出不少优异的人才。

支塘镇在新中国成立后拥有两位中国科学院资深院士，一位上将，一位著名作家：科学院院士张青莲，科学院院士王淦昌，上将吴铨叙，中国作家协会副主席何建民。东张镇也有两位中国科学院院士：我国生物学学科带头人郑国锠；我国药学学科带头人徐国钧。吴市镇有中国科学院院士，大地、天文测量学家夏坚白；唐市镇有中国科学院院士、农学家戴松恩。改革开放后，这里涌现出了许多企业家，具有全国影响的有白茆镇创办羽绒服航母波司登集团的高德康、藕渠镇创办梦兰集团的钱月宝。六位院士，一位上将，一位中国作家协会副主席，两位叱咤风云的企业家——是不是喝白茆塘水长大的人就学习勤奋、志向高远呢？

2. 社员挑河泥

我每天出工收工，年龄和身高随之"噌噌噌"往上长，"十五成丁，十六成人"，我快成年啦。早晨梳头我都会仔细照照镜子，生怕有什么闪失。路上遇见大妈大叔，他们装出一副大惊小怪的样子："哟哟，眼睛一眨，大细娘了，要交对象了，我来给你介绍介绍。"见面打这种招呼，听这话，羞得我脸色绯红。

十五六岁的农村姑娘已经能够在田埂上肩挑重担健步如飞，辅助劳动力迅速转化成了主要劳动力。早春二月，菜花金黄，麦苗青青，正是需要我们贡献肩膀的时候。做什么？挑河泥。

过去农民笑话农家妇女"豆腐肩胛铁肚皮"，他们指的是旧式妇女不挑担、不下田，只会生孩子。现在的姑娘可是"铁姑娘"：铁肩膀，铁脚板，铁腰身。男人挑河泥，妇女也挑河泥。

为啥挑河泥？"庄稼一枝花，全靠肥当家"，粮食产量的高低取决于肥料的多少。20世纪六七十年代，供销社配给田亩的化肥有限，要提高粮食产量，农民就必须自找门路、自想办法，这叫自力更生。割青草，挑河泥，将两者拌和沤制成搪草泥，这是弥补肥料不足最可行的途径。

搪草泥的好处是纯天然、原生态、肥效长、环保、就近取材，取之不尽、用之不竭，缺憾是肥效低、笨重、费工费力。为了搪草泥，社员必须花全年之力，即使再苦干硬干，也不一定能干得圆满。

传统的农家肥料是豆饼（大豆榨油后留下的残渣）、猪羊圈灰、人粪尿、河泥。当时大宗的农田肥料豆饼已经转用作饲料，从肥料市场消失了，新型肥料化肥供应严重不足；而农户只能养一两只猪羊，猪羊圈灰总量也不多。一是农户拿不出本钱多养猪羊，二是政策不允许，不能大搞副业，不能走资本主义道路；三是人粪尿属于紧张物资，也要计划供应，上城买粪要凭粪票，数量有限。1958年"大跃进"时期，曾一度挖取农民家中客堂间的泥土下田作肥料。这也行不通，因为不能每年去挖，挖得人家家里像井一样，叫人家怎样生活？挑河泥便成了唯一的选择，这是"曹操逼走华容道"，只此一条道，别无分路。当时的江南，到处在挑河泥。

改革开放包产到户后，罱河泥、挑河泥这样的积肥方式在农村彻底消失了。化肥供应充足，脏、苦、累的劳动方式让位于轻松简单的种田模式。但这也招来了争议，有人说，农家肥环保、原生态，生产的粮食安全，而化肥农药种出的粮食存有隐患。究竟应该怎么办？这个问题可能一直要争议下去，谁也决断不了。我是挑河泥过来人，要我来说，我是不愿意再回到挑河泥时代去的。我为挑河泥出过大力，流过大汗，至今想来，印象深刻。

要挑河泥，首先要挖河泥坑，每块麦田挖一个，一般在清明节前挖好，河泥坑沤制出的搪草泥用作初夏种植水稻的基肥。这项工作面广量大、耗时耗力，冬春一定得做好。

农谚道："春霜不隔夜。"清晨，我们踏着霜花，肩捐铲锹，来到麦地横头，那里空有一方供挖坑的稻板地。两人一组，一天挖一个坑，生产队分别记下挖坑人的名字，挖坑人要对这个坑负责到底。坑一人来深，估计搪的河泥能撒遍这块田块就行。挖坑没有什么讲究，可圆可方，往下挖，只要挖得平整光滑就可以；挖出来的泥土加高坑沿，这得小心了，边沿泥土稍微松软就会有漏洞，而沤河泥最怕漏水，水漏干了，草搪泥也干了，会失去肥效，什么都白干了。所以加一层泥土就得用"飞鹅"（用水泥浇成的石鼓形夯柱）夯实一下。两个人一天挖一个坑，包工包人，早完早歇。

挖好坑，就挑河泥。这时已是清明节后，麦苗儿青来菜花黄。"社员挑河泥，脸孔笑嘻嘻；扁担接扁担，脚步一崭齐。"这歌有点儿夸张。实际上挑河泥是辛苦的，河泥又湿又重，特别是我们女同志，肩膀瘦，腰肢细，脚步碎，要胜任这件事，得有一番磨炼功夫。河泥从罱泥船"拷"在河岸边的河泥窖里,我们再从河泥窖里把河泥挑到大田的一个个河泥坑中,远的要走一两里路,不用说挑,就是一天到晚空着手来回走,也会走得脚底起泡、腰酸背痛。

要挑担,先练肩,不挑担的人两肩是凹的。挑担由少而多,凹肩里会长出肌肉,肌肉由薄而厚,最后隆起而成肩瘩,肩瘩就像扁担与肩胛间的垫层,有了这个缓冲地带,肩膀就不痛不酸了。随着肩膀的牢硬,腰也不再左右摇摆得如同扭秧歌一般,而是能支撑起肩上的重担了。下面脚步便紧紧跟上,全身动作协调,一溜小跑,口里还可以吼上几声号子,像在声明"我是行家里手"呢。

每天早晨,爸爸早早起身,把我的畚箕、扁担整理好,尽量让我挑起来趁手趁肩、做起来轻松利索。晚上回来,他又把我畚箕里的残泥剔除干净,检查绳索是否牢固,确定一切没有问题,他才放心休息。真是"可怜天下父母心"哪。

我回到家里,亲婆烧上热腾腾的一镬水,先给我敷肩膀,再叫我焐脚,让我早点休息,早点恢复体力,明天好继续挑河泥。亲公磕着旱烟管,只顾侧着头听有线广播里播放的苏州弹词《杨乃武与小白菜》。那个时候是1964年、1965年,对农民来说,最实惠的是家家户户通了有线广播,村村挖了水井,不再吃河水而吃干净的井水。更重要一点是,确定了每家的自留地,根据中央政策,在十边地的基础上重划自留地,并保证六十年不变。

晚上,来我家聊天的人少了,每家每户都有广播喇叭,要新闻有新闻,要听戏、要听书都有,连小孩子也有"小喇叭,开始广播啦"。特别是"天气预报",每天必听,如果明天有阴雨,也好,"雨落天放假",明天可以不去生产队出工,在家做做副业,或者做自己爱做的事。晚上串门的人少了,听广播的人多了。

亲公爱听苏州评弹,我喜欢听歌曲。那时的流行歌曲有充满柔情的《草原之夜》,悠扬的《乌苏里船歌》《新货郎》,奔放的《马儿啊,你慢些走》,辽阔的《赞歌》,广播里反复播放,社员人人都熟悉。妈妈喜欢听戏,锡剧《秋香送茶》《双推磨》,沪剧《罗汉钱》《碧玉簪》,越剧《梁山伯祝英台》,她都爱听。她爱我也就爱,听着听着,也就会哼上几个唱段了。

亲婆和妈妈看护小弟弟去了,我独自躺在床上听广播,心里充满阳光,疲乏便消去了一半，呼呼睡去，迎接明天的劳动。

河泥坑中的河泥挑了大半坑，就可以搪草泥了。先把河泥提到坑沿上，然后在坑里铺一层草，再铺一层河泥，人下去踩踏，用粪桶挑来水，把水、泥、草踩烂踩匀，就像家里大缸里腌咸菜一般。

传统拌搪草泥是用红花草。生产队种几块田的红花草。红花草长得快，长得茂盛，到仲春，紫花一片，田里密密麻麻的花草高过人的膝盖。红花草学名"紫云英"，它的花是优质蜜源，紫云英蜜是蜂蜜中的上品。现在，随着农家肥搪草泥的消失，紫云英蜜也越来越少了。

油菜花收花，便割红花草。社员们"一"字形排开，将红花草齐根割断，把红花草卷起来，像滚雪球一样向前滚卷推进。红花草是半藤蔓植物，牵牵拉拉的，一把一把难以拉开，不能像水稻一样一棵一棵去割。割红花草还有副产品——不时从前面的红花草丛中"蓬"的一下飞起一只野鸡来。雄野鸡颜色艳丽，拖着长长的尾巴；雌野鸡没有长尾巴，羽毛也不俏丽。大家"啊哟"一声便丢下镰刀去追。据说，野鸡被追急了会把头钻进草丛，撅起屁股任凭人摆布，这叫"野鸡钻没头"。话是这么说，这种情形我从来没有见过。两条腿去追两只翅膀的，基本上没有成功的可能。据说，一个人两手空空抓住鸟雀是要倒霉的。为什么？也没有人能讲出其中的道理来。

手到擒来的是乌龟。躲在草根处的它受到惊吓，头尾和四脚缩进壳中，一动不动。捉到乌龟，一般给有小孩子的人家。拿到家里，盖壳前面钻一个小洞，系一根鞋底线，给小孩子牵着玩。它是不会跟着走的，而是缩作一团，"骨碌骨碌"滚来滚去。乌龟经得起摔打，它的生命力特强，"千年的王八万年的龟"，一不留神，它就溜了。第二年割红花草，它钻在草底，又能把它捉到，壳上钻的小洞还在，又可以去伴小孩子玩了。

如果捉到刺猬，就不太好下手了，它也像乌龟一样缩做一团，如果把它关在鸟笼里，它的牙齿利似钢刀，把鸟笼咬个大洞后逃之夭夭。用鞋底线系它的脚，它咬起线来轻而易举。怎么办？只能出损招——用铁丝系脚。喂养刺猬极其容易，它不会生病，吃口又凶。一般以为它是素食动物，实际上它是肉食的，蚯蚓、鱼虾、猪肉，只要是荤腥，它都吃。只是野性不改，养它不住的，趁人不注意，它便逃得无影无踪。

为了多产粮食，保证粮食种植面积，生产队的红花草种得越来越少，而搪草泥用草需求量却越来越大。搪草泥的草就由野草来替代，社员四出割草便成了常态。

河泥坑中把搪草泥拌好，坑沿堆起一圈稍高的阳岸，挑满水，大功就告成了。平日要有专人看管这个坑，保持坑面上有水，让搪草泥湿润，水面上不断地泛着气泡，溢着蓝黑色的浆水。偶尔有蛤蟆爬到水中小土墩上"呱呱"叫几声，见没有同类响应，也就跳往他处觅食去了。

相比之下，春季挑河泥还是轻松愉快的。你想，大好春光，鸟语花香，满眼花呀草呀的，和大自然亲密接触，天气不冷不热，穿着鞋子，围着三角巾，大家一起热热闹闹地干活，劳累也就减轻了几分。一天干下来，即使奔来跑去，也出不了多少汗。随着形势的发展以及"农业学大寨"的展开，挑河泥也向纵深发展，强度不断提高，难度也加深了。

到了初夏，把河泥坑中的搪草泥挑到大田里，付出的体力就比春天挑河泥增加了数倍。这时挑的是搪草泥。麦子割了，把搪草泥均匀地挑到田里，再把它撒开来。时值农时小满，俗语说："小满里日头，后蛮娘的拳头。"热辣辣的太阳烧烤大地，肩膀让搪草泥担子一压，热汗便从周身每一个毛孔沁出，像豆腐包上了榨床，水一个劲地喷射出来。挑到麦茬地上，脚下干松，干起来还利索。如果田中已经灌水，地也已经犁过，那叫"挑水河泥"，得赤脚走在水田里。肩上重担，脚下水田，一步一打滑，高抬腿走路，"扑通扑通"，侧侧晃晃，一担搪草泥挑到田中心，用农民的话来说，"要迸出小肠气（疝气）来"。

其实，这些都属于常规劳动，苦一点，累一点，咬咬牙便挺过去了，"自力更生，艰苦奋斗"么。"农业学大寨"后，挑河泥加磅加码，迅速达到了空前的强度。农田全面推广双季稻、三熟粮。原来单季稻拌一次搪草泥，现在双季稻要拌两次搪草泥，工作量增加了一倍。前季稻的挑河泥跟过去单季稻一样，增加了后季稻的搪草泥，那个劳动强度，至今想来还有点后怕。

立秋前几天便是"双抢"大忙，"双抢"就是把前季稻抢收起来，把后季稻抢栽下去。前季稻收割上场，是湿漉漉的一棵棵活稻，很重，一步一滑从水田里挑上岸。随后立即把搪草泥挑下田，同样一步一滑。此时是一年中最为炽热的正伏天气，高温在摄氏36度以上。挑河泥下田，汗、水、泥，非要把你累成泥猴子不可，把你身体里所有的胖肉都化作汗水，排出体外。接着打烂平整田地，莳上后季稻秧苗。一切都得在立秋前完成，时间紧，只能抢着收、抢着种。

什么叫艰苦奋斗？这就叫艰苦奋斗。什么叫自力更生？这就叫自力更生。

妈妈说："年轻人吃点苦不算苦，老来苦才是真正苦。双抢是很辛苦，但也锻炼了人，干过双抢，壮实了身体，练出了毅力，以后困难再大也不怕了。"亲婆不同意妈妈的看法："孩子还小，还嫩，'力薄不负重，言轻莫劝人'，累坏了孩子，那是一辈子的事。"

种双季稻，对河泥的需求量大幅度增加，靠摇船出去罱河泥已经不能解决问题。怎么办？干脆把河水打干了，到河底去挑河泥。

一个更大规模的干河积肥运动掀起了。先在断头溇浜的出口处筑起大坝，扛几架龙骨水车车水。白天三班轮流转，夜里挑灯车天亮。水将要车干时，我们这些小姊妹、小兄弟站在干岸头上按捺不住，纷纷下水。有的带来赶虾网，有的捐了耥螺蛳网，有的用破竹篮，哪里水浑（鱼虾游动引起的水波纹）就往哪里跑，东一网，西一网，这叫"十网九网空，一网轰隆咚"，不一会，人人脸花手黑衣衫脏，成了黑脸包公，但乐在其中，谁也不肯空手而回。

捉鱼摸虾的人连续不断，直到天黑。第二天天刚蒙蒙亮，大嫂子、老婆婆又出动了。

这么早来干什么？她们有经验，昨天孩子们捉鱼，她们争不过，年轻人手捷眼快。第二天，潜伏在两岸河滩的河蚌和螺蛳经过一夜的喘息，以为躲过劫难，便要舒展一下筋骨，找一个安全的栖息地。它们这一走，就露出了马脚——在烂泥河滩上留下了一道道沟纹。大嫂子、老婆婆顺着沟纹摸，螺蛳、河蚌一只只都进了她们的篮子。

这是社员的小收获，生产队的大收获是河浜里的河泥。把这些河泥直接挑到田中间的河泥坑里，一年的搪草泥材料绰绰有余。我爸爸就不用弯腰屈背去罱河泥了，也不用开河边的河泥窖了，更不必把河泥转辗倒手了。这么好的事情，过去怎么没想到呢？从河底直接挑河泥到田中心，路是远了一点点，还要爬河岸，但这是春天，惠风和畅，阳光明媚，经过双抢的磨炼，这点事真算不上什么。

几年干河积肥下来，它的弊病才逐渐显露——这是一种"竭泽而渔"的办法。几年下来，几条河干了，再无河可干，重新再来干一遍，发现河底只有薄薄的一层河泥，根本不够搪草泥的。在干过河的河浜里种菱角，菱角不分蘖，菱盘铺不满水面；养鱼，鱼长不肥。其实，凡事走极端都会产生这种后遗症。一向被认为是用之不竭的河泥，这时也成了紧张物资。

我们生产队十多个小兄弟、小姊妹，经过五六年务农，苦练"童子功"，本打算"唱戏要学梅兰芳，种田要学陈永康"，争取当个小"陈永康"，看来没戏了。什么时代出什么样的人，陈永康是陈永康时代的产物，我们生活的时代出不了陈永康。形势发展迅速，身边的事物日新月异，一日千里。生产队的生产模式不同于从前的单干户种田，种植规划由公社、大队说了算，技术由农技员掌握，指挥由生产队长执掌，连水浆管理也有管水员负责。农业生产已经细化分工，一个社员每天只是机械性地出工收工，哪里出得了陈永康这样具有全面技能的人才？

我们应该学习的不是陈永康，而是雷锋精神，做一颗革命的螺丝钉。拧在什么地方，就站好那个地方的岗。

1965年，我16岁，工作队发动青年学习雷锋。我们这些小青年这才找到了学习的方向，由过去学习农业生产技术争做"小陈永康"变为学雷锋、做好事，做为社会主义革命与社会主义建设做贡献的新人。

这时，我的各项农活已经精通，拿得起、放得下，事事干在大家的前头，在家里得到妈妈的赞扬，在生产队里是一个引人注目的能干姑娘。在学雷锋活动中，我带领小姐妹、小兄弟，白天努力干活，晚上集中起来看队里有什么事情急着要做，便开夜工做好。由于事情做得好，经常获得上级的肯定和表扬。

1966年7月16日，毛主席畅游长江，党中央向全国人民发出号召："到江河湖海去游泳，到大风大浪中去锻炼。"各地也组织群众游泳，湖海沸腾，江河滔滔，全国上下迅速掀起了游泳热潮。

游泳是水乡孩子的熟练技能，这"水乡孩子"单指男孩子，他们都有水獭一样的好水性，但女孩子会游泳的不多，我在其他方面都行，就是游泳不会，大概是因为妈妈看管得紧吧。不会不要紧，学嘛，既然党发出了号召，我就必须学会，而且房前屋后都是河流，下水学习也非常方便。

我爬在后面的水栈上，和妹妹一起先学狗刨式游泳。两手撑在水栈石上，双脚扑腾不已，努力使身体浮起来。河岸边水浅，杂物多。我一脚扑腾下去，旁边的妹妹叫了起来："血，血！"我感到左脚膝盖上方一阵钻心的疼痛。回头一看，水中泛起了一股血沫。爬上岸，左腿下方白惨惨一道口子，一会儿血就涌了出来。

妹妹搀着我去大队卫生室消毒包扎。我一瘸一拐地去，一瘸一拐地回家。亲婆和妈妈心疼得不行，一定要我休息静养。亲婆还铺了个鸡蛋，让我滋补身体。但我在家呆不住，我离不开小伙伴，离不开早出晚归的农业劳动。干惯了农活的双手，闲下来就无所聊赖，有一种寂寞空虚的感觉。

俗话说"有福烂手，无福烂脚"，手有了毛病，脚走路利索，可以串门游玩；脚有了毛病，只能躺在家里仰望四角的墙壁，"死蟹"一只。腿上的疼痛我可以咬牙挺住，可是心中的无聊——我就像躺在蚂蚁窝里，咬得我周身难受。家里呆不住，我摇摇摆摆地来到田头，跟大家一起耥稻拔草。家里人拦不住我，只是干着急。

我的倔强固执给我带来了苦果，大腿上烂了个小碗口大的伤口，本来个把月能好的伤，拖了一百多天才痊愈，这是我身上留下的最大的一个伤疤。

从此以后，我的拼命硬干精神出了名。

事情已过去了五十多年，那时的革命加拼命的种田模式已经一去不复返了。由现在的农田种植回望过去，搪草泥、双季稻、三熟粮都已被淘汰出局。现在种田，选用良种，洒除草剂，种懒板麦、懒板稻，化肥农药当家，机械化收割，过去的车水、垄田、莳秧、耥稻、罗草等传统种植工艺全部被摒弃，农民也从繁重的体力劳动中解放出来了。尽管有人对这种模式有争议，但事实摆在大家面前：今日环太湖地区，小麦亩产达到八百来斤，水稻亩产一千四五百斤，袁隆平培育的水稻高产良种亩产已达两千多斤，粮食总产量大幅提高。国家取消了粮食定量供应，开放了粮食自由市场。

3. 宣传队

1966年5月16日，"文化大革命"开始了。

一个偶然机会，我的人生道路走上了新的征程。

我们小队的二狗被大队选中，吸收为大队"毛泽东思想宣传队"队员。

二狗长得高挑帅气，站在人前，就像一棵亭亭玉立的小树，生机蓬勃。但是他生性羞怯，大队排练节目时他不敢上台。越羞涩，台词越背不上来，唱歌也老走调，台步不协调。人家批评几句，他便回到家里蒙上被子大哭，死活不肯再去排练，宁愿赖在生产队干活。

大队考虑再三，只能依从他，另外物色队员，队长叫我去试试。我也有顾虑：唱歌曲、说台词我不怕，但我从未跳过舞，怕跳不好。我征求妈妈的意见，妈妈很高兴地说："发挥才能的机会来了，为什么不去？"

节目排练场地在原来地主徐复初家的客厅里。小乐队由几个年长的人组成，敲鼓板的又敲锣又打鼓，还兼作指挥，两把二胡，一面琵琶，一支竹笛，咿咿呀呀，很有气势。唱歌跳舞的队员一律是姑娘小伙，唱歌跳舞外，也说三句半，也演情景剧，节目多样，群众喜见乐闻。

我排练的第一个节目、唱的第一支歌，是《毛主席著作闪金光》：

> 东方升起了红太阳，哎咳升起了红太阳；
> 手捧书本心向党，心呀么心向党哎。
> 嗨心呀么心向党哎。
> 要问我，要问我，要问我读的什么书哎，
> 毛主席著作哎，闪金光哎，闪金光。
> 毛主席著作是宝藏，哎咳是呀么是宝藏，
> 句句话儿记心上，记呀么记心上哎。
> 嗨记呀么记心上哎。
> 要问我，要问我，要问我得到多少宝哎，
> 千船万船哎，装不下哎装不下。
> …………

这是一首女声小合唱，我们几个女孩子排练时一边唱一边变换队形，整体做几个造型，每人有相同的动作，也有独立的个体动作，以表达崇敬领袖、忠于毛泽东思想的感情。

开始，我作为宣传队的试用人员，只是怯生生地站在人后，看着人家唱歌跳舞，自己缩手缩脚瞎比画。乐师老顾叫我放开手脚："别像小媳妇怕挨打似的，做什么都后退三步。这个没什么难的。"没几天，我看出了门道：宣传队的节目翻来覆去就是那几个动作，像做广播体操。心里有了底，做起来就不再拘谨，手脚也放开了。

排好节目,到各生产队演出,田头场边,蓝天作天幕,大地作舞台。有一次在邻近生产队演出,瞥一眼前面的人群,亲公亲婆、父母兄妹都来了,他们坐在长凳上,原来是来给我捧场的。亲公磕着旱烟管频频点头,能得到见多识广的亲公的赞许,我的信心倍增。亲婆只是笑,慈祥的亲婆对我这个共睡一床的孙女,每搀一次手,每摸一下头,她都感到欣慰,现在看我站在舞台上做戏,真是乐开了怀。兄妹朝我跷大拇指,妈妈跟着乐曲双手打着节拍。"外行看热闹,内行看门道",妈妈是内行,山歌戏曲她都会,还会即兴编歌词。她参加过山歌比赛,社员会上作过现编现唱的表演。她是我崇拜的才女,有她的支持,我的劲头又增加了几分。

少女时代的我

爸爸对文艺不怎么在行,他坐在那里是压阵脚,他认为家里的重大事情他都应该在场,这样一家大小才能心不慌、手不乱,做好事情。

大概由于妈妈的言传身教,我唱起歌来,嗓音清亮;念起道白来,语速舒缓,吐字清晰;时值二八年华的我,正是鲜花盛开的时候,表演时身手协调,台步、造型、身体手脚的一招一式,都有可圈可点之处。很快,我的表演得到了领导、观众和队友的认可,每个节目都要安排我上场,并且排在观众注目的显要位置,我成了宣传队的台柱。

我觉得当年宣传队唱的歌并不单纯是红歌,像《社员挑河泥》《六样机》,都是上海、太仓等地土生土长的江南民间说唱。舞蹈也不单纯是当时流行的忠字舞,还有大家喜欢的维吾尔族、藏族、苗族、朝鲜族的民族舞蹈,形式多样,丰富多彩。通过这种形式,能够把国家的大政方针迅速地传播到每个老百姓的眼里、心里。老百姓喜闻乐见,便是大成功。

那时,我们宣传队演出节目是业余的,排练节目大多利用晚上的时间,尽量不耽误白天的田间劳动。

宣传党的方针政策,提高了社员的思想认识,同时也提高了我们自身的素质。领导对我非常关心,培养我入了团,让我担任团支部副书记、大队妇女主任。成立大队革命委员会的时候，我被选为革委会委员，进而担任大队团支书和妇女主任。一个田间劳动的普通农民，转化为农村大队一级条线干部，我参加宣传队是跨进干部队伍的第一步。所有这一切，都归功于党的培养，我只有忠于党，全心全意为人民服务，多为党的事业做贡献，才不辜负党对我的培养。

4. 郎舅参军

1969 年，我是二十芳龄的大姑娘了。长年的田间劳动，太阳把我的脸蛋晒得红扑扑的，手上有老茧，肩上有肩搭，身材壮实，洋溢着一股乡村姑娘强健的田野气。青春的活力，少女的情愫，悄悄地塑造着我的容貌、体形和气质。

我虽然当了大队条线干部，但主要精力还是用在田间劳动上。每天在生产队出工，捉草、拔稗、挑河泥……早出晚归，头上挂着汗水，两腿沾满泥巴。有人来唤，便用秧水胡乱抹一下腿脚，走上田埂，拖上鞋子，跟着去办公。共青团开会、宣传队演出节目都得参加；社员家里婆媳不和、夫妇怄气、熊孩子失联、媳妇难产、兄弟吵架、计划生育、突发灾害的慰问，匆匆而去，摸清情况，排解处理。里里外外的事忙不过来，差点忘了自己正值鲜花盛开的季节，考虑婚姻大事的时候到了。

"男大当婚，女大当嫁。""人生一世，草生一春；人为情生，草为春绿。"我的婚姻大事，皇帝不急，急煞太监。亲婆和妈妈操心此事，简直到了"悠悠万事，唯此为大；国之兴衰，在此一举"的地步。夜深人静，亲婆摸摸索索来到我的床边，对我启发教育：东村的某某，身大力不亏，是块干活的好料，你嫁了他不吃亏；西巷的某某，手艺巧，来钱快，和这样的小伙子成家衣食不愁；南头的某某挽媒人来做媒，他家房屋宽敞，家庭和睦，小伙子脾气也随和；北边宅基的某某，父亲是上海工人，家里旱涝保收，这个男孩值得你考虑。

睡在床上，我似听非听，脑子里花花绿绿的事一件件闪过：珍宝岛自卫反击战，同仇敌忾，保家卫国；常熟抽干了山前湖（尚湖），干湖种田；今年将全面铺开双季稻、三熟粮种植，前季稻采用矮脚南特号籼稻品种。

据说这种稻长得奇矮，只有人膝盖那么高，生长期短，产量却高。我们种植的水稻由一人来高的"老来青""苏粳"到齐腰高的"世界稻"（"农垦五十八"），再到现在膝盖高的"矮脚南特"，水稻品种越来越矮，产量却越来越高。这在台风频发的沿海地区，可以有效避免水稻倒伏，人道是"矮子能做种，三代无高人"，现在的水稻就是矮子来做种。想到这，我不禁"扑嗤"笑出声来。

亲婆以为我对某个小伙子心动向往，有点意思了，便说得更来劲了。我却在想：我们这里从来是种粳稻、吃粳米，现在要种籼稻、吃籼米了。籼米是什么样子的呢，吃了能成仙吗？领导指示，"矮脚南特号"采取旱地育秧，用塑料薄膜覆盖，这是怎样的一种新技术？宣传队要不要宣传一下？迷迷糊糊中，我睡着了。

妈妈比亲婆的见识高出一大截。她从不催逼我相亲看人家，她说：婚姻大事，男相中，女情愿，火到自然猪头烂，水到自然沟渠满，"有缘千里来相会，无缘对面手难牵"。这么说，莫不是她对子女婚事"卵子推勒冰缸里，无动于衷"？那才不呢！她看我还不急着谈恋爱，她自有主张。俗话说，"心慌吃不得热粥"，"急投投，三石缺一斗；韬悠悠，二石九"，越是火烧眉毛的事，越要心静如水。儿子女儿正值男当婚、女当嫁的年龄，可以说是双喜临门，也可以说是对父母的挑战，她像指挥若定的大将军。大儿子奎生初中毕业后回生产队当会计，干了有六七年了，写写算算，属于村里的知识阶层。现在，媳妇刚娶过门来，十月怀胎，抱到了一个大胖孙子，乐得我妈妈春风满面，患风湿症的两腿走路也利索了，笑声也更爽朗了。大女儿已过二十，早婚的，外孙已经抱在手里，而二女儿还感觉不到时不我待。怎么办？

"兵马未动，粮草先行"，这段时间妈妈忙着打听哪里有盆桶卖，没有现成，有相应的木料也行。去年，妈妈为奎生哥张罗婚床时也是这个样子。男孩子娶媳妇，先得准备好婚床，有了婚床，才能说"万事俱备，只欠东风"。女孩嫁人也要有准备，先要准备好盆桶，结婚那天，虽然破"四旧"不抬花轿了，但也得用船来迎亲呀。否则，以后夫妻有个口舌高低，说你自己走上门来的，这话多难听。

那些日子，妈妈老是跟亲婆咬耳朵说话，喊喊喳喳的。不用说，是在商量买桶的事，我假装没听见，继续做我自己的事。

前季稻的稻种分配下来了，我第一次见到籼稻的谷子。怎么说呢？这籼稻谷子的外形跟粳稻谷子不太一样，就像同样是一个人，籼稻谷子是瘦高个子，而粳稻谷子是个矮胖子。

籼稻原来种植在岭南的广东广西亚热带地区，它生长期短，从插秧到收割不足百天。我们环太湖地区属于暖温带，粳稻的生长期长，从插秧到收割要一百二十天左右，俗称"一百廿日稻回家"。引进早熟籼稻后，缩短了种植时间，便于种植两季水稻。

旱地育秧，在四月中后旬就开始了，这是新鲜事。秧育在打谷场上，从来"水"稻"水"稻，是生长在水里的，现在却种到了旱场上。我亲公衔着旱烟管也来眼睛尝鲜，稀奇稀奇真稀奇，水稻种在旱地里，亲公连连说"活到老，学到老"，"不怕做不到，只怕没想到"。

打谷场上，一半人干活、一半人看热闹。传统育秧落谷在农历五月中旬，所以有俗语"昏咚咚，六月初三浸稻种"。现在四月中旬就要育秧，种双季稻，每一个环节都要精密计算。我们把猪圈灰与干土拌和晒透，敲碎做成畦垄，浇透水，上面再泼浇一层水河泥，抹平，这时就可以把闷出芽的"矮脚南特号"籼稻种撒在秧板上，然后再用草木灰覆盖，浇透水。用篾条弯作弓状，插在畦垄上，盖上塑料薄膜。三四天后，秧板上就会长出毛茸茸一片鹅黄色的秧苗来。

五月上旬便可插秧了，这跟传统插秧又不同。旱地育出的秧很短，不能拔，不能插，它在场地上生长，时间长了会枯死，要及早移栽。这时，只能用铲子把它连土铲下，像一片片面饼。到了大田，跟平时插秧不同，把面饼状的秧块掰成小块，一小块一小块放在田里。真是"牵一发动全身"，一项农技改造，牵动了一系列农耕技艺的变更。这是双季稻，就是把水稻种在红花草田里，一季绿肥红花草，两季水稻，故称"双季稻"。以后种在收割麦子后的麦地里，叫"三熟粮"，一季麦子，两季水稻，一共三熟。如果要种三熟粮，麦子就要种早熟的大麦和元麦。小麦生长期太长，不适宜种植三熟粮。

我忙着指导生产，妈妈却忙着为打桶的事而奔走。当时木材供应极其紧张。床可以用杂木制作，村头巷尾锯倒一两棵树便能解决问题。木桶却必须用杉木制作，虽然只用一两尺长的木墩子，并且不费材料，但我们这里不产杉木，无处寻找。杉木不易开裂，不变形，伸缩率小，易加工，做成桶不会漏水，经久耐用。可是现在木材紧张，木业社也没有杉木，只能用桐木、楝树等杂木替代，但是杂木做的盆桶不能保证质量，我妈是不会去买的。

等我妈妈一切都准备齐全，我的对象也有了眉目。远在天边，近在眼前，他就是跟我同在大队部、坐在我妇女主任办公桌对面的那个人——民兵营长严炳如。我们面对面坐在一起这么多年了，我怎么一点也没有感觉呢？"有缘千里来相会，无缘对面手难牵"。他坐在我对面，就是"手难牵"的人，怎么会是我的对象呢？他挽了媒人来说亲，捅破了相隔的这张纸，我感到太突然、接受不了。

我家的亲公亲婆、爸爸妈妈、兄弟姐妹也感到突然，而且不看好这段婚姻，他们考虑的是经济问题。民兵营长家里的房子紧窄，他家有兄弟三人，他是老大，他结了婚，他的父母兄弟住在哪里？生了孩子住在哪里？我叔叔高大队长的一番话，把我们全家说得哑口无言。他说："房子小怎么啦？结婚还能结在露天？你要大房子，地主徐复初的房子最大了，他有好日子过吗？毛主席教导我们，'穷则思变'；一张白纸，没有负担，好写最新最美的文字，好画最新最美的图画。"

怎么办？家里人犹豫不定，妈说："孩大不由娘，让她自己拿主意去吧，婚姻本是前生定，有缘之人来成全。"

那天，我在大队办事，他也来了，坐在我对面收拾抽屉里的东西。我坐着，双肘撑桌，掌托下巴，仔细打量起他来。他中等身材，跟我爸比起来瘦小多了，没有"力拔山兮气盖世"的威猛。他托人来说媒，可与我面对面时却装出一副若无其事的样子，这是不是我妈说的一个人的定力？看到这一点，我心中一颤，似乎有了一点感觉。但不对呀！人说道，情人相见，一见钟情，过目不忘，我怎么与他百见而无情生，一直以来，"相逢开口笑，过后不思量"？若是和他生活，他能不能像我爸那样对家庭无私奉献？我也想到：我能不能也跟我妈一样成为家庭的主心骨？我俩能不能兵来将挡、水来土掩，在生活的道路上一同排除万难去争取胜利？想到这里，我的脸火烫火烫的。他似乎发现了什么，丢给我一句话："我要当兵去。"

准备当兵去？我随口说："你现在是民兵，不也是兵？"

"不一样，苏联跟我们争夺珍宝岛，炮火连天，我怎能耽在大后方纸上谈兵？我要上前线当兵去。"

他心里装着国家的安危，人民的幸福，要为国家而贡献自己的一切。我立刻觉得他中等的身材高大起来，比我爸爸还要魁梧，他才是个真正的男子汉。相比之下，我只想到小家庭的建设，想到自己的幸福，这不是太渺小了吗？

我也明白了他为什么要在这个时候托人向我提亲以确立关系——他已经二十一岁了，他要把婚姻大事定下来，这样他去当兵后，家里老人和亲人能有个人照顾，他也就没有后顾之忧了。我跟他的结合，不但是个人生活问题，还有政治任务，所以他胜券在握，表现得自信而有定力。

你能去当兵吗？体检一关就难通过。我们这里曾经是血吸虫病流行地区，现在虽然送走了"瘟神"，消灭了钉螺，但二十上下年纪的人后遗症还在，有后遗症，当兵就会被拒收。也因为此，一向以来，这里能去当兵的人是凤毛麟角。

但是事实是，严炳如同志居然被验取当兵去了，同时验取的还有我的哥哥沈奎生。出兵率很低的地方居然有郎舅两人同时出兵，而且两人都是基层干部，在珍宝岛交火的紧张时刻，要奔赴黑龙江边中苏交界处的驻军部队。这引起了许多人的关注。

1969年送兵那天，尽管天空飘着小雪，但是红旗招展，锣鼓喧天，轰轰烈烈、热闹非凡。公社两级干部大会，千人的会场座无虚席，领导要我上台代表新兵家属发言。

我步履艰涩地走上主席台，往下一望：啊，千百双眼睛都在朝我看，我心里真有点紧张。但看到台下爸爸妈妈都在场，爸妈又给我压阵来了，我的心也就平静下来了。

主席台上的立式话筒很高，我够不上。有人搬来小凳子，我站在小凳子上，不知是紧张还是凳面狭窄，站不稳，大腿有些发抖。讲了几句话

在锻炼中成长的我

后，我就镇定下来，站得稳了，声音也响亮起来。这是得益于这几年宣传

队的练习，也来自爸爸和妈妈的指导：说话要吐字清楚、高低相间、疾缓有度，按照条理逐一逐二把话说得清楚圆满。

我这样说："国家是我们的大家，家庭是我们的小家，大家安全，小家才能安居乐业。我的哥哥和我的未婚夫去守卫边疆，这是我们小家的光荣，也是支塘人民的光荣。"我说："古人有古训，'天下兴亡，匹夫有责'。毛主席教导我们，没有一支人民的军队，就没有人民的一切。人民江山要我们人民去守。兄长和未婚夫放心地参军去吧，奔赴边疆，到祖国国防最需要的地方去。我要向我奎生哥学习，他放下温暖的小家，告别贤惠的妻子和可爱的孩子，到炮火纷飞的前线去保家卫国。我们家属在家里抓革命、促生产，一定会照顾好家庭，把你们在家乡放下来的工作接过来，做得更好。"

我的发言得到了领导和家属的鼓掌肯定。

早春的天气仍很冷，江南的田野绿茸茸一片，几株落叶乔木张扬着虬曲的秃枝。三三两两的鸡鸭在场头地角扒地觅食，几只大公鸡大概啄食了自留地上的蔬菜，被人驱赶，腾空飞起，彩色的羽毛像划过长空的一道彩虹。

严炳如出征去了，我给他做了一双布鞋，让他打在背包里。布鞋是我这几天赶起来的。妈妈教会我做各式各样的鞋子，为的是解决成家以后大人孩子脚上的穿着问题。这是我为未来家庭做的第一双鞋。白天怕人看见难为情，只能深夜在煤油灯下赶做。我纳的鞋底，针脚横成列、竖成行，像妈妈在田里莳的秧。鞋帮用当时流行的松紧口黑布面料，轻便耐穿。油灯下，一针一线，倾注了我全部的感情，在一针一线中我好像也领悟到了"甜蜜的事业"的含义。想起儿时读过的诗歌："慈母手中线，游子身上衣。临行密密缝，意恐迟迟归。谁言寸草心，报得三春晖。"此时，我还非人母，也非人妻，但已经体验到了人妻、人母的滋味。

5. 路线教育

1970年到1971年，依靠优越的自然条件和完善的农田设施，加上江南农民吃苦耐劳的传统品质，江南农村的面貌起了翻天覆地的变化。

我未婚夫严炳如在黑龙江守卫边疆，我在家继续"农业学大寨"。三熟粮种植面积迅速扩张，一年种三季粮食作物，不管是干部还是群众，工作繁忙度和劳动强度都大幅增加。大寨人改天换地夺高产，年年都出新花样，他们由修建高质量的梯田发展为开辟人造小平原，并且提出了重新安排祖国河山的口号。我们怎么办？

当时的江南平原，高质量的农田已经铺满大地，要想再扩大农田面积，弹性已经很小。虞山前面的尚湖干湖造田，凭空增加了许多农田，这给常熟人民打开了思路。江南河网密布，如果重新建设，不就是一条增加农田面积的路子？

一场挑河填河的热潮随之掀起。原来的江南水乡河道纵横，就像树上的枝条曲曲弯弯，枝上分桠，桠上长枝，枝枝丫丫沟通每块农田。从这个村子到相邻的那个村子，如果不走小桥，不用农船摆渡，很难过去。种植水稻离不开水，每块田块都得架上龙骨水车，从取水口车水。于是，大河大塘之外还得有枝枝桠桠的溇浜。现在农田都采用电站渠道灌溉，溇浜失去了灌溉作用，不就成了瞎子戴眼镜——摆设？如果把它填平了，便能扩大农田面积。但是填河的土从哪里来？只有开河，将现有的塘河截弯取直，把农田整得像棋盘一样"园田化"。

这个工程极其浩大。原来的冬季水利建设是县市规划的一项工程，每个生产队出五六个民工进行大兵团作战，干上半月一月就能完工。现在每个大队就有几条河浜，全面铺开，真是一场伟大的人民战争，"农业学大寨"掀起了特大高潮。

由于生产大队的开河填河工程规模过于巨大，光靠集体作战肯定不能完工，于是便把河道分地段划给各家农户。社员白天舍不得影响赚工分，便挤出早晨、夜里的时间，点上桅灯挑灯夜战。有些劳动力弱的农户则请上亲朋好友一起解决挑河任务。

那天，我从公社开会回家，夜深了，西北风"呼呼呼"直朝怀里钻，我裹紧棉衣，把脖子缩进领子里，直往家赶。经过工地，爸爸正挑着宝塔似的一大担泥土爬上河岸，当时虽是寒冬腊月，爸爸却汗流浃背。老爸身上冒着腾腾热气，我却冷得瑟瑟发抖，这便叫"十二月里冻懒汉"。我家没养过牛，我爸爸就是一头牛。这么个彪形大汉，很难想象，他灵巧的十指还能编制各种精致的篮篓。妹妹挑着一小担泥土跟着爬上岸，步子琐碎，腿有点发抖。多病的母亲在给爸爸装担,小弟弟在河岸边玩。我上去抢过妹妹的担子挑起来,叫妹妹快带着弟弟回去,别冻坏了。

凡事有利也就有弊,用农民的话来说,"救了蛤蟆苦了蛇",填没了溇浜,增加了耕地,也就失去了养鱼种菱的河面,更影响到干河积肥,搪草泥用的河泥到哪里去取呢?新开的河里是没有河泥的。"社员挑河泥"会大受影响,没有搪草泥作基肥,三熟粮的产量怎么保证?"小桥流水人家"的景观也没有了,棋盘样的横平竖直的农田和河流,使村庄变成了千篇一律的直线形的条条带带。

20世纪70年代刚开始,有三样可喜的变化直接改变了江南农民的生活。一是手扶拖拉机普及了,部分替代了农民的繁重体力劳动,使三熟粮的大面积种植成为可能。二是部分公社大队办起了社队办小型企业,最为多见的是土布厂、针织厂、钢家具厂,重新走上了农副并举的发展道路。一方面社队办企业大量吸收农村过剩的辅助劳动力,产生最大可能的经济效益;另一方面,社队办企业的利润分摊到每个生产队,企业工人的工资返还生产队"大寨记工",这样,生产队工分的含金量便有了大幅度提高。有的生产队一个劳动工年终能分到近一元钱,基本达到城镇工人的工资水平,这样明显提高了农民的生产积极性。

经济的发展导致了农村的第三点变化:农民手里有钱了,家居要整修一下,翻建房屋形成了热潮。农民的住房在新中国成立后的二十多年里没有多大变化。有的兄弟几个成家后,挤在三间小茅房里,连走路转身都困难。有的人家几代人同住一屋。草屋年年换屋顶,耗工耗料,还免不了漏雨。就在这时,政府颁布了宅基地政策,每户人家都有拥有一座房屋的权利。

我妈妈又忙了起来,她不但要嫁我这个闺女,还要为两个儿子造两幢房子、娶两房媳妇。回顾老妈的人生,生儿育女,苦度困难年,开创家庭副业,为儿女买床备嫁妆,现在又要造房子,而且不是一幢,而是两幢,真是"生命不息、战斗不止"。爸爸"使命"在身,干得更是勤奋艰苦。

1971年,我作为一个要求上进的基层女青年,被选拔进了工作队。这是我第一次走出家门参加社会活动,也是我在党的培养下由田头干活的农民尝试进入干部队伍的第一步。

我被派驻在十四大队,后来转到二大队。我的顶头上司、工作组小组长是张大姐,她跟我一样,也是要求上进的基层青年农民,同样是被挑选出来尝试进入农村干部队伍的人员。大姐比我年长十岁,瘦高个子,细眉小眼,她是学习"毛选"积极分子,被人称为我们支塘公社的"顾阿桃"。她把《毛主席语录》背得滚瓜烂熟,并且能随时随地把语录跟眼前的人或事联系起来,站稳立场,分清是非,做出判断,而且实干也走在大家前头。

她和我作为宣讲人员,文化基础都很薄弱,没有工作经验,全靠工作组里的老同志出谋划策、支持帮衬。万事开头难,如何吃透上级指示精神,如何结合本地的实际情况,怎样组织宣讲报告,如何上台去讲演,怎样在村民中扎根,如何组织和发展村民中的积极分子……这些工作都由工作组里的老同志手把手地教,每一个报告,他们都为我们起好稿子,不认识的字还一个字一个字地教我们读。我们上台宣讲之前,先在他们面前反复过堂,直到他们满意以后才上台去讲。

张大姐特别辛苦,她的文化水平远不如我,但作为组长,事事都要她出面决断,着手处理,体力和精神消耗很大。每次开会,她都得作长篇报告。事前两天,她要背熟长篇演讲稿,熟读演讲稿中的大量生字,记住大量陌生的语句,这对识字不多的她来说难度可想而知。夜里,煤油灯下,她喃喃背诵。夜深了,她还要钻在被子底下打着手电筒背诵。她的这种刻苦精神感动了我,我暗暗下定决心要加倍努力工作。

江南的深秋,一片金色的稻浪。我们工作队队员和社员同吃同住同劳动,除开会学习外,还在田头割稻收稻、挑稻上场、轧稻筛扬。我是从小练就的种田童子功,干起活来拿来顺、捏来便,干出的各种农活又快又好,得到了大家的肯定和赞扬。张组长在这方面就差一些。她身体瘦削,干不得重活累活,做一次报告就已体力耗尽,得休息上两三天才能缓过气来。

我从老干部尤新民身上学到了很多东西:刻苦学习,做事敢为人先,做人甘在人后,拼命硬干。同时也在张大姐身上吸取到了一些教训:在家做农民要有一个强健的好身体,出门当干部也要一个强健的好身体,身体是革命的本钱。张组长吃亏就吃亏在单薄的身体上。

工作队结束,我加入了党组织,成了一名光荣的人民勤务员。我在激动之余买了《革命烈士诗抄》《把一切献给党》等书籍,自觉地用优秀党员的要求来要求自己。夏明翰的诗句"砍头不要紧,只要主义真。杀了夏明翰,还有后来人"成了我的座右铭。

我的入党介绍人引用鲁迅先生的一段话来激励我："我们从古以来，就有埋头苦干的人，有拼命硬干的人，有为民请命的人，有舍身求法的人……这就是中国的脊梁。"共产党人，就是要做我们民族的脊梁。

这年冬季，农业学大寨再掀高潮，农田水利建设如火如荼，我作为一名新党员，理所当然冲锋在前，做出表率。各生产大队把枝枝丫丫的溇浜填平，再开出直溜溜的河道。大队这么干，公社展开的水利工程更大，要把盐铁塘的董浜到支塘段截弯取直，把原本弯弯曲曲的七十二个瞟娘湾开成直苗苗的塘河。为了完成这个浩大工程，每个生产队都得抽调精壮劳动力去开河。一般生产队派强壮的男劳力前去，我们姑娘也要冲锋在前，到最艰苦的第一线去。

我挑着爸爸为我准备的畚箕铁铛、被褥碗筷来到工地，工地上还有几个姑娘，我们一起住在一家农户的客堂间里。地上铺了厚厚的一层柴草，一来可以保暖，二来可以隔断地上的潮气。我们打开被褥，把被窝铺得整整齐齐，面盆毛巾、碗筷等生活用品排列在半墙上。我对同伴们说："我们都是基干民兵，要以解放军为榜样，团结、紧张、严肃、活泼、服从命令听指挥，打好水利建设这一仗。"姐妹们干劲很足，齐声说好。

开河工地上，各个大队的地段都是划分开的，我们大队的民工也不都是清一色的精壮年轻人。五个手指伸出来有长短，比如隔壁小队的顾小二也来了，虽说他是一队之长，但他是抓革命的，挑肩绊担不是他所长。他长得瘦瘦小小，脸皮蜡黄，看上去有气无力，好像大病初愈的样子。我想，水利工地是拼力气的地方，凭你这副身板，能带领大家甩开膀子大干？顾小二的瘦弱远近知名，七月下旬，盛夏酷暑，是收割前季稻、栽种后季稻的"双抢"大忙季节。大家顶着摄氏四十来度的高温把水淋淋的水稻从泥泞的水田里挑上场，又把沤熟的河泥挑下田，平田栽秧，水里来，泥里去，一天到晚滚在水田里，像个泥猴子。一个农忙季节干下来，每个人身上都要掉七八斤肉。但是，顾小二有"忌夏"的毛病，这时的他只能他穿着干干净净的衣服躺在树荫下的藤榻里养病，手里摇一把蒲扇，皱着眉头看着大家忙碌，显出一脸的无奈。这样的一队之长，享这样的清福，社员们难免风言风语。他们说："牛吃干棵（一种像芦苇样的宿根草本植物）鸭吃谷，各人修的福。"

顾小二来到开河工地，我想：如果讲种田革命化，他可以和张大姐比个高低，但开河工地可不是他的用武之地，不拖大家的后腿就算谢天谢地了。

到了工地草铺上，顾小二扔下铺盖不见了人影。深夜，他回来向大家宣布，指挥部决定调他到食堂去当司务长。以后，他睡在集体铺上，天不亮就到镇上去买菜。天还早，他先在镇上茶馆泡一壶浓茶，喝到日上三竿时再到点心店吃一碗阳春面，然后，在菜市场转悠。那时候物资匮乏，菜市场上，不仅萝卜青菜，连豆腐、豆芽也要凭券供应，能买到的副食品非常有限。顾小二人虽瘦小，钻营功夫却很了得，他钻到了公社党委书记办公室，软磨硬缠，要到了一张副食品计划供应的批条。一纸在手，打通了菜市场上所有关节。平常难以吃到的计划供应副食品，从他的手里源源不断地流到了我们大伙儿的嘴里。大家吃到了丰富的伙食，也便认可了这位司务长。

他的精明强干立即改变了我对他的看法，他跟张大姐不一样，他有他的才能，只不过这才能不在出大力、流大汗上面。

顾小二在工地上如鱼得水，我的开河挑泥却困难重重。开河挑泥不同于生产队里挑河泥。生产队干活，今天挑河泥，明天割草，后天撬沟壅油菜，用手的，用肩的，用胳膊腿的，各种活轮流转，身体各部位有劳有逸。现在开河挑泥每天都得用肩膀，整天马不停蹄地挖泥挑土，河道越挖越深，河岸越堆越高，我们挑着一百多斤重的担子来来回回爬小山一样高的河岸，一个星期下来，肩膀肿得像馒头，扁担搁上去，火烧火燎地痛。晚上躺在草铺上，二十四根肋骨这里酸那里疼，一种难以名状的滋味折磨得人难以入眠。我咬紧牙关硬挺，鼓励姐妹们也要咬着牙苦战。

一天，顾小二来到我们铺前，他说指挥部广播站需要一名播音员，问我要不要去："你做过宣传队员，这方面有特长。如果要去，我去指挥部说一声。"

小姐妹们都撺掇我去："这么好的机会，你的肩膀有福了。"

我说不去："我是共产党员，要战斗在挑河的第一线。真金要用烈火炼，这正是考验我的时候，我怎么能中途退下火线？"后来才知道，那天小姐妹们看我累得不行，晚上下工回来跌趴在铺上爬不起来，夜里睡着了嘴里还在打哼哼，便去对顾小二讲了，叫他想想办法。山不转水转，果真顾小二想出了办法，但被我谢绝了。

就这样，一个多月的开河挑泥我硬是挺过来了。后来，有人说，沈月英做事一个顶三，这是夸大其词。不过，我做事有一股子"咬定青山不放松"的犟劲、韧劲、拼劲，这是确实的。

这次开盐铁塘，顾小二也给我上了一课：一个人的能力，不能单看他力气大小、身体强弱，更要看他能够发挥多大的作用。

6. 大寨评工

我的文化底子薄，学习毛主席著作有一定困难。好在"三人行，必有我师焉"，村子里就有一位现成的文化教员。

她跟我一般年纪，一般身高，披肩发，圆月似的脸蛋上两撇柳叶眉，衬着一对忽闪忽闪的大眼睛，显示着城镇姑娘的细腻和灵气。她是插队在我们村里的知识青年，名叫"朱仁玉"。她的老家在长江边的浒浦镇，从老家到这里要走二三十里乡间小路。

我们很快成了好朋友。一个风和日丽的日子，生产队却放假一天。这是个难得的机会，我们几个小姐妹相约到朱仁玉家去玩。浒浦镇濒临长江，是全国卫生模范镇，这是个出海捕鱼的渔港，一般说来渔港一定会有一股强烈的鱼腥味，奇怪的是，那里既没有鱼腥味，也没有苍蝇、蚊子，浒浦人创造了卫生奇迹。相传，当年孟姜女给筑长城的丈夫送寒衣，经过浒浦镇时在这里睡了一夜，苍蝇蚊子不忍心叮咬孟姜女，便集体撤退，留下了这块净土。

我们一大队是种水稻的低乡，浒浦是种棉花的高乡。从低乡来到高乡，人也就矮了半截。为什么？水稻种在低处，人走过，稻田就像脚下一片绿色的海洋，人就显得高；而棉花地不低洼，人走过，就像走进树林，淹没在棉花田里，人就显得矮。

浒浦小镇一尘不染，两边的店铺窗明几净，居民住的虽然是旧房老屋，但家家户户收拾得井井有条，眼目清亮。沿着浒浦塘边的街道一直向前走，到了街梢，浩浩荡荡的长江展现在我们眼前。

我们常熟人称长江为"海"，长江水到了这里，不再水向东流，而是随着海的潮汐一涨一落，这里是"江之头，海之尾"。

顺江水东望，轮渡码头掩映在江边的芦苇滩中，一艘小渡轮泊在岸边。江堤逶迤，江风猎猎。辽远的滩涂插着稀稀拉拉的竹竿，拉着杂乱无章的渔网，拦截潮来潮去的江鱼。阳光映照，嫩黄的江波泛起点点金光。远处风浪中，几条蚱蜢似的渔船在撒网捕鱼，随着江浪起起伏伏，侧侧晃晃。他们捕的是"长江三鲜"——鲥鱼、刀鱼、河豚，这些名贵鱼不易捕到，能够捕到白鲦、鲈鱼、鳗鱼也不错。

这是我第一次见到长江，第一次见到这么浩渺的水面。放眼江面，粼粼细浪，隐隐巨轮，水光接天，江风扑入胸怀，使人飘飘欲仙。漫步江堤，骋目大江，我们享受着大江的熏陶，我想到了毛主席畅游长江的情景，那是一种何等的体验啊！

我们在江边拍了一张集体照，直到如今我还珍藏着这张照片。这是我青春的记忆，我和朱仁玉、高宝英、陶小琴青春模样的唯一留存。

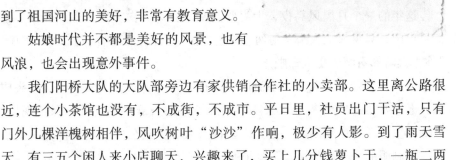

回来的时候，还是步行。浒浦、梅李、董浜、支塘，前后要经过四个乡镇，风景虽好，但我们走得精疲力竭。这次好比开展了一次团队活动，开了眼界，感受到了祖国河山的美好，非常有教育意义。

姑娘时代并不都是美好的风景，也有风浪，也会出现意外事件。

我们阳桥大队的大队部旁边有家供销合作社的小卖部。这里离公路很近，连个小茶馆也没有，不成街，不成市。平日里，社员出门干活，只有门外几棵洋槐树相伴，风吹树叶"沙沙"作响，极少有人影。到了雨天雪天，有三五个闲人来小店聊天，兴趣来了，买上几分钱萝卜干，一瓶二两半的高粱白酒，倚着柜台，喝上二口。这时的小店才稍微有点人气。

我们宣传队的琴师老顾下雨天常来这里消遣。他咪上一口酒，醉眼惺忪，便天南海北神聊海吹。

有人背后对老顾指指戳戳，说他一有空就往小商店跑，不是借酒解闷，而是馋猫闻到腥味了。商店售货员姓佟，名金花，虽然是两个孩子的妈妈，但瓜子脸蛋，白皙皮肤，细腰丰胸，风吹杨柳一般。她走到哪里，哪里的男人眼光便齐刷刷往她身上扫。爱美之心，人皆有之，人间造化，钟灵毓秀，人本身是天地之杰作，万物之灵长，人们崇美向美，也是一种天性。

好心人提醒老顾：老鼠偷油，会淹死在油缸里，不要弄得羊肉飘吃着，惹得一身骚，到头来吃不了兜着走。老顾"嘿嘿"干笑两声说："你们想到哪里去了，我哪里有这种非分之想？人嘛，总想看好看的、听好听的、吃好吃的。这叫'桃李不言，下自成蹊'。金花长得俏眉俏眼，看看也叫人舒服。我在那里待上一会，去去身上的俗气，也无伤大雅呀！"

我相信老顾的话。他是个唯美主义者，在宣传队排练节目时总要指指点点，这个动作漂亮，那个动作难看，漂亮的发挥，难看的校正，努力创作出尽善尽美的作品。这样一个人，你朝俗气的那条路上去想象，不是太委屈他了吗？

金花阿姨的小店在大队部旁。有时，我们办公到了深夜，会去她那里买点饼干、酥糖之类的充饥；办公室没水了，到她生的煤球炉子上倒。我在她店前走过时，总要和她打个招呼。金花带着个小女儿，她们白天做买卖，夜里住在店里看店。

她小女儿才三岁，叫"芳芳"，正蹒跚学步，牙牙学语，见了我便"阿姨长""阿姨短"的连声叫，眼睛笑得眯成了两条弯弯的线，人见人爱。

这年的一个月黑风高夜，上海路边刮来狂风，白茆塘上骤起风浪。我清早出门，只见村上人来去匆匆、脸色慌张。我问："出啥事了？"回答说："你去大队部看吧，出人命啦。"

人命？我赶到大队部，小商店门口挤了一大群人，人头攒动，张头望颈；七嘴八舌，声音嘈杂。大队干部到了，把人群拦在门外，保护现场，大队部里电话铃声不断。一会儿，公社来人了，县公安局刑事侦查人员来了，穿制服的公安人员展开了紧张的侦查工作。

美丽的金花阿姨躺倒在血泊中，再也不能绽开她的笑脸！可爱的小芳芳也倒在血泊中，再也不能奶声奶气地唱儿歌！我的胸中好像堵了一口气，难以舒畅地呼吸，头有点晕，腿脚感到软弱无力。谁用残忍的手段摧残了我们身边的美丽？这世界，许多人在创造美丽，好多人在欣赏美丽，但也有个别人在摧残美丽、扼杀美丽，所以我们要站出来捍卫这个世界的安宁与正义。

琴师老顾被当作犯罪嫌疑人带进公安局看押起来了。

追悼会在公社大礼堂举行。我作为大队妇女主任、妇女儿童权益的保护人,在追悼会上发了言。

哀乐声起,白花簇拥,我缓缓走到台上,向金花阿姨和小芳芳的遗像深深地鞠了个躬,同时安慰金花的爱人注意节哀。望台下,台下的人们胸缀白花、眼噙泪水。我说:"金花阿姨和小芳芳是为保护集体财物,与歹徒搏斗牺牲的。她们是为人民的利益而死,她们的死重于泰山。她俩现在虽然牺牲了,但永远活在我的心里,也活在我们大家的心里。金花阿姨是我的好朋友,也是我生活中的好老师。小芳芳是我的小朋友,是我心里永远保存的甜蜜的记忆。现在她们走了,我很悲痛,我只有继承她们的遗志,做好我的本职工作,来安慰她们的在天之灵。金花阿姨,小芳芳,安息吧!"

事情的结果正如我所料,这是一起流窜抢劫杀人案。罪犯在其他地方作案被擒获后交代了作案的经过。那天夜里,他路过这里,见有小商店,以为有钱有物,便撬门而入。作案中,惊醒了金花母女,她们起来阻止,和他搏斗。歹徒将她俩残忍杀害,然后又将凶器扔在附近河里,仓皇逃去。公安人员在凶犯指认的河里捞出了作案的凶器。

琴师老顾被放回了家,那时真凶没抓到,他还是嫌疑对象。他戒了酒,性格大变,除了生产队出工外,很少出门。一个人闷了,在家拉拉二胡,吹吹笛子——一位美的鉴赏家再不提美的事了。数年后,流窜犯自我招供,这才弄清案情,还了老顾清白。

这年秋天,我被抽调到县工作队,担任白芧乡二大队的工作小组组长。组员有县中的一位女教师,水利局的一位工程师,白芧乡的一位女秘书,她们都是高文化,我这个识字不多的人当组长,真是关公面前耍大刀——不自量力。但工作队的领导一个劲地鼓励我:党指向哪里就干到哪里,一定要把工作干好。

20世纪70年代中期,环太湖地区的农村经济有了长足的发展,社队办的副业厂一家一家创办起来了。副业厂创造的利润和农民工的工资返还给生产队。农民的收入增多了,他们的消费水平也随之提高起来。手表、自行车、缝纫机在当时被称为"三大件",成了青年人的时髦追求。翻建房子也成了热潮。过去兄弟几对夫妻合住房,甚至叔伯兄弟合住房,他们都将分户另建平房。造新房的需要刺激了泥瓦木工队伍的扩张,学做匠人的青少年多了。后人有这么几句话:"50年代嫁英雄,60年代嫁军人,70年代嫁匠人,80年代嫁文凭,90年代嫁大款。"

20世纪70年代的农村泥瓦木工人数之多,已经超过了农村工程的需求量。各公社因势利导组织了工程队,外出到各大城市承包工程。这样既提高了这支队伍的技术水平,也为农村的过剩劳动力找到了出路,发展了农村经济。

我在二大队担任工作队组长,重点解决的是经济问题。农村开展多种经营后,如何使分配制度合理?如何走共同富裕的道路?当时的办法是推广"大寨式评工"。"大寨式评工"要求外出打工人员的工资上缴生产队,自己只留一两毛钱的菜金补贴。生产队根据上缴工资的多寡记上工分,统一纳入年终社员分配方案。这种"大寨式评工"对社队办企业人员容易搞定,因为他们的工资不直接跟本人见面,企业直接通过银行把钱划归生产队,一般企业人员也是生产队直接推荐输送,报酬通过银行划归生产队,他们不会有太大的意见。难办的是泥瓦木工,他们从来就是个体手工业者,遵循"一招鲜,吃遍天""积财千万不如薄技在身"的古训,一家大小的口粮就出在他们的手上。新中国成立前,泥瓦木工一天的工钿为五升米。一个匠人一年如果做到三百个工作日,就能挣回十五担米,这相当于一家农民种十多亩农田的纯收入。而到20世纪70年代,匠人一个工的工钿为一元二毛。公社工程队的匠人基本保持每天有工做,在企业承包工程,由工程队结算,结算后划账到生产队,这部分收入加入"大寨式评工"也没有大的问题。成问题的是农村农户翻建新房所请匠人都是工程队里的匠人。匠人到农户家干活称作"打野鸡",吃了鱼肉饭,工钱直接到手装入口袋。装入口袋的钱再要叫他拿出来"大寨式评工",难度极大。

匠人也有他们的理由。钱是他挣的,你拿去"大寨式评工",不就是大家分分,对他剥削吗?另外,他出去"打野鸡",你也不可能一天到晚在他屁股后面盯着,他说病了休息没去干,你硬要他拿出工钿,也抓不到把柄呀!作为领导,这一笔糊涂账就算了,不要去算吧?那也不行。社队办企业,工程队干活的人就有意见:我们的工钱"大寨式评工",他们怎么可以不"大寨式评工"?在一个生产队里共同过日子的人,谁也不能搞特殊化。

这是个面广量大又很棘手的工作。俗语说:"世上无难事,只怕有心人。"我们处理这个问题时分外小心,一方面不能挫伤社员多种经营的积极性,另一方面又要使他们顾大局、识大体,能跟大家同心同德,走共同富裕的道路。

我在社员大会上讲解"大寨式评工"的道理:"我们都在生产队这一个锅里吃饭。'公平'两个字最重要。你看蜂巢里的蜜蜂采蜜,蚁穴里的蚂蚁觅食,都是外出得到食物,回来共同分享。如果各干各的,各占私利,就成不了蜂群和蚁群。我们这个大集体也是这样。现在有的泥瓦木工出去'打野鸡',有段顺口溜:'泥瓦木工簇簇簇,又吃鱼来又吃肉,每天一包香烟骨碌笃'。看起来是自己占了便宜,实际上是捡了芝麻丢了西瓜。想一想,你吃的是生产队的饭,八元钱一百斤稻谷的口粮。你外出打议价工,回来你就应该吃议价米,如果生产队以两元钱一斤的议价米分给你家,你吃得起吗?"当时粮食分配标准是成年劳动力每人每年五百二十斤稻谷,约合三百七十斤大米,其中还要扣除一部分,作为按劳粮分配到社员的工分上。这种口粮按官价分配给社员,如果把它折算成议价,匠人"打野鸡"挣的钱再多也是买不来的。

我们工作组深入到每家匠人家做好解释工作,在交钱服从"大寨式评工"还是吃议价粮这个选择面前,棘手问题很快得到了解决。至今,二大队的人见了我还要开玩笑:"泥瓦木工簇簇簇,又吃鱼来又吃肉,每天一包香烟骨碌笃。"

工作组工作结束后,我被任命为支塘公社团委书记,调入公社做了一名半脱产的公社干部,工作在公社,户口仍在生产队。上级对我的考察结果是:根正苗壮,要求上进,工作踏实勤奋,能较好地完成党交给的任务。

7. 花好月圆

1974年1月23日,大年初三,爱人严炳如从部队请假回来结婚,我结婚了。俗话说"初三廿七,剟拣好日",又在春节期间,喜庆节日加上喜庆婚礼,真是喜上加喜。

早晨起来,阳光普照。年前年后这么几天,下起了雨雪,连续阴雨,而在我结婚这天,老天爷好像有意成全我俩,突然放晴,久未露脸的温暖太阳烤得大地舒舒坦坦、暖气洋洋。我上调成了半脱产干部，爱人严炳如当兵五年也提拔做了干部，今天荣归故里，娶亲成家，心里也是舒舒坦坦、喜气洋洋。

我和爱人

亲公在鞋底上磕了几下旱烟管，只管"嘿嘿"地笑，逢人便说："想不到呀想不到，鸡窝窝里也会飞出凤凰来。"

亲婆对亲公这句话表示了少见的赞同。平日里，不管亲公发表怎样中肯的意见她都要反对："你少说几句吧，一马桶粪，半马桶屁，灾难来临，滑脚躲避的是你，孩子饿得有气无力，护着自己口粮的也是你，别在我面前充什么好汉了！"亲公有错误把柄落在亲婆手里，就像人家揞着他的伤疤，开口弗落，硬不起来。今天孙女出嫁，大喜日子，亲婆忙里忙外，忙不过来，难得一次赞同亲公的话。

孙女孙婿都是干部，就得带头移风易俗，婚事简办。接新娘子不用花轿，也不用彩船，新娘子自己走上夫家门。亲婆想不通：以后小夫妻有个唇舌高低，老公说你一句"是你自己送上门来的"怎么办？为了补救，亲婆坚持：新娘子到了夫家门口时，"姑娘抱嫂嫂"这一环节无论如何不能省略。原来，新娘花轿抬到夫家门口，新郎的姊妹或近亲女性要出门把新娘子抱或背到新房里，以表示对新娘子的珍爱。现在新娘子自己走到新郎家，新郎家这点礼节总要关照新娘了。两个孩子扛了子孙桶送进新房，这也不能缺。这是关系到未来新家兴旺发达和子孙满堂的大事。亲婆说起来没个完——这个不能丢，那个不能少，那还移风易俗个啥？

亲婆塞给我两个软绵绵的东西，凑着我的耳朵说："我料到他们床上没准备这个东西,你到了新房,就把这挂在床上帐门的两旁。"

"什么东西?"

"发禄,双发禄。本来是要用铜钱串的,一时找不到铜钱,我就用两小片绸子做了两个,上面还绣了鸳鸯戏牡丹。"

我这才想起"发禄"这个早已被人们忘记了的物事。

"发禄",在新中国成立前和新中国成立初期,是苏南地区老百姓用来表示吉祥的象征物,就像藏族同胞的哈达、北方流行的中国结。它是这样一个图案:下面一只聚宝盆,上面顶着一只金元宝,元宝两端铺出盆面。"发禄"可用古钱币串,也可用绸缎做;还可以用彩色蜡笺纸剪贴。用在不同地方,便用不同的材料。

讲究的发禄是用铜钱串起来的,用红线穿成正六边形图案,寓意"六六大顺"。"发禄"边沿镶一串银白珍珠,元宝两端垂挂铜钱扎的小灯笼,"发禄"和灯笼下挂上金黄的穗子、大红的流苏,非常漂亮。

造房上梁,"发禄"是必备的。所谓梁,是桁条,也叫"檩条",中间一间房的脊桁叫"正梁"。这根正梁得挂上一个表示万代兴旺的发禄。

新婚夫妇婚床的帐门两边挂铜钱串成的两个"发禄",比梁上"发禄"略小,金光闪闪,很是喜庆,这叫"双发禄"。

过去,"发禄"在苏南地区家家都有,它寄托了人们的祝愿,口语中也经常出现这个词。新房上梁抛馒头,人群争抢,叫"抢发禄";新人结婚,闹新房,叫"闹发禄"。孩子满月满周岁请吃喜酒,叫"请发禄"。每到大年三十夜,吃罢年夜饭,拿出发好芽的蚕豆、花生、南瓜子,在锅里炒,一片噼噼啪啪声,满屋喷香,这叫"炒发禄",预祝来年吉祥如意。

亲婆记挂这个象征物,实际是记挂着我,记挂从小跟她同床合被睡的孙女的未来,在孙女新房里挂上她亲手绣的"发禄",吉祥喜庆,陪伴小夫妻风风光光奔向前程,这也寄托了她的期望,了却了她的心愿。

这时我妈的风湿关节炎已经很严重,走路行动都不方便,但女儿出阁这样的大事,每个细节她都要反复检查。她的后面跟着孙儿,她在我的嫁妆——一张镜台、几只盆桶、两床被子间转来转去,摸摸这个,瞅瞅那个,生怕有什么闪失。奎元坌来了万年青,俏青碧绿,兜在青布包袱里,放在子孙桶里。子孙桶里还要放进五个染红的鸡蛋,表示"五子登科";放进花生、糖果、枣子、桂圆,表示"早生贵子""甜蜜圆满"。子孙桶再用青布包袱包起来，上面要穿插的杠棒必须是一根椽子，也就是屋面上承担望砖瓦片的椽子，椽子谐音"传子"，大吉大利。

突然，老妈发现嫁妆上缺了一样东西，她立即叫奎元去买来。什么物件？红绿丝线。每件嫁妆上都要结上红绿丝线，红线表示喜庆，绿线寓意兴旺发达。老妈把买来的丝线理成一缕一缕，结在各种器具上。

妈妈虽然有病，但她的双手依然那么灵活、那么轻巧。这是一双能把一朵棉花织成布的手，一双能挖出三棱根捣碎了喂到几个嗷嗷待哺子女口中的母亲的手，妈妈的这种美德本身就是我最好的嫁妆。今天我做新娘了，明天我也要做母亲，我要做一个像妈妈那样的母亲，我的手也要像妈妈那样灵巧，创建我们的家庭，创造我们的生活，创造我们的幸福。妈妈永远是我的楷模，我的偶像。

奎生哥在部队服役期满退役回来了，今天他要做"新舅爷"。"天下至亲郎舅"，他理了发，用电吹风吹了个大分头，抹上油，光鲜得苍蝇躲上去也要滑下来。

妹妹妹金也去洗了头，穿上新簇簇的花衣，她要招呼上几个同伴做送亲姑娘。一起捉帖子、跳房子、撒花签的胞妹，现在成了大姑娘，不久也要嫁人家了。正像亲公所说的，天下大势，合久必分，分久必合。诗人说："月有阴晴圆缺，人有悲欢离合，此事古难全。"想到这里，我的心头不禁掠过一丝哀愁。怪不得有些地方有"哭嫁"的风俗，正贴合了出嫁姑娘百感交集的心态。

爸爸门里门外忙着张罗喜宴。虽然移风易俗，进行革命化婚礼，我家只办了区区五桌酒席，但"麻雀虽小，五脏俱全"，大排场，小排场，其实程序是一样的，俗语说："多人不多菜，看菜吃饭。"

爱人家的新房是三间简易房，为结婚应急临时造起来的，用手臂粗的栗树棍做檩条，竹篾草顶。他家破旧的老房子实在摆不下一张婚床，才造了这三间四落水草房。人说："家有梧桐树，引得凤凰来。"我老公家没有梧桐树，只有他这个向往上进的青年。他家兄弟三人只拥有三间四落水平房中的一半，也就是一间半房，这要住一对夫妻、两个小叔子。以前，相亲人来了一个又一个，都是满怀希望而来、失望而去：

草房虽然简陋，但造房的规矩还得按部就班地办。屋架都已装配好，上正梁要等到第二天早晨。

日出卯时，晨光熹微，我的公公婆婆男左女右抱住脊柱，这种习俗俗称"抱柱"。柱上大红楹联："上梁喜逢黄道日，竖柱巧遇紫微星。"后匾串上"福星高照"四字。两个双响炮竹点燃上天，木匠随即上梁，将正桁装配在柱顶上。一边上梁一边唱："左边种棵摇钱树，右边藏只聚宝盆；前三进，后三进，进进房间出黄金。"正梁中间悬挂一只绚丽多彩的"发禄"，并挂着一个青布包袱。包袱里一棵万年青，还有糕点、糖果、红蛋、两个红包。匠人把红包和红蛋装进自己口袋，叫"代代（袋袋）好"；把糕点、糖果撒向下面看的人群，边撒边喊："发禄发禄，大家发禄。"青布包袱和万年青解下交给我公婆，公公将万年青种在屋旁，表示万年兴旺。

正梁上的"发禄"要永远挂下去。春天，燕子喜欢光顾"发禄"，把巢做在"发禄"上，叽叽喳喳，生儿育女。这时，我家要在"发禄"下挂一块硬纸板，不时给它们打扫卫生。为了方便燕子飞行，匠人造房时会在大门上的"门头板"上挖一个扇形小洞，叫"燕子洞"。

就在这座简陋草房里的新床上，我坐着做新娘。金乌西坠，夜幕笼罩，我在"缩壁根"的屋内，悄悄掏出亲婆塞在我口袋里的双"发禄"，将其系在帐门两侧。这也是"四旧"吧，但在私密空间，应该没有人来"破四旧"的。挂上亲婆的手泽，也代表了亲婆的一颗心，好像我和她还是朝夕相伴。

坐在婚床上，心里忐忑不安的我想到了小时候"过家家"，想到了上海去割草，想到了亲公讲故事，"百年修得同船渡，千年修得共枕眠"，不知怎的，脑际掠过了这句话。我和爱人的结合，是不是也经过了千年苦修？人说男人的一半是女人，合则圆，分则苦，这是一种怎样的体验呢？我思绪万千，就是理不出一个头绪来。

新娘新郎结婚之夜，本身就是一则神话，一则创造未来的神话。

今天我是新娘，明天就是新妇。妈妈的倩影在我眼前浮现，我相信，我也能像她那样做个好妈妈。现在严家生活艰苦一点，但我们有勤劳的双手，我们有信心有能力把这个家庭建设好。

第三章
成年记事业

我结婚了，工作、生活在支塘镇上，摇身一变成了半个城镇居民。

一个乡下姑娘成了个半拉子城镇居民，这在当时是件了不起的大事。在农村，这叫"跳出农门"，我虽然尚未全身跳出农门，但半身已在门外。一个人从农民转为城市居民，从农村体力劳动岗位转到其他工作岗位，这在那个时候是非常困难的，只有参军、提干、推荐上大学三条通道可走，学手艺、做工匠能摆脱农业生产，但不能迁出农村户口。我是通过提干进入城镇的，这看似阳关大道，但能有这种机会的人少之又少，不是千里挑一，也称得上百里挑一。跟我一起十二三岁就在生产队练"童子功"的小伙伴中，只有我一个人由农田劳动的农民提拔进了干部队伍。

原来农村生活，在生产队里劳动，其实出工和收工相差不大，出工干生产队里的活，收工干自留田里的活，晚上做家庭副业，每天从天亮直干到天黑深夜，两只手难有空闲。到了城镇，有了固定的作息时间，生活有了规律。这种来之不易的工作机会，我分外珍惜，工作也分外卖力气，事事抢在前头，有困难的事，主动请缨去干，经常得到上级的表扬，受到同事和基层干群的好评，还被评为优秀共产党员。

为什么说我尚未全身跳出农门呢？我抽调到公社担任公社团委书记、革委会副主任，性质是"以农代干"，我的户口仍然留在生产队里，还是吃生产队里分配的粮食，月工资三十五元回生产队买口粮。我是背着口粮到公社办公的，当时把这样的人称为"攒米工"（攒：吴语，肩上背布袋之类的物品）。我做"攒米工"一直做到1979年工作转正，农村户口迁入城镇，粮油关系也迁入城镇，才真正"跳出农门"，成为城镇居民。

当了公社干部也要"开夜工",一晚隔一晚雷打不动地"夜学习",有时要学习到深夜12点钟。干部的职责是"上通下达":"上通"就是通过开会、夜学习,吃透上级下达的方针政策以及具体的工作要求;"下达"就是通过开会和下乡巡查,贯彻落实各项政策,并发现具体问题、解决具体问题。当时我每天的工作日程都排得满满的。

1. 支塘新居民

俗语说,"新官上任三把火",我任支塘公社团委书记、革委会副主任是条线副职干部,不是一把手,谈不上火不火的问题,只图干出成绩,向党和人民交代。

感触最深的是我成了城镇居民,支塘镇成了日常起居的地方,碰到什么人,遇到什么事,见到什么物,都感到新鲜。

作为新的支塘居民,我对这里并不熟悉。夕阳西照,我在食堂早早吃罢晚饭,处理好自己的一点家务,如果晚上不组织夜学习,便有一位靓女来拉我外出去逛逛街、串串门、说说山海经,调节一下精神,熟悉一下环境。这种清闲,在乡下做农民的时候是绝对不敢想的。在农村,一个农民如果"早怕露水昼怕热,晚怕蚊虫早点歇",那么他在众人眼里便是个另类,被人所不齿,各种风言风语便会围拢上来,要不是关紧大门躲避,会被人家的唾沫星子淹死。每个农民大田收工回来后,晚饭前要种自留田,晚饭后妇女要做花边、纺棉花,男人要做点家庭副业,赚点油盐钿。就是一点事情都没有,也要拿出个稻柴来搓绳打草鞋。农民、农民,一辈子就是弄条命,命从何来?从十个手指头上干出来。

晚饭后领我逛街的是彩霞大姐,在彩霞大姐靓丽身姿的映衬下,我俩漫步过市时,大家的眼光都会投过来,我脸上也有光彩。那时公社的干部职工,算上看门扫地和做饭的炊事员,一塌刮子就十多个人。女同志少,彩霞大姐是公社干部中的一枝花,不但吸引男同胞的眼光,就是我们女同志也要仔细观摩她一番,以便学习她的言谈举止、衣服行头、梳妆打扮。

大姐身材高挑,风吹杨柳腰,瓜子脸蛋细眉毛,头发乌黑,肌肤雪白,真个是粉妆玉砌、亭亭玉立的人儿。她在公社当材料员,换现在的话说,是个女秘书。她说说唱唱都有一手,拿起笔来能写文章,常给书记起草报告,文化水准高。她又是个城里人,跟我们土头土脑的乡下人相比,自有一种超然洒脱的气质。她在公社办公,热情好客,平易近人,还没见她身影,就有一串银铃似的笑声迎面扑来,跟她说话,和糯亲切,如沐春风。

我跟彩霞大姐逛街,常常先去盐铁塘边转上一圈。这是条古街,清流荡漾,舟楫咿呀。两边石驳岸,间间隔隔下伸一道道水栈,有的水栈向河中凸出,相背两道石阶,下行亲水;有的水栈向街凹进,转角石阶,盘旋而下,如下井底。两边街道,树荫石栏,屋舍参差。倚栏浏览,可以想象当年水码头的全盛景象:石纽系缆,商船纵横,水栈上人影憧憧,卸货上货,热闹繁忙。

街道一边临水,一边民房,饶水饶烟火,临花临柳居。我和彩霞大姐在老街走走停停,旧房老店,小巷深深,深切体会江南水乡居民的市井生活。街上的廊棚,小瓦盖顶,叠梁筒柱,油光铛亮,充满富态。长长的院墙平整高耸,包围着莫测高深的庭院。民房是古房,风火墙粉壁黛瓦,上接蓝天。平房是木门木槛,朴实无华。瓦花漏窗,似乎在诉说它的身世;爬上院墙的藤蔓,像落寞故人,挥手相招;小院寂寂,不知是否在透露"暗牖悬蛛网,空梁落燕泥"的古意。小楼有两层的,有三层的,外观灵巧,内屋寂寂,不知中间曾孕育过多少大家闺秀、小家碧玉或是俊才奇士?彩霞大姐跟镇上的人熟,这里跟婆婆拉点家常,那里探望一下五保户,时间很快就过去了。

大姐还给我一一介绍横跨在盐铁塘上的桥梁,由东向西依此是中兴桥、虹桥和集贤桥。

虹桥

集贤桥

中兴桥在支塘到何市的穿镇公路旁，下公路向西转弯，便踏上塘河第一桥。这是座斜坡梁式平桥，方形望柱，菱形图案的栏板，朴实大方。彩霞大姐说，此桥建于清代前期的乾隆年间。我们两人登上不高的桥顶，盐铁塘在脚下流过，淙淙有声。西望老街，两道临河街道相向展开。繁忙的市河，密集的水栈，街旁老房新楼，鳞次栉比，一直伸向远方。河边石条护栏，可作休憩坐凳，上有香樟树的浓荫，下有潺潺水流。民居前的角角落落，围上燕子巢般的石牙，栽上枇杷树、杏树或含笑。一树果或一树花，向市河旁逸斜出。加上一盆盆盆栽，一墙墙藤萝，市河便成了一道花草长廊，一幅沧桑画卷，一首缠绵的吴歌。

跟彩霞大姐散步，就是走不动路，朋友却能交上一长串。看她谈话谈在兴头上，我便独自前行，登上了中桥。

中桥也叫"虹桥"，台阶梁式石桥，它比中兴桥高，木制莲花形望柱，木制栏杆。彩霞大姐气喘吁吁地赶上来，嘴里埋怨："小姑娘不懂规矩，把朋友丢下，一个人跑了。"

我说："我没见过走得这么慢的人。早知道这样，还不如跟其他人来，顺顺畅畅地遛。"

"她们有我这样熟悉街市吗？"

彩霞大姐指着桥南端一条小弄堂，神秘兮兮地对我说："知道这条弄堂的名字吗？"我摇了摇头。她说："莫奈（摸奶）弄。"我脸红了起来，怎么会起这么恶俗的名字？这是一条不足一米宽的弄堂，两面高壁，人走其中，就像行走在峭壁间的一线天。南面街上有茶馆书厅，塘北岸的茶客、书客多走此弄。同性交肩而过，没有什么问题，如果是男女相遇，难免触触碰碰，于是

仅可过人的"莫奈（摸奶）弄"

纠纷不断。此弄便得了个不雅的名字："莫奈（摸奶）弄"。

彩霞大姐见我不好意思，索性倚着桥栏杆大发起了议论。她说："人生

天地间，最敏感之事莫过于男女间的私密接触。这是我们女同志的强项，男同志的软肋。你看平常人家，女人围着锅台转，男人围着女人转，一家人围着孩子转，碌碌一辈子。作为一个女人，要知道这个道理，掌握好自己的命运。"

我看着这个漂亮女人，有点发呆，感到她这话有点道理，好像也有点问题。到底怎样来判断？我也说不上来。

一路西去，便是盐铁塘上最高的一顶桥，集贤桥。

集贤桥是一座圆拱形古石桥，桥顶有方形的四个望柱，整块条石栏板。古桥建于明代嘉靖十九年，清初康熙年间整修，是一座原汁原味的古建筑。

我对彩霞大姐说："你应该站在这桥的最高处充分展示你的美丽，给支塘人民树立起一个标杆。请大家来看看，桥美、水美、人美。"

我的好话说得彩霞捂住嘴只是笑。我站到集贤桥上，西望浩浩荡荡的白茆塘，东看盐铁塘古街景色。如果坐下来细细品味，确能品出点异样的味道。江南水乡小镇，改革开放后，旅游开发如火如荼，江南水乡风情吸引了大批游客，但也产生了负面形象，不少乡镇变成了人头攒动、店面毗连、声音嘈杂的大卖场，而且大同小异，千篇一律。支塘古街没让店铺进驻，保持了一片幽静的居所。这里没有喧哗，没有人流，小桥流水，渔舟悠悠而过。这是一种原汁原味的水乡风貌，这种幽雅恬静，使人陶醉。如果坐在桥上，轻拍桥栏，哼唱一曲《渔舟唱晚》："雨后浮云散，江风绕翠微。明月捧出碧玉杯，醉了春江水……"那是多么惬意的情景。说不定，市河中还会悠悠荡来一只渔船，鲜活毕跳的鱼虾，任你挑，任你选。

但这个时候，只有农船，没有渔舟。我身旁有大姐的靓丽，有大姐熟悉的人际关系，有她左右逢源的谈吐，这也足够了。她走在盐铁塘边的街上，本身就是一道风景线，够得上诗情画意了。

大姐是整理材料的，对支塘镇的古往今来像对手心的纹理一样熟悉。她领着我走下集贤桥，往桥北走三四十米。北侧是古建筑"姚厅""张厅"，相连的两个厅堂，沉重的屋顶，粗大的梁柱，使人感到沉重和压抑。大姐说："姚厅是明代乡贤姚汝化的家宅，姚汝化是明代万历廿九年（1601）进士，官中书舍人。现存的姚厅只剩第二进，四庭柱叠梁楠木大厅，大梁彩绘、雕刻精良，是支塘镇最负盛名的明代古宅。张厅是中科院院士张青莲的祖屋。这位乡贤是我国著名的无机化学家、教育家。"

彩霞大姐说，张青莲的父母在"文革"中受到冲击，非常不幸，双双在老屋里自尽身亡。这对张青莲打击很大，父母去世后，他再没有回过故乡。尽管地方政府一再邀请，他也不回来。

我从张青莲写给朋友的信中看到，其实他在父母去世后还是回过家乡的。那是20世纪70年代初，张青莲的父母去世后不久，这位花甲老人悄悄地回到了常熟。他没有去走亲访友，只在南门车行租了辆"吱吱嘎嘎"的破旧自行车，沿虞山脚下，上读书台，步新公园，进兴福寺，找三峰寺院遗存，一个圈子兜下来，来到了方塔的脚下。他搬来几块砖，坐在那里，仔细端详宝塔。不一会，他老泪纵横，掩面而去。他还了自行车，悄然走了。后来，他在给朋友的信中说：这次回乡，"盘桓家山，五味杂陈"。不过，他这次只回到常熟城，没有回到支塘老家。"张厅"永别了它的主人。

从集贤桥往南走三四十米，向右转弯，又是一幢清代古建筑，叫周家陈楼。沿街两层小楼，三进院落，精致幽雅。

支塘镇另一位著名的中科院院士王淦昌，家住在东街。他是著名的核物理学家，中国核科学的奠基人和开拓者之一，中国科学院资深院士，中国"两弹一星元勋"。

"文革"后，王淦昌多次回家乡，他关心家乡的发展，与父老乡亲联系，那时我代表乡政府接待过他，给他介绍家乡情况，还曾与他合影。他是位爽朗的学者，他讲自己年轻时准备毁家办学，教育救国，却没能如愿。新中国成立后便全身心扑在核物理的研究应用上。有一次他回家乡，听说一位亲戚病重住院，便赶去看望，安慰病人。他走后，这家亲戚说他这么一个百忙中的大人物能抽出时间看望病人、看望亲戚也不容易，虽然没带一点礼品，但他的这份情意比礼品贵重得多。我给他们解释："王院士公务繁忙，对世俗的繁文缛节来不及准备，没有什么好奇怪的。"

我后来比彩霞大姐熟悉的支塘名人，除了王淦昌，还有另一位乡贤吴铨叙上将。

吴将军曾担任中国人民解放军副总参谋长。2000年6月晋升上将军衔。2004年6月退役。主编过五卷1600余万字的《中国军事文库》。

我跟吴将军熟悉，退休后我办民俗馆，他还给我题了词，给我的民俗馆增色不少。他跟我和支塘镇党委书记搬着民俗馆前的一个石元宝叫人留影，他说："来，我们共同给支塘故乡搬个大元宝，让家乡人民发起来。"

彩霞大姐对支塘历史名人的熟悉程度，是我难以比肩的。

支塘镇文化教育事业发达，清代初年就开办了"正修书院"。古代的书院相当于现在的中学，有名望的书院相当于现在的大学。民国年间到新中国成立初，这里设有师范学校，后迁到常熟城内，是今日常熟理工学院的前身之一。支塘中学在"文革"前就有高中班，现在改名为"王淦昌中学"。

在这种浓郁的文化氛围下，支塘人才辈出，惊艳四乡。

到了晚上，有闲时间跟彩霞大姐逛大街是轻松愉快的享受。一般我的时间很紧，工作忙，学习忙，要用晚上的时间来补充白天工作的不足，但如果有机会去逛街，我还是尽量去，因为这能使我了解支塘镇的历史文化，熟悉我的生活环境。我爱支塘，这种深切的爱，会激发起我的工作热情。

"做了和尚满山转"，做了乡干部就是满乡转。我是天天转在田间陌上，上级布置的任务要落实，下面发生的事情能解决就解决；不能解决的，向上级汇报、研究以后再解决。到了下面，捋一下裤管，赤了脚，就跟社员同劳动。日落西山，到河边水栈洗一下脚，再回支塘街上。

彩霞大姐下乡劳动与众不同，她的一双泥脚绝不会在田边洗净。她两腿是泥，手拎鞋子，或骑车，或步行，一路回公社，好像一路作展览。到了公社她还不洗，而是各个办公室出出进进转一圈，最后到井台用吊桶提水冲洗。

我对大姐说："烂泥粘在腿上长久不洗，把你的好皮肤糟蹋了，会变粗糙的，弄不好还会生疮。"

她说："这你不懂了。我们干部为什么要参加体力劳动？就是要给群众做出一个榜样，发扬我党的优良作风。你洗了脚回去，群众不知道你参加了体力劳动，影响就不大。所以，我们要让更多的人看到我们劳动，把这种优良作风传扬开来。"

春、夏、秋三季，漫步支塘闹市，游览老街，观摩临河古居，看看茆江白浪。到了冬季，风似刀割，室外呆不住。我跟彩霞大姐邀上几个小姐妹到饮食店品味一下支塘美食，也是一种享受。

冬令进补，适宜吃羊肉。刚才下乡，经受了茆江江风侵袭，身上瑟瑟缩缩，坐进店堂，暖胃的羊肉、羊汤进肚，热气在周身弥散开来，股股暖流直往外冒，浑身都舒坦……

在支塘镇工作，熟悉支塘，献身支塘，走在支塘的大街小巷、乡曲村坊，我都感念彩霞大姐对我的引领。人有外表美、心灵美、行为美，三者兼有的人不多，彩霞大姐就是其中的一个，她是我到支塘镇以后堪称我的师长的一位生活老师。

2. 严家的媳妇沈家的囡

初到支塘镇的我，眼花缭乱。31000多人口，45000亩良田，这么个大舞台，我能扮演什么角色呢？当时的我：要经验，经验缺；要关系，没关系；但有的是党对我的关怀、信任和期望。我能辜负党的培养和爱护吗？睡在公社干部宿舍，我辗转反侧，彻夜难眠。

一切从头学起。学习农村管理，学习农业技术，学习向上级汇报工作，学习向基层调查情况，学习团队的组织工作，学习跟同事协调关系。除此之外，自己生活方面也要学习，学习做个好媳妇，学习做个好妈妈，学习建设一个好家庭。这么多学习任务，如山如海地摆在了我的面前。相比之下，过去上海割青草、农田挑河泥、宣传队唱歌跳舞要单纯得多，也易学得多。现在要学习这么多东西，我得发扬愚公移山精神。

面对繁重的学习任务，解决之道是抓住要点，由点及面，触类旁通！对我来说，学习的重中之重是夯实文化基础，争取三年拿下中学和中专的基础教程。这看起来像个神话，其实是有现实条件的，当时的我记忆力和理解力处于巅峰状态，刚生了女儿小燕，母亲帮我看护，爱人在部队工作，我有较多的业余时间可用。我相信，只要努力，便可以攻克文化山、技术关。古人尚会"囊萤""映雪""悬梁""刺股"，我难道不能破釜沉舟、背水一战？

我在基层工作，对文化的重要性早就有认识。我们接触的各级干部大致是从两个途径选拔起来的：一是从工农兵队伍中选拔，二是大专院校分配而来。前者接地气，有生活，讲话生动活泼，有吸引力，但往往言语粗疏简单；后者与实际生活有距离，讲话文气，但周密严谨。我来自农民，应该致力于学习文化，如果两方面的优点兼而有之，工作效率就能成倍翻番。

公社党委委员沈元生同志是个老干部，俗称"草鞋干部"，精明能干，孔武有力。他分管农业，一天到晚在公社的二十个大队转圈子。他不会骑自行车，走路飕飕飕的，耳边风响，大步流星，不知道的人，还以为哪里出了事故，他要赶去救命救灾呢！我骑着自行车跟在后面，

我和同事们的合影

当他的小徒弟。他见了我大手一挥："你先走，去二大队。"我只能廖化当先锋，先去目的地。本来，我是应该请他坐在我车后的书包架上的，无奈他身体重，我的自行车技术又尚在初级阶段，所以不能去帮这个忙。如果去帮忙，可能会越帮越忙。

他走得尽管很快，但两条腿到底赶不上两个轮子，等他到二大队时，我已经在田间地头转了三个圈子，大队干部都已打过招呼了。我和妇女主任就青年的晚婚节育、育龄妇女的计划生育交换了材料；和团支书讨论了下阶段工作任务的落实措施。老沈刚到便拉了大队长到田头去看秧苗。这一年初夏，天气忽冷忽热，必须谨防烂秧，白天要排水曝晒，夜里要灌水保墒。时间的把握，水的深浅，都有讲究。大队长向他汇报村里有一对夫妇的大儿子失聪，是否同意他们生二胎。

正如老沈所说："农村书记，上管天文地理，下管被头洞里，还管油盐柴米。"两个人计算了社队的育龄妇女人数，上级下达的生育指标，配配算算，做出了决定。这种事也要有计划、有步骤地去做，要立足大局，统筹兼顾。

下基层，一般跑三到四个大队，随到随摸情况，及时发现问题，及时解决问题。一时难以决断的事，带回公社研究，研究出了眉目再做决定。下基层正如毛主席所说：既不能"钦差大臣满天飞"，也不能走马观花、浅尝辄止，要踏踏实实地深入下去，切实解决实际问题。

当时我中午饭常在生产队吃，一碗米饭一盘炒青菜是常规待遇，有时能改善一下生活，加上一枚皮蛋，我舍不得吃，就带回家给母亲。她给我

带着孩子，除此之外，我真想不出用什么东西来孝敬她。

我们下乡也会遇上尴尬事。黄梅天，社员紧张地拉线莳秧，我们一队公社干部手拿丈尺去测量他们的莳秧密度。社员是头戴草帽，身穿旧衣破衫，踩在秧水里，弯腰屈背，可能几天秧插下来正腰酸背痛。这时有一个人直起腰来了，他可能发现了点什么。他说道："站在田埂上的干部同志，你们吩咐我们要这样做，不能那样做；这样做不好，那样做也不好。看来，你们都是种田老师傅。师傅们请下来莳几行秧给我们看看，做一个示范，让我们开开眼界。"

老沈感到为难，他有领导经验，但是没有种田经历，手脚不听使唤。几个公社干部大眼望小眼，不知叫谁下去。社员很聪明，见干部拿不定主意，遇到了难事，便起哄起来。有个社员说："他们穿得干净，鞋袜索索，万一粘上点烂泥，回家老婆见了，还不跪马桶盖？"田里一阵哄笑，笑得几只白鹭冲天而起，好像也要为这个场面煽风点火。

有个社员说："你们上过茶馆吗？茶馆里的茶壶最有用的部分是一张嘴，如果派其他用场，它就碎给你看。""岁岁平安。"社员们笑得前俯后仰。

我鞋一脱，裤管一卷，对老沈说："我去。"

我"扑扑通通"走到水田中间，叫一个小姑娘到岸上去，我代她莳秧。社员们见干部真的下田插秧了，都低下头插起来，准备给点颜色我看看。他们怎么知道，我是从小练就的"童子功"，还是公社莳秧比赛中的得奖高手。我莳秧的手不能说快似闪电，但也称得上"鸟叫六棵齐"，两条腿一个劲地往后退，就像在进行退缩赛跑。田中的插秧手没有一个能够跟得上我。那个说"茶壶"的社员被我的快手脚吓呆了，他两边的插秧人"刷刷刷"赶过去，"茶壶"被关在小弄堂里，身后的秧又被人家拿去莳了，原料告急，他叫人扔过来，一个秧个子扔上去，溅得他一屁股的水，真是"茶壶里煮馄饨，肚里有货就是倒不出"。

那个说"跪马桶盖"的社员气喘吁吁地往我这边赶，但总赶不上，就落后两扁担的距离。我对他说："快赶上来，赶不上，坍了招水（吴语，丢面子），回去跪嫂子的马桶盖，明天社员要检查你膝盖，看上面有没有印记！"

"不打不成相识"，这次插秧使我跟社员的关系更热络了。老沈也更喜欢带上我下乡了，我不但是他的徒弟，遇到一些情况，还能帮他解决一些实际问题。

傍晚，吃过晚饭，洗刷干净，我喂饱孩子奶，如果不组织干部夜学习，我便拿出书本、作业簿挑灯夜读，自我学习。

窗外，一轮明月。夜风吹来，蛙鼓齐鸣。不知从什么地方传来几声像老头咳嗽的声音，那是白鹭或苍鹭的叫声。蛙鸣即刻停止，四周陷入一片寂静，只有月光温情脉脉地洒落在庭院。一株含笑，香气馥郁；几枝月季，柔条弯作弓状。蛙声三三两两重又响起，似乎在试探，又似乎在窥视。接着，叫声连成一片，好像在宣传它们的季节，张扬它们的王国。

突然，我发现母亲正坐在我的身旁默默地注视着我读书、写字、写文章。妈妈，永远是我的最爱，也是我的最疼。小燕睡着了，妈妈却睡不着，她挪步到我身边，看我有没有需要她帮忙的地方。

妈妈老了，妈妈病倒了。那张聪慧的脸，本来灿烂得像沐浴着朝霞的一朵黄月季，现在成了一枚金橄榄，或是一枚金丝蜜枣，布满了皱纹。残酷的类风湿关节炎夺去了她的健康。妈妈一度曾瘫痪在床，现在用激素药物，她才勉强能在室内举步。妈妈年龄未满五十，未老先衰。是因为她太聪慧，天妒其才，让她在痛苦中煎熬？还是她太劳作，上天安排她不要再风风火火地奔走，让她有休息的时间？我把她从家里接出来，陪伴在我身边，看护她的外孙女小燕，我也好及时安排她看病吃药。

妈妈对我的进步很是欣慰，好像她一辈子的奋斗，她一辈子的希望，都寄托在我的身上，她以为我在为她实现她一生苦苦追求的目标。她告诫我要谦虚谨慎，戒骄戒躁。一个人处在艰难困苦中不易犯错跌倒，犯错往往是在成功之后，跌倒在赞扬声里。

后来，实行承包责任制后，为了更好地帮助农户种好责任田，公社广播站开设"每周农经"节目，每周广播十分钟的农田管理知识。这个节目要求每周有新内容，紧扣上级布置的任务，密切联系本地实际，还要语言生动活泼，使农民爱听、爱记、相互传播。公社几位干部对此望而却步，他们不是不会讲，也不是讲不好，而是每周一讲这个持之以恒的工作太耗费人的精力，很难保证不出纰漏。

这是个极好的机会，我作为主管农业的副乡长，责无旁贷地接受了任务。每天傍晚，学习过后，我便负责起草广播稿。先列几条提纲，再充实内容。内容很多，时间很紧，这就得有驾驭材料的能力，有副对联就是描写这种功夫的："删繁就简三秋树，领异标新二月花。"

广播稿对语言的要求很高，既要口语化，让人家能听得清字字句句、听得懂桩桩件件；又要有深度，有新鲜奇特的吸引力，有喜见乐闻的趣味性。通常，我写好草稿会跟妈妈一起仔细斟酌修改，反复诵读。写作时，努力把学习到的写作方法融合进去，以增加语言的表现力。特别是添加一些顺口溜，在农民中就很容易传播。别小看了顺口溜，它涉及押韵、比拟、双关、隐喻等一系列的修辞方法。写一次广播稿，既深化了学习，又提高了自己。

妈妈对我的口头表达特别注意。她强调，讲话一定要有抑扬顿挫的声调，快速的地方要像疾风暴雨，舒缓的地方要像春风拂面。只有这样，才能使人印象深刻，取得表达的效果。我的口才是经过亲公培训，经过母亲的点拨，逐步成熟的。

经过六年的努力，我一边工作一边补习文化，三年补完高中课程，考试合格。又三年补完农业中专，考试合格，拿到了农业中专合格证书。

每讲到母亲，我的心情便会激动起来。古人说："天地君亲师。"我的母亲对这五字是兼而有之。我对母亲的顶礼膜拜也让我犯了一个不小的错误。我忘记了现在的身份，我现在的身份是严家的媳妇，按照老规矩，对沈家来说，我是"嫁出的女儿泼出的水"。严家和沈家同在一个大队，相差就是两条田埂。丈夫在部队服役，我从支塘街上回家，怀抱着小燕，背着一大包袱尿布，大多是回沈家（娘家），而很少去严家。我虽然是严家的媳妇，可还是像在沈家做闺女。

我公公排行老二，叫严二，是一个老实巴交的农民，他生养了三个儿子，我的丈夫是老大。爹妈老了，老大成家了，大儿子理应顶门立户，为大家庭遮风挡雨，大儿媳在家运筹帷幄，大家合力同心，争取改变贫穷面貌。

20世纪70年代中期的江南农村开始办起了社队企业，相比60年代，农民的生活水平有了提高，有的人家开始翻建平房，手表、自行车、缝纫机、收音机渐渐成了大家的时髦追求。但总体上大家仍处在为温饱奋斗的阶段。劳动力强的人家，工分挣得多，年终分红分得的钱也多，但劳动力强，饭也吃得多，口粮往往不够吃，得买议价粮，一斤粮票就要一元，相当于强劳力干一天半工分所折合的钱，所以，买了议价粮，一年到头积余的钱也不多。劳动力少的人家工分挣得少，年终分配往往要透支，但这样的家庭孩子多，饭吃得少，口粮略有多余，不用去买议价粮。两相比较，大家的生活水平相差也不大。劳动力强的人家分红得到一点钱，这样的人家大多面临着结婚、造房、嫁妆等重大压力，经济上反而显得沉重。

我公公家就是这种经济压力沉重的家庭。三个儿子都是强劳力，其中两人又参了军，但面临着结婚、造房等沉重负担，家底薄，手里的钱捉襟见肘。怎么办？真是愁死人。

屋漏偏逢连夜雨，船迟又遇打头风。在沉重的生活压力下，公公病了，得的是肺结核，一种在当时令人谈虎色变的毛病。身材高大的公公瘦成了一根弯扁担，咳嗽、咯血，脸色苍白得吓人，得了这样的病干不了活，还要经常吃药，需要营养，这让本来就拮据的家庭生活雪上加霜，"好人最怕病来磨"啊！对公公来说，经济压力是一种外在压力，病痛压力是一种肉体压力，现在又增加了一种精神压力。

孙女小燕的出生给公公带来了极大的心理安慰。俗话说"隔代亲"，祖孙的隔代情结是一种天然的"血浓于水"的关系，亲公亲婆与孙辈近则甜、离则苦，孙女象征了公公婆婆的"生命之树常绿"。

可是公公的心理安慰很快又转化成了他的心理压力。他很想抱抱心爱的孙女，但是我不让他抱我的孩子。孩子见了他，我也只让他远远地看，不让他靠近。我有时也想，这样对他不是太残酷了？换位思考一下：公公是得了重病，我妈也是得了重病，为什么我妈可以专职看护孩子，而公公连用手指头摸一下孩子都不让呢？他能理解有的病不传染，有的病要传染、要严格隔离这个道理吗？

一次，孩子感冒，我抱着去卫生院看病，看过病后走出医院，我瞥见医院门口一棵大柳树背后藏着个人影，头卡在树丫上睁大了眼睛在看。我装作没看见。走过柳树时，我假装手里的药落到地上，然后把孩子的盖头撩起，蹲下身子去拾药，左手换到右手，右手又换到左手，磨蹭了一会。当我站起来抱着孩子走的时候，我眼里噙满了泪水：公公，真是对不起了。您可能永远也不能理解我，我也不想这样，可是身不由己啊！

接受爱抚，是一种消费，施予爱抚也是一种消费，并且是更重要的一种消费，缺少了爱抚的施予，就像机器缺少了动力，江河枯竭了源头，后果很可怕。

我很少回婆家去，要回家就回娘家。公公怎么知道我要抱着孩子去医院呢？是他憋不住了，得到消息就赶往医院？还是他又住院了？我连公公住院也不知道，是不是他瞒着我，怕我担心？不知有没有人真正体验过：一个爷爷，孙女就在附近，却不能近距离接触，这样会给感情造成多大的伤害？他不能堂而皇之看他的孙女，只能躲在靠近路边的柳树后面偷偷看，正像一个饥饿的人躲在饭店的门后看人家吃饭，以解饥渴。这对一位老人、一位亲爷爷真是太不公平了。我永远忘不了藏在树桠后的公公那张苍白的脸！

3. 亲人离世

1976年，是共和国史册上的关键节点。

1976年1月8日，周恩来总理不幸去世。

1976年7月6日，朱德元帅又去世了。

1976年7月28日凌晨，唐山、丰南一带发生里氏7.8级强烈地震，大量人员伤亡，地表破坏严重。

1976年9月9日，伟大领袖毛主席走了。

天地震动，举国同悲。广播里哀乐奏了一遍又一遍，路上人们佩戴黑纱，行色匆匆，表情复杂。时近中秋，桂花的香气弥散在空气中，似乎在给国丧添加神圣肃穆的气氛；农田的水稻正在抽穗扬花，似乎它们也要献上鲜花，以志哀悼。

我们全家也持续沉浸在悲痛之中。

1976年2月26日，我的公公，孩子的亲公合上了双眼。他去的时候，年仅56岁。他是在疾病缠身的痛苦中走的，他还没来得及给儿子们造好房子，还没来得及给三个儿子全部成家，就撒手西去。他走的时候，肉体和精神都处于崩溃状态，他的眼睛直瞪瞪地看着我，好像有许多话要说，但没有力气说出来。我知道他要说什么，他要说他没有完成任务，大儿子、大儿媳要多出些力，帮他完成这个任务。他想看看他朝思暮想的大孙女。要不要给他看？我豁出去了，我给孩子戴上了口罩，远远地给他看。他艰难地伸起手来，想握孩子的手，我婆婆紧紧握住了他的手，他终于合上了双眼。

公公终于看到了他心爱的孙女，可惜看到的仅是蒙住了嘴、眨巴着小眼睛的孙女。

丧仪非常简单。一是家庭经济困难，二是那个时代要求干部家庭带头移风易俗。我公公的丧仪程式只选取了极少几个项目：焚化衣服、纸锭，举行告别仪式、办了几桌丧宴。回想公公劳苦一生，临近改革开放，他却走了。改革开放后丰衣足食的生活他都没有见到，不能不说是一个天大的遗憾。

公公去世后，我的二女儿出生了，我全交给婆婆带看。婆婆带孙女，天经地义，虽然劳累，但心里甜蜜。我的婆婆不像我的妈妈又会纺纱又会织布，还会唱山歌，是个多面手，婆婆朴拙，用心却专一，一生任劳任怨，务农之余花边不离手，用做花边的钱贴补家用，艰苦持家。

婆婆用她手中的绣花针，含辛茹苦拉扯大了三个儿子。送走丈夫后，巧遇改革开放，农村面貌起了翻天覆地的变化。半爿草房翻建成平房，再造起了别墅式的楼房，这是婆婆做梦也想不到的好福气。儿子辈，孙子辈，孙儿孙女围绕身旁。俗话说得好，年轻有福不算福，老来有福才是福，一个人辛苦一生，老来能享福是很难得的，婆婆的后四十年，福福气气生活着。直到91岁高龄，她才含笑离世。离去前一段时间，她埋头折纸锭。我说："您年纪大了，要注意休息，不要忙这忙那了。"她说："你别的都会干，就是折纸锭不熟练，我要为自己准备后事。""春蚕到死丝方尽，蜡炬成灰泪始干"，婆婆直到临走脑海里都在为子女着想，这就是母爱的伟大。婆婆去世后，全套丧仪，备极哀荣。

我和婆婆、女儿

公公去世后不久，我亲公也走完了他的人生历程。他的丧仪跟我公公一样，一切从简。亲公走了，他的音容笑貌永远铭刻在我心里。庄重的长衫，他提起一角，在鞋底上磕他的旱烟管；他的有趣故事；他"常有理"

的说话风格；他教给我的讲话方式……一切都成了过去。亲人的离去，据说能使一个人成熟起来、稳重起来。

世间的人或事物只有当失去时，才会体现出其不可替代的价值。亲婆失去了伴侣，伤心地哭泣。亲公在世时，老夫妻间难免磕磕碰碰，一朝阴阳相隔，才发现好些该赞誉的话还没有说，好些该抚慰的事还没去做，但已经无可挽回，思前想后，痛彻心扉。

1982年，金色10月，亲婆去世。宠我爱我、经常牵肠挂肚关心我的亲婆走了。我深深感觉到：一个家庭，就像一棵青菜，外面的菜叶不断枯黄落去，里面的菜叶不断萌发、长大，大概这就叫"生命之树常绿"吧。外面的老叶枯萎落去，临近枯叶的壮叶无所护持，一种空虚失落、唇亡齿寒之悲袭上心头，这是新陈代谢的必由之路，也是必然之悲。

4. 主管支塘农业

时光荏苒，很快迎来了改革开放时代。1978年12月，党的十一届三中全会召开了：拨乱反正，解放思想，实事求是，团结一致向前看，全党工作重心转移到社会主义现代化建设上来。共和国像驶入快车道的列车，风驰电掣，跟时间赛跑。我本来主管支塘公社的团工作，1975年底被选举为支塘公社革委会副主任，党的十一届三中全会以后分管支塘的农副业生产和卫生工作。

从当时的实际情况看，进入20世纪70年代，手扶拖拉机逐步普及，农民告别了笨拙的手耸牛耕。化肥供应越来越多，农民不再需要干河积肥，不再去割草拌草塘泥了。农药除草醚的大量使用使得农田的杂草不再疯长，田间管理的耘耥和捉草成了陈年往事。繁重的田间劳作逐步变得简便易行，种田不再需要那么多的劳动力了。

多余的劳动力安排到哪里去？中央的简报和指示及时给大家指明了方向。农村各级领导对中央精神心领神会，闻风而动，大家以两个文件为准绳，开辟多方渠道，开厂办企业，增强集体的经济实力，妥善安排剩余劳动力，从而提高农民的经济收入。

党的十一届三中全会开创了改革开放新局面，苏南的社队办企业井喷式发展。著名社会学家费孝通先生在20世纪80年代把它总结为"苏南模式",所谓"苏南",指江苏省的苏州、无锡、常州三个环太湖大市。费孝通先生后来再次到苏南调研,还到奎生哥的阿里山瓜子厂摸情况。当时我正被借用在"阿里山"名下的台资婚纱厂工作,我还和费先生留下了合影。

苏南地区本来地少人多,有手工业传统,现在,农村的多数劳动力进了社队办企业当工人,他们走的道路是:"离土不离乡,进厂不进城,亦工又亦农,集体同富裕。"

在这个大背景下,领导让我主管一方的农业和副业生产,我既胸有成竹,也有些忐忑不安。胸有成竹的是,我的中专函授已经修业期满,有了一定的文化底蕴和科学知识的底气;我跟随沈元生同志下乡田头指导也已有六个年头,对农业生产的各个环节已经摸熟,跟大小队干群也熟悉得如同家人一样。过去学手艺需要"学三年,帮三年",前后磨蹭上六年,现在我也学习了六年,可以满师出师了。我心中跃跃欲试,想试一试所学技艺的锋芒。但让我忐忑不安的是,改革开放已经进入快车道,拨乱反正,推陈出新,新的组织方法,新的生产技术,瞬息万变,我能跟上时代的步伐,能完成党交给我的任务吗?

这次组织安排,有位副主任由于年龄关系退居二线,我接过了他主管的农业生产担子。我从他苍老的脸上看出了几分疲惫、几分怅惘,他有点失落地说:"人生一世,转眼间就老了,不中用了,希望还是寄托在你们年轻人身上。"我说:"我是您的徒弟,徒弟接师傅的班,是您师傅教导得法,您应该高兴才是。"他说:"话也可以这样说?你是多年的媳妇熬成婆了。"

我说:"老同志是党的宝贵财富,这次把您调去多种经营办公室,那是发展壮大集体经济的主要部门,以后我们公社的聚宝盆要靠您来打造。老将上马,一个顶俩。就是我管农业这条线,还得时常来向您请教,旧将不能忘了带老兵,姜还是老的辣嘛!"

这位同志不好意思地笑道:"我老了,调动工作去多种经营,是叫我60岁还去学打拳啊!"他跟我握了下手,祝愿我在新的工作岗位上一帆风顺。

我主管支塘农业生产时,正值中国农业体制改革在节骨眼上。1978年春天,为了抗御旱灾,安徽省不少生产队实行包产到户,到1979年安徽全省约有10%的生产队实行了这种生产责任制。同时,贵州、四川、甘肃、内蒙古、河南等省（自治区）的一些穷困生产队也实行了生产责任制。最早恢复包产到户做法的是安徽省凤阳县小岗生产大队，这个大队后来被称为"打响改革开放第一枪的排头兵"。小岗村的包产到户，得到了当时安徽省委书记万里同志的支持。随着农村经济体制改革的深入发展，包产到户逐步演变为包干到户，并成为中国农村农业生产的基本形式。

我主管农业生产仅仅一年多就要面对包产到户，我指挥种植的大片农田将被分割成一块块小田。这对我来说，不但见所未见，而且过去的管理方法很多已过时，一切都得从头再来，重新摸索，重新积累经验，重新设计管理模式。

早春，江南的田边路旁，花花草草已经长得很热闹。我到二大队检查麦苗返青情况，日落西山，鬼使神差，我大步来到一条河浜的端头。一个小个子农民正在自家自留地里给油菜撬沟壅土，他家的油菜长得棵大叶壮，蓬松的菜心高高隆起，要拔节抽薹了。旁边是集体田里的油菜，春天好像迟来一步，这里的菜叶刚刚开始挺起，染上淡淡的绿色，稀稀拉拉，瘦瘦小小，显出弱不禁风的样子。

我的脸有点红：我指挥大家培植的庄稼和农民自留地里的庄稼两相比较，前者败下阵来。什么原因呢？按理说，集体农业在技术上有农技系统监控，人力上有大小队长统一组织安排，各个生产环节有公社主管农业的干部掌握，可以说是组织严密、管理精准、优势明显，可为什么效果这么差？

"严重的问题是教育农民。"这是我的师傅沈元生经常挂在口头上的一句话。他对眼前这个小个子农民教育过不止一次。

小个子农民的名字叫"张阿小"。人道是"刀小只要快，人小只要乖"，张阿小小得玲珑，乖得奇葩。他人长得武大郎一般，家里的孩子却多，四个小孩，四张小嘴，嗷嗷待哺，都向他要吃的。他力气有限，便在智力上超常发展。"只有想不到，没有做不到。"划给他的自留地也向四周拓展。相邻的集体土地被他油点扩散，反正侵蚀的是集体土地，人家也就眼开眼闭：让你占点小便宜吧。相邻若是人家的自留地，地界是敏感线，稍有出轨，便是一场纠纷。

沈元生经常去救火解纠纷，他说："农民的这种小农经济思想不除，集体经济就壮大不起来。"

那时，我们怎么就没有想到因势利导，把农民的小农经济思想引上正轨？像现在实行责任田，让农民用种自留田的积极性去种大田？

我问阿小："如果把旁边这块集体土地划归你，你能不能把它种得像你家自留地一样好？"

阿小的眼里放出光来："这可能吗？"我从他的眼里看到了久旱得雨露的期待。

我说："完全有这个可能。不过，如果把地划归给了你，你家的地大了，跟人家地的交界线也就长了，今天你这里种过了界，明天那里种过了线，纠纷不断，村干部给你调解还忙不过来。"

"怎么会呢？田大了，我种都种不过来，还去侵占人家的？看来真的要分田到户了。茶馆里大家早就这么说。沈乡，什么时候把地分下来？到那时我家里的四个小孩就能吃饱饭、吃好饭了。"

"这次分的叫'责任田'，每家每户叫'承包户'。'承包户'分得'责任田'后，农户负责耕种和管理，但是不能随便买卖土地，更不能将农田挪作他用，比如说盖房子、种蔬菜、办作坊。这次'责任田'是按人头分配到户，你家有四个孩子，加上夫妻父母，八个人的田地少不了，够你种的。"

1982年，责任田全部分给了农户。作为一名主管农业的公社副主任，看着我主管的农田被分成小块、分到各家各户，一种无名的空虚失落感袭上心头：这些长期在生产队集体出工的农民，一不讲究农时，二不懂新的生产技术，他们能管理好到手的土地吗？秋后的收获能按时交纳公粮吗？一连串的疑问在我脑海中挥之不去。

我的职责受到了挑战。生产队的仓库、打谷场要不要分掉？农机具怎么办？水稻田的水浆怎么管理？农技一条线怎样开展工作？这些都是摆在我眼前的现实问题。

经济基础改革了，随之改革农村管理这个上层建筑。到1984年，"社改乡"的任务在全国基本完成，发展了25年的人民公社制度，退出了中国的历史舞台。人民公社时期，我担任主管农业的支塘公社副主任，"社改乡"后我被选举为主管农业的副乡长。这时，我的爱人严炳如从部队转业回家，被分配在县城气象台做本专业工作。长期分居两地的夫妇和孩子团聚在一起，一家子热热闹闹，心心相印。夫妇俩一个管天、一个管地，继续书写人生的华彩乐章。后来爱人为了照顾家庭，从市气象局调到了支塘市场管委会，我俩才真正在一起工作。

农村实行责任田制后的1982年、1983年，全国粮食大丰收，总产量连续大增八点四个百分点。实践是检验真理的唯一标准，事先大家对责任田制的疑虑，在改革开放的大好形势下一扫而空。张阿小对我说："过去在集体田里干活，好像在给人家干活，总是手撑着铁锹柄盼望太阳下山，好早点回家休息。现在在自己的责任田里干活，是自己给自己干活，真想举起铁锹用什么东西将太阳撑住，不叫它落下，好让我多干点活。"农民家里囤上了谷子，不再数着米粒做饭，不再"忙时多吃，闲时少吃，闲时半稀半干，杂以瓜菜"，过那种半饥半饱的生活，可以放开肚皮吃饱饭了。集市上议价粮票的价格一落千丈，由一元一斤猛跌到两三角一斤。责任田制实行十年后的1993年，全国取消了粮食定量供应，市场放开，粮食成了普通的廉价商品。

我原以为农田分给了农户，由农户自己管理，我这个农业主管便成了"空头司令"，无事一身轻，即使有事，也不过鸡毛蒜皮。事实上，新形势下便有新的任务、新的要求，并且会出现新的问题。沈元生教给我的工作方法已经不适应新形势，现实中出现的许多新问题需要我用新的思路去解决。许多新技术需要我去推广，家家户户出现的技术难题需要我安排技术人员去研究。上级来调研，我要做汇报；基层去视察，我要做准备。各项业务工作还是忙不过来。抓农业生产，其实是农、林、牧、副、渔一起抓，还要创办农机站，化肥农药的供销，水利建设，资金的筹集，人力的安排，粮食的核产收购……一天到晚忙得团团转。

我和爱人两人白天黑夜到处跑，忙得团团转，家中两个孩子处于无人管理状态。有人说，干部是管理阶层，是社会最强势的群体，其实，干部也是社会最殚精竭虑的群体，事业和家庭往往顾此失彼。一天傍晚，天黑了，我回到家，女儿小燕不在家，给她准备的饭菜凉在那里。孩子哪里去了？我顿时紧张起来，左邻右舍，前街后巷，到处找寻，却不见人影。我瘫坐在凳上，不知所措，脑子一片空白。

大约过了一个小时，门外有"簌簌"的响声。我奔出门外，孩子回来了，拎了个网袋，袋里是她换下的衣服，原来她到同学父母单位的浴池洗澡去了。一个八九岁的孩子，生活过早地自理了。我抱住她，眼泪不由自主地流了下来。我是个坚强的妇女,这是我有限的几次流泪中的一次。

孩子上学,脖子上挂了个钥匙,上学、回家,独来独往,我亏欠她很多。

我连续多届当选为主管农业的支塘乡副乡长,后来乡改成镇,我担任支塘镇副镇长、支塘镇党委副书记,

我的两个女儿

这在各乡镇干部中比较罕见。我在支塘镇的知名度比较高,这个知名度主要来自两个方面。一方面我下乡勤谨,田头场头,经常跟村民接触,为村民释疑解难,大家对我很熟悉;另一方面,实行责任田制后,我在支塘广播站做的"每周农经"节目非常火爆。原来只有生产队长比较注意这个节目,现在每家每户都要种好自己的责任田,都要注意收听这个节目。我每周都和大家见面,每周说的话与每家农户的生产生活息息相关,我便在大家的眼里成了不可或缺的公众人物。

我主管农业生产12年,光水稻的播种移栽技术就有了重大改变。由育秧莳秧改变为拉线移植,由拉线移植改变为滚动式莳秧,由滚动式莳秧改变为抛秧,免耕直播。新技术节省了大量劳动力,节省下来的劳动力就转移到社队办企业,加快实现"四化"的步伐。

联产承包责任田制实行了五六年,粮食满足了社会需要,新问题便出现了。苏南的社队办企业爆炸性膨胀,农村主要劳动力基本上都进了工厂,种田务农人员只剩下老弱病残。连张阿小也进了厂,他的几个孩子也进了厂,他家的田就由老婆一个人料理,他老婆还要抽忙落空出去打个小工。我对他说:"真是'新箍的马桶三日香',没有田种时盼着田种,现在有田种了,你却进厂做工去了。"

张阿小说:"这不怪我呀,没办法。我家困难,孩子多,而且都大了,他们要盖房子、要娶媳妇,钱从哪里来?我不得不进厂做工。我爱种田,但侍弄这些责任田,打再多的粮食,扣除农本,挣不上几个钱,还不及到厂里做一个月挣的钱多。现在我们吃饭靠田里,花钱靠厂里。要盖房子,

就要出去打工，要娶媳妇，就要有项好手艺。"

时代在前进，新的形势、新的潮流、新的问题接踵而至。这件事情做好了，那件事情又冒出来。解决不完的问题，做不完的事情。

我老爸也进厂上班去了。他在支塘镇的水泥制品厂干活。这个厂用水泥浇铸楼板、门窗框、梁柱，都是笨重的体力活。这时的老爸已经年近花甲，却仍然舍得出力出汗大干。每次我到他厂里给他送饭菜或是给他送换洗衣服，见他扛着沉重的水泥楼板或是推着水泥黄沙，总感到我们做子女的有点对不起他。

不仅我爸，所有的农户，主要经济收入都转移到了打工上，农田收入在家庭经济收入中只占极小的比例。农民的积极性也随之转移，责任田的持续发展遇到了瓶颈。村前屋后的田地是脚边之地，不至于荒废，饭后睡前抽点时间就把农药喷了、化肥撒了。远田就难办了。我们支塘镇有3000多亩远田，最远的田距离自家村子十多里路程，走一个来回要两个小时，种田收入不高，管理还挺麻烦，这就出现了良田抛荒。远田不去耕种，搁在那里，任凭它长成草地。我统计了一下，12个村有5000多亩抛荒田。

1990年前后，面对"抛荒"，上级下了死命令，哪里出现抛荒哪里的干部就要主动去种起来，承担起责任，决不让一寸良田荒芜。我们支塘的抛荒地这么多，我一个人种不过来，这是一场必打的硬仗。

我挨家挨户苦口婆心劝说农户：生产粮食是农民的天职，粮食不能保证供应，其他任何事情都办不成，每个农民要做好自己的本职工作，主业和副业要摆正位置。接着，又给社队办企业下令：农忙期间停工停产，让农民有充分的时间种好责任田。这些措施虽然有用，但收效有限。现在农民打工，有的直接下海经商，已经走向五湖四海，不单单在本乡的社队办企业做工。责任田里那点小收获对他们来说是毛毛雨，可以略去不计。真正赚到钱的人"热血落在牙齿里，秉性就改不过来了"。

能不能把抛荒地划归各个社队办企业？这些企业吸纳了农村劳动力，理应由它们负责清除缺劳力带给农业生产的负面影响。但是这样做也没有法律依据，反显得我在推卸责任。

能不能找出一种两全的办法，既能解决抛荒问题，又不拖社队企业用工的后腿？我发现，"责任田"承包的政策中有这么一条：根据效率原则，责任田采取按人承包、按劳承包和招标承包等三种主要方式承包经营。这么说，那些抛荒的责任田已经承包到户了，是有主之田。如果因为抛荒而剥夺他们的承包权，这是没有法律依据的。小块田种植，利润微薄，如果大片农田规模经营，利润空间还是很大的。能不能将这些抛荒的责任田再集中起来，采用"招标"形式招能人来种这些抛荒田，作第二次承包，收获时，招标的承包人将种植收益分一部分给第一承包人？

有了这个思路，我便向上级请示。市里的农工部肯定了我的这种想法，要我搞试验，做出一块样板来。

领导指示我要把招标工作做好，首先要做好三项工作：一要承包人同意把地再次转包给种田大户，这个工作量很大，像小鸡啄黄豆那样，要一户一户去沟通，做到农户自觉自愿；二要物色种田大户，这种人既要有丰富的种田经验，又要责任心强，能吃大苦、耐大劳；三要签订切实可行的招标合同，条目尽量详细，由公证处公证，做到有据可依，以防万一。

五月初夏，油菜收花，麦苗吐穗，蚕豆田已经拔去豆萁，准备翻耕做秧地。农田里人迹寥寥，有抛荒倾向的远田集中在支塘乡与任阳乡交界处。那里原来是块低洼地，水利整治后变成了良田，分派给各村各组。过去集体种田，生产队社员乘了船前往远田，大家一路说说笑笑也不觉得什么。现在一家一户来种，他们就要核算成本、核算人工，核算这些田值不值得去种，于是出现了抛荒现象。

田是好田，条条块块，平平坦坦，适宜机械耕作。小河在田边流过，几只鸥鹭在天空飞翔，降落到大田里，一下就被麦田的绿浪淹没了。这片田地有5000多亩。田里有个拔蚕豆萁的妇女，我上去跟她闲聊，问她想不想种这些远田，能不能种好。她抬头看了看我说："沈乡长，这叫'干手拎只湿猪头'，你拎着不是，扔了又不是，真叫人为难。""这话怎讲？""走十来里路，种这样的田，没有官塘大路，没有交通工具，肩挑着沉重的化肥，背着横七竖八的农具来这里种田，你看累不累？""如果有人来转包这些田地，你肯不肯？""那是谢天谢地烧了高香了，我心上的一块石头也算落了地。"

看来农户出让这一头问题不大，那种田大户在哪里呢？

我首先想到的是张阿小，随即就去找张阿小，问他："还喜欢种田吗？"他说："喜欢不喜欢还能由我吗？得看他们。"阿小指着他已经长大成人的四个儿子。"我现在怨就怨老婆是个雄肚皮，生了四个光头和尚，要造四座楼房、娶四房媳妇。现在'八'字还没写上一撇，家里一对老夫妻、四个小光棍，烦人哪！看来，进厂做工也解决不了这么大的难题。"

我说："我倒有个解决办法，不知你有没有这个魄力去干？"

他带着疑惑的眼神看着我："天上掉馅饼给我了？如果真有这么条路，就是刀山火海，我也要去闯一闯。"

我把种田大户转包责任田的事跟他说了，并且跟他算了一笔账：种一亩田，扣除农本，能赚它个三四百块钱。包上10亩就是三四千，百亩就是三四万，500亩能赚20来万。一年就能解决你一个儿子的造房娶媳妇问题。干上四年，四个儿子不就都圆上房了？

阿小面露难色：五百亩田，过去一个生产队种的田也没这么多，一家人能种得过来？我给他鼓劲打气："现在种田不比从前，不用那么多劳力，好多环节用机械替代人工。主要是种和收两个环节，我们乡里负责帮你调集农机，平时管理就不需要那么多人力了，农技站帮你监测虫害、病害。你张阿小加上四个儿子，顶得上人家的'五虎上将'了。"

张阿小本身处在走投无路的关口，有了这么个机会，即使只是一线希望，他也要尝试一下。他咬咬牙，请求当一回种田大户。在当时，只有小规模的承包户，这种一包就是500亩的大规模种田大户还是初出茅庐第一次——一不知这种再次承包的法律依据，二不知承包人的权益到底能不能得到保障。但这次承包的成或者败关系到张阿小的家庭幸福，他要破釜沉舟去搏一搏。对我来说，也关系到此路能否走得通的问题，这事前无古人，我身上背负的责任重大，容不得一点马虎疏忽。

进展一切顺利，转包责任田，原责任户求之不得。来竞标的人有20来个，他们抱着不同的目的，各具不同的管理经验。最后综合考量，签约了十多家。其他户规模小一点，张阿小承包500亩，规模最大，最引人注目。他认为，非如此，不能解决他家的燃眉之急。

接着就做秧地、播种落谷，一种新的组织形式、新的种田模式由此开张了。张阿小在田头搭起了简易窝棚，放些劳动工具，支了张床，日夜守候，密切关注秧苗生长发育——这步棋，他输不起啊。

我帮他们做好后勤工作，农耕投资紧缺，便给他贷款，其他农业机械的调配，化肥农药的购买运输，农业技术的培训，病虫害的警报，一路给他开绿灯。莳秧要抓住农时，迟缓不得，我发动了一场乡范围的莳秧有奖邀请赛，请各路豪杰来此献艺竞技，局部给他解决了问题。

这块抛荒的远田，原来是块地势低洼的沼泽地，新中国成立初期搞水利建设，围了圩岸，排除了积水，开垦成了良田。为了确保农田安全，我指挥几台农业机械常驻圩岸边，挖泥填高圩岸，三沟配套，沟沟相通，密切注意汛情，及早抗旱排涝，使农田保持处于绝对安全状态。

收获季节，我把收割机调来，这里没有公路，要用船摆渡。大型农机笨重，上船下船像走钢丝一样危险。我身先士卒，搬跳板，拉绳索，有人说，这就是一不怕苦、二不怕死的精神。真的，这种东西，一失手就有生命之忧，我重任在肩，也就豁出去了。

为了彻底解决种田大户的后顾之忧，我与乡政府讨论决定拨出128000元巨款，修建四五十米长的新庙村横塘河大桥，再由村委修通村路。这样种田大户的承包田就可以直通车辆，从而方便了他们的经营管理。

我们基层按部就班搞得有声有色，上面对种田大户的二次承包却是顾虑重重，特别是对张阿小承包500亩田地的事极有看法。在常熟市二干会上，领导差点点名批评我："我们现在扶持种田大户适度规模经营，这是一种试验，成功与否，还在试验中。请注意'适度'这两个字。有些地方一下子让种田大户承包了五百亩农田。五百亩啊，万一出了差错，谁负得起这个责任？试验归试验，但我们的步子要走得稳一些，步子跨得太大要摔跟头的。"

当时我听了，手里捏了一把汗，心里很紧张。我去征求常熟市农工部葛部长的意见，他们一致支持我的大规模经营农田的做法。他们说："受到个别领导的批评不要紧，做什么事都要担点风险。我们支持你。"我稍微松了口气。

谢天谢地，这一次我没有摔跟斗，种田大户很争气，农田获得了丰收。责任田的承包人、种田大户、国家的各项税收和公粮，多方得益，皆大欢喜。年底，张阿小家第一幢小楼落成，把大儿媳妇娶进了门。我问他来年的打算，他说："头回生，二回熟，三回闭着眼睛能瞎抓摸。明年我再干上一年，就能把老二老三的媳妇娶进门。"我看他笑得这样畅快、这样自信，又想起了沈元生老前辈对他的评价："严重的问题是教育农民。"我想，沈老前辈说得不够准确，应该这么说："严重的问题是引导农民。"

我才取得一点小小的成绩，就得到了上级的表扬鼓励。江苏省农业厅、国家农业政策研究室派人到我这里来调研，要我介绍经验，准备向全国推广。很快农业二次承包规模经营就在全国推广开来，现在已经成了农业生产的主要经营模式。在创建这一模式的初始阶段，我出过力，流过汗，担过风险，现在想来，这成了我人生的一大亮点。古人说："从来好事天生险，自古瓜儿苦后甜。"这一年，我被评为常熟市优秀共产党员。在年终常熟市三干会上，支塘镇镇长上讲台专门介绍了我的先进事例，介绍我主管农业生产的成绩，特别是扶持种田大户的创意和实践，以及在当时形势下农业战线上种田大户承包责任田的现状和展望。

妈妈一再对我说："我们沈家世世代代都是老实巴交的种田人，没有做官的遗传基因，突然冒出你这个小官吏，你要走一步学一步，多做好事，少沾染衙门习气，不要忘了农民的本色。"

真的，我进入干部队伍纯粹是个意外，能当上一个普普通通的工作人员就已经心满意足了。既然党这么信任我，叫我身担重任，我就要积极完成上级交给的任务，人家不愿干的，我来干，人家难以干的，我也要争着干。同志之间，精诚团结，互谅互让，尊重老同志，只要能做好工作，便共同努力。不搞吹吹拍拍，不孜孜以求谋上位。堂堂正正做个好人，认认真真干好工作，踏踏实实，一丝不苟，做好分内的事情。

想不到这次扶持种田大户规模经营取得了成果，开了风气之先。党让我主管一方农业，就像交给了我一张考卷，扶持种田大户规模经营，是我上交的一份比较令人满意的答卷。

5. 林牧副渔

主管一乡农业，是调理一个庞大的系统工程。除了主抓粮食生产，还要旁及林、牧、副、渔；除了农、林、牧、副、渔，还要管理好配套的水利、农技、交通、治病防疫、融资信贷、化肥农药、农机配备等，直到计划生育工作，这方方面面都要协调发展。粮食生产像园林中的一朵花，林、牧、副、渔以及众多的配套工程就像花下的绿叶，只有绿叶茁壮，才能使花朵硕大艳丽。这种管理，就像音乐家演奏钢琴，不能只靠一根手指单打独斗，而要调动十个指头一齐动作起来，有主有次，有唱有和，彼此呼应，相互映衬，才能完成一部宏大的作品。

我对农村副业向来深有感情，极其重视。困难年代，妈妈抓住了家庭副业，使我家早日走出饥荒的阴影。20世纪70年代后，环太湖地区狠抓副业，崛起了"苏南模式"，使地方首先富裕起来，辐射全国。我不管是开会还是日常与农民接触，总要反复强调："抓好粮食种植，能吃饱一碗饭；抓好副业生产，能丰富一桌菜。"

养猪是农村的首项传统副业，城市肉食供应的主要来源，也是我紧抓不放的本职工作。每当我走进一个村子，看到鸡飞狗叫、鹅鸭成群、猪羊满栏、鱼虾满塘，心里别提有多高兴，这就是五谷丰登、六畜兴旺啊。

但是，我要提请大家想象一下，我们常听到的声音中哪一种最难听？我认为杀猪时的嚎叫声最刺耳、最触动神经。如果在凌晨酣梦之中你被杀猪声叫醒，会有什么样的感受？这不是我突发奇想，也不是我信口开河，真真切切有这样一封意见信放在我的办公桌上。一位村民每天清晨饱受杀猪声惊扰，几近失眠，苦不堪言，在忍无可忍之下发信来请我去排忧解难。

我的第一反应是此事政策性强，小事情中有大文章。改革开放后，市场逐步放开，有人选择了杀猪卖肉这个行当，如果经过工商管理部门注册发证经营猪肉生意，合理合法。但猪肉经营户中出现了私自宰杀甚至扰民的问题，这就不是小事情。我们做任何事情，前提条件都是不损害他人利益、不干扰他人生活，每天凌晨一阵撕心裂肺的杀猪声，叫人家怎么受得了？

我赶到村上。写信人是邢师傅，我们早就认识，他在农机厂上班，是个有技术、踏实肯干的工人。我向他了解情况。

他心中有一股怨气，说话便口无遮拦，一点顾忌也没有。他说，杀猪的小张是他的出卵小兄弟，他不是有什么个人意见，只是每天进厂三班倒，早上睡不着觉，一整天的工作都萎靡不振，身体实在吃不消。

他说："现在有些人呀，钱多了就显摆，眼睛长在头顶上，雄赳赳、气昂昂，神气活现像只大公鸡。其实离'成功人士'，那是'飞机上钓蟹——路远八只脚'，还远着哪。小张是我光屁股小兄弟！现在操刀卖肉有钱了，造了别墅式楼房，开起了小车，见人就装老大。我说，你不就是个杀猪卖肉的吗？"

我说："老邢啊，你说话要注意分寸，不要有仇富心理。现在国家政策放宽了,每个人发家致富都有路可走,海阔凭鱼跃,天高任鸟飞。他卖肉致富并不违背政策,我们乡政府就是要扶持农民发家致富,你要摆平心态。至于杀猪扰民,那跟发家致富是两码事。他成功了,应该鼓励;出现问题了,也应该纠正。"

老邢说:"沈乡长,你不知道来龙去脉,尽向着他说话。我跟他是一块儿长大的,他的底细我全知道。小时候,他长得瘦骨嶙峋,常受孩子们欺负!他的拳头没有人家的大,嘴皮子却比人家凶,说话尖酸刻薄,把人家刺激得一跳八丈高。俗话说'蚊子遭扇打,只因嘴伤人',那时的他,眼眶上,鼻子下,常是湿漉漉的,人称'鼻涕虫'。我在孩子中属于身高马大的一类,虽然不会打架,但也没有人敢在我面前撒野。所以,小张有事无事跟在我的屁股后头,把我当作保护伞。

"成人后,他的个子只往高处窜,不向横里长,水蛇腰,呆鹅脖,风吹杨柳一般。人家老少爷们生产队干活,一天挣十个工分,他只挣八分。人家挑着百十斤的担子健步如飞,他挑了五六十斤东西走路像扭秧歌。这样的人,在村子里见人矮三分。脏活、累活、苦活离不开他,好处挨不上,责罚有他份。这样苦熬下去,哪有个出头之日?他揽上操刀卖肉这一行,还有我的一份功劳呢!

"那年我抽调在公社农机厂当工人,我们厂房就在生猪收购站旁边。站长经常叫我去修个电路,整个炉灶什么的,我们熟悉起来。年底,生猪收购忙不过来,我便推荐小张去当了勤杂工。改革开放了,农民可以自由外出打工,小张时来运转。他从生猪收购站退了出来,在镇上开了个卖肉摊,做小刀手卖肉。改革开放后,大家口袋里的钱越来越多,米饭却吃得越来越少。为什么?每顿饭都有鸡有肉,肚子里吃得板油厚了,饭量就降了下来。大家每天吃鱼吃肉,小张的肉铺子就兴隆发达,他成了这一方的富翁。

"人富了,就渴望得到人们的推崇和肯定,可是一般人不会去推崇一位卖肉老板。他感到失落,感到不平。别人不来捧场,他就自我显摆。过去小张见了我总要亲热地打个招呼,现在变了,他见我骑着破自行车经过铺子,就尖声怪气地说:'唷,邢师傅回来了!怎么还骑个破自行车?有了钱就舍不得花,明天我起个早,开车送你去上班。'我被他气得要吐血。夜里还得听他杀猪的叫声,你说我是受得了还是受不了?"

邢师傅讲起话来滔滔不绝,原来他状告小张,还有私底里这么一段过节。我安慰他："小张在村里私自杀猪肯定不对，但你对小张的看法也有不对的地方。他勤劳致富，经营猪肉生意符合政策，没有错。以后，我如果发现致富路子，也拉你一块去干，让你尝尝有钱人的滋味。"

经过实地调查，我发现经营猪肉生意的商家私自杀猪是个普遍现象，人们称他们为"小刀手"。小刀手私自屠宰不单纯是扰民问题，尤其严重的是逃税和逃避检疫，问题猪肉流向市场，这个问题不可小觑。我把问题提交镇政府讨论，镇政府决定：生猪必须集中宰杀，决不能让问题猪肉出现在市场上。

这个决定直接触动了"小刀手"的利益，他们抵触情绪强烈，想方设法躲避工商执法，你有你的关门计，我有我的跳墙法，私自屠宰由公开转入地下，据点游动，花样百出，叫人防不胜防。小张等人还托人来利诱：如果高抬贵手，你家一年吃的肉我们全部奉送。

事情远比邢师傅检举的要严重得多。正常屠宰生猪，病猪率一般在百分之一到二之间。生猪养殖过程中，死亡率也在百分之一到二之间。这看起来是个很小的比例，但累计起来，绝对数字就很大。现在有了"小刀手"，养猪户见猪病得不行了，便叫"小刀手"开刀屠宰，这样病肉率就上升到了百分之三到四，病猪肉在市场流通起来，如果引起流行病，后果不堪设想。

我直接去拜访小张。他家一幢西洋式小楼，人未到，院里的狼狗就狂叫不已。小张从楼上阳台探出身来，见是我，忙下楼喝住狼狗前来开门。小张是个长条子，但不瘦，是发财后吃胖的吧？要不，作为"小刀手"还能扳倒一头胖猪，白刀子进去红刀子出来？

这时的他刚卖完猪肉从市场回来。我开门见山地说："听说你要全年免费供应我家吃肉？谢谢你的好意了，你这份好意险些办成了坏事。我现在有工资，每天能用工资买肉吃，如果接受了你的免费猪肉，我就会被开除公职，失去了工资，那可就真的没有肉吃了。为了我能吃到猪肉，我不能接受你的免费猪肉。"

小张说："这件事天知、地知、你知、我知。"

我说："人在做，天在看。特别是你们'小刀手'，私杀生猪，如果病猪肉混入市场，引发疫病，你吃不了兜着走。不但这几年挣来的钱要打水漂，而且还得赔进去，还得去吃官司，这笔账你有没有算清？你说是划得来还是划不来？"

小张说："国家的好政策使我的人生有了奔头，我跟国家没有二心。"

我说："没二心不能停留在口头上。做生意，有句话'若要富，险上做'，但还有一句话，叫'君子爱财，取之有道'，我们社会主义的市场经济就讲究这一个'道'字。"

小张无话可说，态度很好，看来问题容易解决。其实，事情远没有这么简单。"小刀手"们想方设法瞒天过海，把私宰肉掺和在公宰猪肉中出卖，私宰据点打一枪换一个地方，跟你来个游击战。工商执法部门去现场处罚、吊销执照的事时有发生。

没有规矩，不成方圆，我们配合市场管理部门制定了详细严密的屠宰奖惩条例，并且落实到人，监察到村，不留死角。"小刀手"私自屠宰要冒极大风险，背负极大损失，这是个风险选择，他们权衡利弊后认识到私宰实在不值得，私宰这股风终于被刹住了，保证了食品安全。这是社会主义市场经济初始阶段，整顿经营秩序的初步尝试和首例成果。支塘镇在这个方面走在了众乡镇的前头，为其他乡镇的市场整顿提供了实例。常熟市商业局多次来找我，并在我们支塘镇开现场会，表扬我们的做法，推广我们的经验。

活口畜生难养，养猪有风险。猪跟人一样，要犯各种各样的毛病，也会遭受无妄之灾，如果碰上猪瘟，养殖户所有的钱财、工夫都得泡汤。改革开放后，化肥农药敞开供应，农家肥不再下田，养猪户越来越少。为了保障城镇的猪肉供给，我们镇政府研究决定大力扶持农民养猪。这件事看似容易做起来难。养猪不但有生病死亡的风险，还要冒生猪价格周期性涨落的风险。市场上猪肉涨价，养殖户存栏生猪就多，这些猪肉投放市场，肉价就回落，养殖户利润将趋于零或负数。养殖户亏本后就杀母猪，存栏猪减少，市场上的肉价回复上涨。这种波动周而复始，养猪户琢磨不透，亏本改行另谋出路的人很多。

我是直接抓农副业工作的，我想将它理出头绪来，还设想树几个样板，扶持几个能产生稳定利润的养殖大户，让他们言传身教，使村民意识到养猪也是致富的门路之一，从而带出一批养猪户来。

我想到了邢师傅。20世纪80年代末，农田出现抛荒，我组织种田大户承包，搞规模经营，化解困难，保障粮食生产，同时也给种田能手提供了一个发家致富的途径。这些种田大户中，张阿小承包了五百亩农田，是规模最大的一户；其他人的规模小得多，这些小规模经营户中就有邢师傅。

我是兑现了对邢师傅的承诺。我说过，如果发现了致富路子，要拉他去干，让他尝尝有钱人的滋味。邢师傅刚从农机厂辞职回家，正在寻找创业门路，这时支塘镇抛荒田寻求种田大户承包，我在做启动工作，物色种田大户人选，我就叫邢师傅来竞标。

面对广袤的农田，邢师傅沉稳而冷静，他承包了两百亩，还不及张阿小承包田的一半多。我说："要不要再多包点？"他说："贪多嚼不烂，种田不在多，在于种得好！"

邢师傅种田与其他承包户的不同之处在于他肯动脑筋，气力用在刀刃上。他有维修农机的特长，在农田规模经营中棋高一着。农田管理，施肥用药，他也不盲从病虫害预报，总要亲自检测，尽可能减少化肥农药的施用量。他对我说："你看看现在的农田，跟二十年前的农田大不一样。过去田里的黄鳝、泥鳅随处可见，现在连田鸡蝌蚪也见不到了，除了水稻小麦，这里成了其他动植物的沙漠。年复一年的化肥农药，弄得土地板结、毒素增加，这样下去如何能持续发展？"他在摸索种生态田、产生态粮。这正合乎我的思路，也符合国家的政策。我动员他规模养猪，猪粪肥田，减少化肥用量，改善农田的土质。

邢师傅赞同我的建议，但困难不少：缺乏启动资金，养猪场的建筑材料、占用土地、堆场、仓库怎么去解决？

这些难事由我尽力帮助，我帮他奔走，帮他疏通各条线的关系，帮他一一解决困难。为了规避风险，我还叫他买下保险。镇兽医站定期帮他的猪场防疫检查，注射疫苗。很快一长排猪舍在田边建起来，百头养猪场成了远近的样板。常熟市在他这里开了现场会，种田大户见了也纷纷仿效。支塘镇的生猪养殖规模很快就得到了发展。

这种养殖模式，把养猪场搬离村庄，养在田边，改善了村庄的卫生环境；猪粪就近下田，改善了土壤结构；少用了化肥，不仅使生产的粮食成本降低，也提高了粮食的品质。

邢师傅尝到了发家致富的甜头，他用勤劳所得把家里的住房翻建成了别墅式样，后来还在城里买了两个单元公寓房。

乡镇副业还包括水产养殖、鹅鸭的圈养、山羊湖羊的散养、花木的种植，我都一一去组织，一一去摸索，一户户去扶持。在创业过程中，出现过一个个困难，遭受过一场场挫折，我帮助他们想方设法扭转了局面。"山重水复疑无路，柳暗花明又一村。"一个个专业户茁壮成长，慢慢地，他们的钱包鼓起来了。我尽力想农户之想、忧农户之忧，忙在其中，也乐在其中。

不管是农业还是副业，基础保障是水利建设。

到了20世纪80年代，水利建设不再搞原先那种徭役式的抽调农民义务劳动，而是引进市场机制，招标由工程队有偿包干。到了90年代，水利建设全部采用机械化，建设工地冷冷清清，只有几部机械在操作，那种大兵团作战的热闹场面淡出了人们的视线。

1987年冬季，我们支塘乡启动了拓宽盐铁塘的水利工程。我是主管农业的副乡长，在现场办公担任工程总指挥。我的手下配备有水利技术人员和预算决算的财会人员。盐铁塘将拓宽三分之一，成为支塘的又一条大塘河。第一步，我指挥技术人员勘查现场，插上拓宽河道边界的标志，并明确泥土堆场的范围，在这个范围内的做好了农户拆迁工作。接着，工程技术人员计算所需挖掘搬移的土方量，做出预算。然后再召集工程队来招标，一般每个工程队承包五百来米的河道，明确质量要求和报酬标准，签署合同，由公证处公证，再由工程队施工。

一切按部就班，开河动工了，工地上的民工来自五湖四海，开河方式也各不相同。有用手推车的，有手提肩挑的，有绳索牵引的，也有用小型机械的，只要达到开河目的，百花齐放，各显神通。各个工程队有总的法人代表，他们往往把所包工程再分包给几个小承包户，小承包户招兵买马，搬运土方。由于人员众多，日常消耗也大，财会人员给他们预支一部分工程款，预支时，由我们的工程技术人员认可，一般预支已完成工程量应得款项的百分之三十。工程队承包的法人每天在工地与指挥部之间来回跑。工程技术人员对他们每天的施工进度和质量进行检查，发现问题就及时解决。

我们的部署很周密，各项措施简单易行，盐铁塘拓宽工程有序开展，经过一个多月的奋战，工程接近尾声。各路工程队先后来指挥部结算，拿到了他们的报酬。临近春节，民工拿到了钱，喜气洋洋打道回府。这件事看起来平常简单，其实意义深远。公益工程，千百年来都是采用无偿的徭役来完成的，现在一变而为有偿工程，这说明，改革开放这么几年，集体经济壮大了，政府积累起了资金，拿得出钱用在水利建设上。政府的钱取之于民，用之于民，按劳取酬，公平交易，体现了社会主义制度的优越性。

想不到，完工结算时发生了极不和谐、极不愉快的一幕。

那天，多数完工的工程队已经结算清楚，钱款到手，民工解散回家，剩下不多的几支队伍还在做最后的扫尾工作。苏北某县的一支工程队法人代表赵工也说工程完工了，兴冲冲地来结算工程款。赵工是我最熟悉的一个包工头，他五短身材，能说会算，每天有事没事就往我们指挥部跑，香烟撒得像天女散花。到了我办公室就给大家倒茶续水、揩台抹凳，一看便知是个精明强干的人。我常说他适合做公关工作，不适合承包工程。

赵工拿了承包合同和以前预支款的账单，来和财会人员算账。财会人员要他拿出工程指挥部技术人员验收合格的证件。他说："已经验收合格，技术员马上就到。"

技术员回来了，但没有去财会室帮赵工结算工程款，而是直奔我办公室而来。他对我说，赵工的承包河段验收不合格，还有百分之十五的工程量没有完成。我感到问题严重：眼看要春节了，如果赵工解散了民工队伍，挨年过节的，哪里去招民工来给他擦屁股？这样一来，春节前胜利完工河道工程的计划就将泡汤。赵工这个人，平时看他勤勤谨谨，善解人意，想不到"华言多不实，虚情藏假意"，他竟会来这么一手。

大概听到风声，赵工没有结算到工程款，就来我的办公室。他一开口就求我："沈乡长，我知道你是个深入群众、体恤民情的好干部。俗话说，一只手的手指头伸出来总有长短，这么大的工程，难免有点不尽如人意的地方。沈乡长你宰相肚里能撑船，高抬贵手，我就过去了。你看眼前天寒地冻，民工要急着回去过年。沈乡长你说上一声'好'，就给我手下这么多的人做了件大好事，我们民工全家大小都对你感恩不尽。"

我说："同情，照顾，这要看场合。比如说平时的预支款，其他工程队提取的数额都不超过已完成工程量应得款的百分之三十，你却已经提取了百分之四十五。这已经照顾到你们工程队，我已经网开一面了。现在你没有完成工程量就要结算走人，这会给工程留下隐患，这个责任谁担负得起？如果我对你有恩了，对国家就负恩，你看，这件事能不能做？"

赵工跟我软磨硬泡，使出了浑身的解数，但我始终不为所动。党和人民派我来把关的，大是大非的问题没有通融的余地。

我们再次到工地现场实地验收。赵工承包的河段有五百来米长。人站在河岸上看，河底平展展、光溜溜的，看不出什么破绽。技术员领大家到河底去看，也不容易看出什么。可是等到技术人员架起了水平仪，问题就全部显露出来了。五百米的河道很长，两端与其他工程队承包地交接处没有异常，越往内，河底就慢慢抬高，中间三百米长地段跟要求的深度相比突起了半米高，总土方量算下来就不是一个小数字了。

指挥部技术人员与赵工谈判，眼前有两条道路可走：一是返工，做到符合标准为止；二是扣除百分之三十的工程款，与赵工结清，我们再另雇他人清理河底。因为河底土方出土路程长而高，所以百分之十五的土方量要算到百分之三十的工程款。

包工头对两个方案都不同意，人走后，人影也不见，事情陷入了僵局。两天后，我们支塘乡政府来了百十个民工，他们吵吵嚷嚷，坐在食堂里把食堂的饭菜吃光，到了下午又吵闹不歇，把窗户也打得粉碎。这就由工程纠纷转化成了冲击政府机关的刑事犯罪。

公安部门将包工头赵工抓获，实施刑事拘留。在拘留所里，赵工传话给下属民工："返工清理河道。"真是"敬酒不吃吃罚酒"。

这次水利工程虽然按质按量胜利完工，但是出了这件事，我总感到遗憾。事后，我反复思考，认为这一事件教训有两个。一是工程招标时，对各工程队的法人代表，因为他们大多是外来人员，没有进行详细的资格审查，特别是查阅他们的诚信记录。当时市场经济尚在初始阶段，国家对每个人的诚信还没有建立档案。后来据调查，这名包工头有多处工程未完工就卷款潜逃，他是有前科的人。如果事前做了调查，这个事件完全可以避免。其二，我们的工程技术人员在工程测量进程中没有及时发现问题、解决问题，以致使他们有空子可钻。

这种招民工进行有偿水利工程建设尚是过渡性形式，后来水利建设采用全套机械化设备，施工队承包有了更为严格的规章制度，就没有再发生过类似事件。

开河是这样，修路同样如此。"若要富，先修路。"20世纪八九十年代，这句话成了大家的共识。80年代末，我们支塘镇村村通了公路，但尚有一些按常规思想想不到的漏洞。

根据农民的实际需要，我们当干部的要想他们所想、急他们所急，解决好现实问题，忠实做好勤务员。青壮年劳动力进了社队办企业，老年人留守农田，老年人年老力衰，买个肥料，出售粮棉，走窄窄的田间小径，危险性很大。当时每个村都把路修到各家各户，做到下雨天不走泥地，家家户户能用机动车出行，乡村公路像蛛网一样通向各个角落。

百密难免一疏，顾万也会漏一。一天，我正在办公，枫塘村宗书记风风火火赶到我的办公室，要我替他找一辆板车。"做什么用？""一位村民来镇上卖棉花出事了。""在哪里？""204国道上。""人怎么样？""人还好，棉花撒了一地。""那还磨蹭什么？你快去保护好人，我拉了板车就来。"

204国道是上海到青岛的交通要道，一天到晚车流像水流，简直是水泼不进、针插不上。肩挑蓬松棉花的老年农民在这样的路上走，能不出事故？

我拉着板车到了国道上，那位七十老汉眼睛凹陷，背有点驼，正坐在马路边上，可能刮伤了手臂，宗书记正在给他包扎。人没有大碍，只是他挑的一担棉花袋子刮破了，棉花洒落了一地，有的被风吹到了河里、田里。我帮他拾棉花，宗书记扶他坐在板车上，忙乱了一个多钟头，才把人和棉花拉到镇上。

问题摆到了桌面上。村村通公路，我们自以为做得很圆满，可是一个眼皮底下的问题就漏了。支塘镇东有三个村，分别是黄泾、枫塘、双桥，它们紧挨着204国道，我们从来就认为这三个村得天独厚，早就是有公路的村子，因此村村通公路的工程就没把它们考虑在内。现在问题暴露了：国道不是村路，不能为我所用，村民还是需要一条村路来方便日常的生产和生活。

我及时在乡的党政联席会议上做了汇报，并专题讨论修路工程。会上阻力很大，有同志提出：有了现成公路，还要再修村路，这笔钱谁来出？这条路有六公里长，要造九条农桥，按路宽五米计算，工程款数目巨大，我们乡里没有这个经济实力支撑这么大的工程。我的意见是，天大地大，人的生命安全事最大。现在种田人以老年人居多，他们年老体弱、反应迟钝，再去挤国道，极其危险。必须再建造一条村路，这是一条救命路，安全路，不但要建，而且要快速建成，根除危险苗头。

在我的竭力坚持下，党委决定这条"双黄路"尽快开工，在距离国道

2000 米的地方修筑，这样就把三个村的农民上镇的路程缩短到了原来的三分之一，排除了各种潜在危险。工程款从水利资金和其他的补助金中分年调拨，花了三年的时间，款项全部结清。

双黄路开通后，三个村的村民受益至今，有的村民说："吃水不忘掘井人，走路不忘修路人。"

6. 计划生育

我在农业战线上摔打这么多年，若问我接受哪项任务、担当哪桩工作最为艰巨、最难完成，那肯定是计划生育。计生工作之复杂、之艰巨，引起矛盾冲突之激烈、之难解，真是一言难尽。

20世纪70年代，为了控制人口增长，国家在全国城乡全面推行计划生育，制定并出台了"晚、稀、少"和提倡一对夫妇生育子女数量"最好一个，最多两个"的生育政策。

就在这个时候，我当上了支塘公社干部，支塘公社的计划生育工作交给我来主管。当时的我只是个二十五岁刚当妈妈的年轻人，生殖、生理知识知道得不多，就立马接受培训，担当艰巨任务，心里难免十五个吊桶打水——七上八下，唯恐辜负了党的期望，达不到上级的要求。但作为一名党员干部，哪里艰险就到哪里去，勇往直前，理所当然。

计划生育一开始宣传"晚、稀、少"，"提倡一对夫妇生育子女数量最好一个，最多两个"。我们公社干部风风火火制订了生育计划，公社有公社的生育指标，大队有大队的生育指标，并且把指标具体落实到本大队每对育龄夫妇身上，符合要求的夫妇颁发准生证。有准生证的夫妇可以生养一个子女，无准生证的妇女意外受孕，公社干部和村干部立即找上门去，动员其人工流产。

为实现规定的生育指标，不留计生死角，整个公社掀起了声势浩大的宣传活动，三级干部大会上强调计划生育的重要性，标语口号贴满大街小巷。"少生优生 幸福一生""控制人口，国之根本；少生优育，民之心声""创生育文明，建新型农村"。我们对每个干部预先打招呼，年终考核时的首条考核标准就是计生指标，计生不达标，一票否决。干部就像当年战争年代的查岗放哨，每天骑着自行车在每个村里转悠，看看有没有肚子大起来的妇女。有些肥胖妇女被人盯得脸孔红了起来，她们说："过去我们像等外品、阿木林，我们这些没腰身的女同志不要说'回头率'，男人眼梢也不瞥我们一下。现在倒好了，我们走到哪里，人

我作为支塘代表参加常熟县卫生先进代表大会

们的眼光总盯着我们不放。我们成了唐代美女，一个个成了目光追踪的目标。"我们在每个村里都布下眼线，一旦发现情况就立即报告。干部们拿着小本本记记画画，人们误以为又回到了全民学文化时代。

计生工作之难，难在破除传统的世俗观念。在中国，千百年来的"积谷防饥，养儿防老"的观念根深蒂固。我们干部用这么几句话来形容下乡督导计生工作的困难："挨进门，自掇凳，开出口来骂山门；关大门，赶动身。"也就是说，计生干部到了老百姓家门口，只能硬是从门缝中挤身进去，因为不受欢迎，只好自己掇条凳子坐下来开展工作。我们的话还没有说出口，对方就破口大骂，硬把我们赶出大门，并立即关上门不许我们进去。

计生干部重点抓三个方面的工作。一是全面避孕节育，不留死角，已生有一胎的夫妇，结婚没领到准生证的新郎新娘，一个不落，女的上节育环，男的发避孕套，或吃避孕药。二是生育三胎的夫妇，男女中必须有一人做绝育手术，不是男结扎，就是女结扎。已生育二胎的也要动员做绝育手术，但也可以采用其他避孕方法。三是干部带头做结扎手术，在全公社起示范作用。这三项工作中，动员做绝育手术的难度极大，因为农民担心手术有后遗症，农民靠体力吃饭，一旦落下后遗症，就会影响到全家的吃饭问题。农民一般选择由女性做绝育手术。干部中男性结扎较多；后来，干部中女性结扎的也不少。

20世纪70年代后期，绝育手术还不能保证百分之百的成功率，手术后的不良反应时有发生。一旦出问题，我这计划生育的主管就得负责任。有一位妇女，身体肥胖，做了绝育手术后感到四肢乏力，伤口也隐隐发痛。

她天天来公社，坐在我的办公室里，和我同上班同下班。她这样做一方面影响了我的工作，另一方面也给继续开展计生工作带来了负面影响。我一次次带她上卫生院检查，一次次到她所在大队和她的家庭做思想交流，劝说商量。最后，给了她家一些补贴，才安抚了这个家庭。有个别干部做了绝育手术后也有不良反应，但他们组织性强，一声不吭，有时只是偷偷向我透露些情况。我感觉到，我在乡镇领导岗位上时，这些干部对我太好了，对我的支持力度很大，有时还做出无谓的牺牲。过去和我一起工作的村妇女主任现在都老了，有些人养老金很少。每到妇女节，我就把她们召集起来品茗会餐，赠送些纪念品，以表示对她们的感激。她们常说，沈乡长没有忘记她们。

我们这里农村习俗婚配早，老百姓不太重视结婚登记，夫妻关系确立以定亲、结婚仪式为准，所以现在那一年龄段的夫妻大多拿不出结婚证，只能算是"事实婚姻"。在计划生育工作中，这带来了一系列的问题。计划生育宣传"晚、稀、少"，规定了男女的结婚年龄，男二十五，女二十三，到了年龄才能领到准生证，不到年龄领不到准生证，也就是不能生儿育女。这就意味着，早婚的夫妻要保持一段时间不生育。一些早婚夫妻怀了头胎儿女，干部硬去动员人工流产，这样做不论是小夫妻还是他们的家庭，都接受不了。

有对小夫妻，妻子才二十一岁，肚子大了，我们去做工作，男青年硬是不同意人工流产。他声称父母老了，盼孙子盼得望眼欲穿，这肚子里的孩子是老人的命根子，一旦保不住，就要了他们的命。我说："你父母的心情是可以理解的，盼孙心切，老人家都这样，这不是坏事。我们现在不是不要你生育，只不过是要你推迟两年生育，你们的家庭照样会幸福，照样会充满孩子的笑声。这是国家的政策，我们小家要服从大家，现在家家都执行这项政策，你们家也不能例外。"好说歹说，小媳妇去做了人流。

好像事情就此结束了，可是突然刮起了还风阵——这家的老人没盼来第三代，精神遭受打击，病倒在床了。小青年血气方刚，情绪激动，上蹿下跳，声称："沈乡长你流了我孩子，我要杀了你沈乡长。"我当然不会因为怕他来杀我而畏首畏尾，还是上门去劝说。他见了我，就像狗见了猫，火气马上蹿上来，红了眼，真的到厨房里去拿了把菜刀前来拼命。左邻右舍拉住他，他还是大骂不止。

出现这种情况，我叫大队干部重点去帮助他，并派赤脚医生每天上门给老人看病，做心理疏导，老人的病体慢慢康复了。之后我再去做小青年的思想工作，劝他做人不要偏执："饭要一口口吃，路要一步步走，一口吃不成胖子，一步跨不到北京。做事情要慢着性子来，你年纪轻，以后走的道路还很长。等上两年再抱儿子，怎么就等不得了？冲动是魔鬼，你杀了我不要紧，真的由着性子闹出事来，那不是两年后抱不到儿子，可能十年八年，也可能一辈子都抱不到儿子。你这是害了父母，害了家庭。"小青年看看父母身体康复了，我说的话也有道理，这才平息下来。

渔业大队有对小夫妻也是这样，女方做了人流后，我去慰问小媳妇，被她家的亲友围攻，我的手表也被掳去。但是我总感到我们的社员是非常善良的，很听党的话，经过工作，都会通情达理。在我的反复劝说和疏导下，他们的过激情绪终于缓解下来。

计划生育工作中，这样的激烈对抗随时都会触发，慢慢我也有了一套应对办法。工作中换位思考，想人所想，因势利导，排解矛盾；在激烈对抗中，始终要理解群众，保护群众，以此逆转形势。只要工作中掌握了这条原则，就会无往而不胜。

改革开放后，我们面前又出现了新的情况：人口流动量大，计划生育的管束鞭长莫及。对于支塘乡镇的常住人口，我们已经摸索出了一套工作方法，采取了一系列措施，严格把关，能够顺利执行独生子女政策。可对于那些出门在外的打工人员，到处流动做生意的人员，要管住他们只生一个孩子就不容易了，全国范围这么大，你到哪里找人去？

我和乡村两级干部紧急商量对策，制定了严密的防范措施。对于外出人员，各大队登记造册，筛选出有超生苗头的育龄期妇女，重点防范。十月怀胎，是一个较长的周期，十个月中，一定要想方设法跟被防范的女子接触一次，实在无法接触的，要跟其所在地方的有关部门联系，请求他们协助监护。一旦发现情况，我马上带着村干部奔赴她的外出所在地，动员做人工流产手术，这是国策，没有二话可说的。

我经管一个乡镇三十多年的计划生育工作，其间，爸爸妈妈的眼神总是很迷茫，因为他们弄不清其中的是非曲直，也无从给我什么指导。我也就摸着石头过河，凭感觉，对的就做，有疑问就缓着一点。

20世纪90年代前中期，计划生育工作进入顺风顺水阶段，我也要告别农业主管工作,告别计划生育工作,到另外的领域去奋斗了。

7. 商海大潮一勺水

1992 年,连续四届支塘镇副镇长任职期满,我便不再主管全镇的农业生产了。这个位置一般最多只能连任三届,组织上看我能够较好地完成上级布置的任务,有良好的干群关系并且熟悉农业生产,一再动员我破格连任第四届。现在四届期满,我再没有理由连任下去了。

改革开放后的我和同事们

我要挪挪窝,离开农业战线,申请进城工作,尝尝非乡干部的滋味。我们乡干部进城,见到工业或行政上的干部,总感到他们水平高。现在我也想去他们的岗位上学一学,长点儿本领,积点儿学问,也不枉为人一生。

我还有一点小算盘:孩子将从学校毕业,一家人都在乡下,毕竟有诸多不便,如果能到城里工作,大家也能有个较好的发展。

时值小平同志发表南方谈话,他的一些话语振聋发聩。他指出,改革开放胆子要大一些,看准了的,就大胆地试、大胆地闯。对的就坚持,不对的就赶快改,新问题出来加紧解决。他还指出,计划和市场都是经济手段,不是社会主义与资本主义的本质区别。

东风吹来满眼春,看来,又一波经济大潮呈现在了我们面前。小平同志的讲话,我仔细品味,字字句句叩击心灵,他的讲话切实支持我在农村发展种田大户的思路。农业要搞现代化,非要搞规模经营不可。规模经营才能出效益,规模经营才能实现农业机械化,规模经营才能推动农业向前发展,规模经营才能使大批能干人才脱颖而出。张阿小当了种田大户,解决了四个儿子的生活出路问题,以后的王阿小、李阿小也同样会走这条路。以前,从村民到各级干部,都对种田大户心存疑虑,甚至有人说:"这不是在培养新式地主吗?"小平同志的讲话一语破的:判断改革开放姓"社"姓"资",标准应该主要看是否有利于发展社会主义社会的生产力,是否有利于增强社会主义国家的综合国力,是否有利于提高人民的生活水平。社会主义要赢得与资本主义相比较的优势,就必须大胆吸收和借鉴人类社会创造的一切文明成果,吸收和借鉴当今世界各国包括资本主义发达国家的一切反映现代社会化生产规律的先进经营方式、管理方法。

小平同志还提出,要抓住有利时机发展自己,关键是发展经济,要注意稳定协调地发展,发展才是硬道理。老人家还提出到20世纪末国民经济力争在现有基础上再翻一番,引导人民奔向小康社会。这番南方谈话鼓舞人心。怎样把经济翻一番?重点在工商业。自此,社会上掀起了下海经商的热潮,政府部门掀起了引进外资的热潮。

我们沈家不但出了我这个小官吏,还出了位实业人士,他就是我的哥哥沈奎生。奎生哥当兵回家,本来老婆孩子热炕头,大队里当个干部,生活过得有滋有味。但是,好肉会生疮,平地会起风雷,他们夫妻感情起了波澜,离婚了。家里亲公、亲婆相继去世,妈妈得了严重风湿关节炎,走路也不便。我这个大妹妹出嫁了,嫁出的女儿泼出的水,照顾起娘家来总归精力有限。小的弟弟妹妹还要成家立业。奎生哥肩上的担子不轻,他急着要寻找门路,渴望干一番事业。

1984年,亲婆过世不久,奎生哥在家再也待不住了,他口袋里装上积攒下的几个钱,提了个小包出门去了。他说要出门看看外面的世界,他说一个人要紧跟形势走,待在家里什么也不知道,什么也看不见,像只井底之蛙,什么事也做不成。

他在江、浙、皖三省走了一圈,寻访朋友,聚会战友,看看市场,串串企业,磨蹭了半个来月。

奎生哥回来了,不是两手空空回家,而是带回来半吨生的葵花籽,他说要做瓜子生意,要每天做半吨营业额。这把我妈吓了一跳。半吨葵花籽装在麻包里,堆了半个房间,引来不少看热闹的村上人,摇头的多,点头的少。"木樨花怎么能做牛料?"瓜子是休闲食品,抓上一把,边嗑边聊,一大群人,半天也吃不了一升吧?堆了大半屋子的葵花籽,怎么炒得过来?拿到哪里去卖?要多少人来吃?

我妈卖过瓜子,是行家里手,她对奎生说:"你不是不知道,我是炒瓜子、卖瓜子的。十来斤瓜子我得折腾一年。奎生啊，心慌吃不得热粥，一口吃不成胖子，路要一步步地走，饭要一口口地吃。你进这么多瓜子，怎么消化得了？瓜子这种东西不耐贮存，时间搁长了，就会发霉，就会变质，到时候什么都完了。你花的钱扔在塘河里，还能听到'扑通'一个响声，买这东西，连响声也听不到。"

奎生哥掇条凳子坐下来给妈解释："妈，您翻的是老皇历，跟不上现在改革开放的形势了。您过去提篮卖瓜子，那是偷偷摸摸去卖，是资本主义尾巴，给人逮住，要没收，要接受批判。现在是什么时候？海阔凭鱼跃，天高任鸟飞，只要有能耐，开动脑筋，勤劳致富，就是英雄模范。"

妈说："没听说过投机倒把还能当英雄模范。"

哥说："所以，人蹲在家里不行。一天到晚灶台边走到田横头，面对黄土背朝天，牛可以这样做，人不能这样做。劳动力要加上思考力，看准形势，到啥山就要砍啥柴。"

"你砍的这捆柴能顶什么用？"

"用处大了。你们不知道，一个叫年广九的人，出生江北，少年时代跟父亲逃荒要饭到皖南，要了一阵子饭便定居下来。父亲摆水果摊，他也肩上挂了杆秤跟着沿途叫卖。父亲去世，他自己摆摊，摸索出了一套生意经。他的生意经是'利轻利重，事在人为'。人家做生意，无商不奸，抠斤抠两，恨不得佛面孔上去刮金、鹭鸶脚上去剔肉，一钱如命。年广久摆摊，允许顾客先尝后买，顾客来算'回头账'，他笑脸相迎，该补水果的补水果，该找钱的找钱。顾客拉长了脸来，带着笑回去。"

妈妈说："像他这样做生意的人不多，这倒是做生意的正道。他换来了人气，自己也不吃亏。"

奎生哥继续说他的见闻："年广久卖水果绝不短斤缺两，他足斤足两，顾客走时，还要送上一个水果。同行摆摊的说他傻，顾客却说他规矩，他的回头客就多。同行必妒，其他摆摊的人不再叫他'年广久'，都叫他'小傻子'。"

村上邻居来听奎生哥讲故事，都说："这样的生意人没见过。非常之人，必能干出非常之事。"

奎生哥说："三年困难时期，年广久的水果摊被当作'资本主义尾巴'割掉了。但他还要谋生啊，1963年，偷偷炒板栗卖。他卖板栗受到'打击投机倒把办公室'的清查，年广久以投机倒把罪锒铛入狱，被判刑一年。从监狱释放后，年广久不敢炒板栗了，因为板栗有点像粮食，是敏感物资，他就炒瓜子卖。这应该跟我妈是同时间、同行业、走在同一条起跑线上。不过，我妈是小打小闹，年广久做得大模大样。"

妈妈不高兴了："有你这样说话的吗？把妈跟一个蹲监狱的罪犯做比较！"

奎生哥站起来向妈赔不是："妈，您听我把话说完。年广久的能耐大着呢！他炒瓜子不要紧，形势不饶人，'文化大革命'来了。他'投机倒把'贼心不改，又是解除劳教分子，自然而然就成了芜湖市的运动对象，他又被关押了二十多天。一来他是运动的老油子了，批批斗斗无所谓；二来，'文革'有更大的斗争目标，他这种'小爬虫'，革命派也不放在眼里。'文革'中，别人都在关心国家大事，年广九炒瓜子不但不收敛，反而规模扩大了，一炒就是几百斤。炒卖个半斤八两，那叫蝇头小利，像我妈妈那样。年广久炒卖几百斤一天，那是大生意了。他晚上炒，白天包，到人们下班时间就去卖，卖一包还送一包。人家不要他送，他硬朝人家口袋里塞。寒来暑往，到了1976年，他净挣了一百万。那个时候，'万元户'的名字如雷贯耳，这一百万，可是人们想象也想象不过来的一个天文数字。"

妈妈说："他要那么多钱来干啥？"

邻居说："干啥？钱多了还会被撑死？"

奎生哥说："真被你们说着了，钱多了就会被钱撑死。年广久在十一届三中全会改革开放形势的鼓舞下，甩开膀子大干。他开了个瓜子作坊，雇用了一百来个工人，干起了规模经营，他成了地方上的新闻人物。树大招风，俗语说，'出头椽子先糟烂'，'枪打出头鸟'。1983年，有人把年广久雇佣工人的问题写了检举信，向上级检举揭发。这件事竟然被提交到了全国工商联会议上，不少人认为年广久雇工人数超过国家规定，对国营、集体商业带来了不利影响，应该由政府出面，限制他发展。当时社会上流传这种说法，雇工20个人以上就是犯法。会议认为年广久是资本主义复辟、是剥削工人。随后，安徽省委派人到芜湖调查，并写了报告上报中央。中央农村政策研究室十分重视，将这件事向邓小平同志汇报。1984年10月22日，邓小平在中央顾问委员会第三次全体会议上指出：'前些时候那个雇工问题，相当震动呀，大家担心得不得了。我的意见是放两年再看。那个能影响我们的大局吗？如果你一动，群众就说政策变了，人心就不安了……让'傻子瓜子'经营一段，怕什么？伤害了社会主义吗？'这席话相当于中央领导拍了板，指明了方向。"

妈妈说："中央也没有那么肯定地说瓜子作坊就是以后的发展方向呀！"

奎生哥说："中央是放眼大局的，说话点到为止，哪像我们草田埂上人说话直来直去？这次我到芜湖看了一下，年广久的作坊不需要精细设备，粗粗陋陋，简单易行。我认定了这个方向——学习年广久，做瓜子生意。所以在回家路上买了这半吨瓜子，破釜沉舟，背水一战。"

奎生哥的慷慨激昂感动了家人，弟弟和妹妹主动请缨加入大哥的事业。妈妈的见识不同一般，她说："年广久为什么一再摔跟斗？因为他挣钱是为了自己的私利，跟我们过去的政策唱对台戏，所以要碰壁进监狱。我们炒瓜子要为集体，发展壮大集体经济，这样做，就不会摔跟斗。"

妈妈棋高一着。瓜子厂办起来了，挂的是阳桥村集体企业的牌子，奎生哥当厂长。瓜子注册了"阿里山"品牌，一炮打响，顺风顺水，第一年就净挣了50万元。奎生哥个人得了10万元奖励，这是我哥哥在商海里挣到的第一桶金。现在有一种说法，民营企业家得到的第一桶金多多少少有点不干净。我看我哥的第一桶金没有什么不干净。他办企业起步早，眼睛看得准，管理得法，他个人投资，利润来得光明正大。

在奎生哥艰难创业的岁月里，奎元弟弟的贡献最大。创业经费短缺，连客户的招待费也成问题。奎元弟弟是捕鱼捉虾的好手，有客光临，他便到河浜去转一圈，一桌河鲜宴就成了。奎元弟年轻力壮，原在社办农机厂当钳工，现在叫他当生产厂长，他刻苦钻研技术，因陋就简，把好每一个生产环节的关。特别是每种炒货，奎生哥只提供一纸配方，如何根据配方炒制出色、香、味俱佳的产品来？奎元弟弟反复试炒，反复取舍，有时候一只产品可能要经过多次试验、多次失败，甚至耗费的瓜子会多达半吨之多。奎元弟弟劳心劳力，掌握了"阿里山"瓜子炒制的全部技术要领。现在，企业转制以后，厂子由妹夫经营，奎元弟已经从厂里退了出来，许多食品厂争着用重金聘请他去工作，他一一谢绝。

在奎元弟的微信里，我看到他用了这样一段话："躲进小楼成一统，管他冬夏与春秋。鱼竿一根，与世无争。"我很感动，中国传统伦理的"仁""义""礼""智""信"在奎元弟身上有着全方位的体现。

进入20世纪90年代，我的老爸已经到"奔七"的年龄了，水泥厂的笨重劳动他已经不能胜任。他退出水泥厂，到奎生哥的瓜子厂做了一名勤杂工。"家有老，赛金宝。"老爸在厂里手脚不停，依旧兢兢业业地工作。

奎生哥的企业越办越大，利润也越来越丰厚，造起了鸟语花香的阳桥工业园，建起了富丽堂皇的阳桥大厦。这时，大哥的兴趣慢慢转移到了轻纺一条线。他要建纱厂，建布厂，建服饰厂，从棉花进厂开始，直到服装出厂，供应市场。这相当于打造一艘轻纺企业的航母。大哥为什么不满足于瓜子事业呢？其时，他的企业已经成了支塘镇的龙头企业，支塘镇的纳税大户。"奎生瓜子"在常熟市无人不知、无人不晓，而且已打开了国内外市场。他为什么又把注意力转移到轻纺上去了呢？

不想做将军的士兵不是好士兵。我推测，大哥在心底里对他的引路老师年广久有点看不起，在年广九身上看不到大企业家的范儿，不过是民间的小打小闹，因为惊动了中央，他才一举成名。大哥对自己"奎生瓜子"的名声也并不在意。他是不是想建立荣德生、包玉刚、李嘉诚、王永庆那样的企业王国、经营财团？

其实，"年广九热"经久不衰，小平同志南方谈话中第三次提到他："农村改革初期，安徽出了个'傻子瓜子'问题。当时许多人不舒服，说他赚了一百万，主张动他。我说不能动，一动人们就会说政策变了，得不偿失。"当时的年广九又一次陷入牢狱之灾，是党的政策、领袖的关注又一次救了他。

这大概也是奎生哥不愿走年广久道路的又一个原因。

随着"阿里山"瓜子的崛起，前来支塘批发食品的客商川流不息。目前，在支塘镇南端趁势发展起了一个华东食品城。食品城占地140亩，建筑面积15万平方米，入驻商家600多户，代理品牌近千个，经营上万个品种。食品城由原来的"蜜饯市场"发展为集副食品批发、高端农产品网上交易、物流配送为一体的食品综合交易城，是长三角地区规模最大的一级食品采购、批零中心。客人到此，既可拓宽眼界，又可大饱口福，还可满载而归。

小平同志的南方谈话再次掀起了经商热潮，奎生哥的事业发展达到巅峰。原来我在乡里指挥三万多农民，大办农业，大抓副业，长兄最多是个排头兵，得服从命令听指挥。现在大哥一跃成了商海弄潮儿，乡镇企业的龙头老总。他身份变了，气势壮了，睥睨天下，笑傲江湖。他一再要求我到他的企业里去做管理人员："当个小小的公务员有什么意思？商海淘金去。人家的民营企业都是家族企业，家族人员扼守企业的要害部位。我们沈氏家族，你有点管理经验，应该回来帮我管理企业，肥水不落外人田呀。"

现在，我作为支塘镇党委副书记，四届任满，换届等待分配具体工作，我本意是谋求进城担当职务，奎生哥却要求我借调到他的企业去参与管理，哪怕去一年也行。他的心情我理解，汉高祖不是有一首《大风歌》么："大风起兮云飞扬，威加海内兮归故乡。安得猛士兮守四方？"大哥的事业虽然不能与高祖相比，但迫切需要人才的心情是相通的。

大哥去乡政府一句话就把我借调到了阳桥，借期一年，效力于大哥的事业。我是一个指挥农民种田的乡干部，对经商办企业一窍不通。奎生哥叫我先到"维纳斯婚纱有限公司"做副经理，主管人事和总务，慢慢熟悉了业务后再作大用。维纳斯婚纱有限公司是一家挂牌企业，名义上是奎生哥阳桥集团的下属单位，实际上是台商的独资企业。当时台湾地区的婚纱业在世界婚纱市场独占鳌头，这家企业的产品在国外有销售市场，生产的婚纱全部打包出口，供不应求。

维纳斯婚纱厂厂房建造完毕，设备安装就绪，"万事俱备，只欠东风"，开始招收企业员工了。招工这个工作由谁来做？由我来做。我上班的第一天，经理李老总找我谈话。这位台湾人瘦长条子，瘦削的脸上架着一副黑边眼镜，西装笔挺，温文尔雅。我告诫自己：得小心了，这是个商人，商人争的是利，俗话说"无利不起早"，对商人要慎之又慎，别看他西装革履，一套唯利是图的生意经有得我消受的。

他要我立即启动招工工作，主要招女工，要招那些心灵手巧而又吃苦耐劳的村民。我心里想：好的都叫你招了去，差一点的就不要吃饭了。心里这么想，口里可不能这么说。俗话说："吃人一碗，凭他使唤；人立矮檐头，不能不低头。"

竖起招军旗，便有吃粮人。我到附近各村转了一圈，愿意到我手下做工的人不少。她们说："到你沈镇长手下干活，我们吃不了亏。"我立即纠正她们的看法："你们不是在我手下干活，我也在给人家干活，老板是台湾地区人，公司是台资企业。到厂后，你们有什么诉求，我可以代你们去交涉，但权力掌握在人家手里，成功不成功，我保证不了。"我是把丑话说在前头，避免以后被动。

三百多个工人被我给老板招进了厂。接着李总跟工人约法三章，让他们学习厂里的规章制度，分配每人工种。我忽然想到，我想调动工作到城里去的原因之一是将来女儿大学毕业后能有一个好的照应；其二是学习城里干部的管理经验，以往我们管理农业老觉得有点大老粗，现在我借调在这个厂里，不是正好可以预先操练一下，学习一点企业管理的门道，熟悉一下新的岗位？

工作出奇的顺畅，婚纱厂的订单雪片般飞来，工人白天黑夜连着干，忙不过来。我除了排解工人中不时冒出的各类纠纷外，主要精力放在报关外销上。我是本乡本土本地人，当过干部，与外经委、海关人员、商检局、公安局都比较熟，货到即发，一路顺畅。

我和台商相处得不错。我是乡干部脾气，有话直说，不会转弯抹角。他是商人习气，精于经济核算，对什么都精打细算，规章制度严谨，工人管理严格。有时，工人就工作时间、生活福利向我提出诉求，我去跟李总商量。他摸摸耳朵摸摸鼻子，总显出一副左右为难的样子。看他这样，我也只得去做工人的工作，再向李经理恳求，力争"网船上做亲两头候"，各自让一小步，使双方求得一致。

一年期满时，我的新工作落实了，到常熟市妇联去当副主席。我很高兴，我做过村妇女主任，即使当了主管农业的副镇长，也连带协助做好妇女工作，做妇女工作一直是我的本行，从来没有间断过，这次到市妇联工作，应该是回到老本行，驾轻就熟。我匆匆跟台商告别，一身轻松地回到了干部队伍。

喜事成双，我大女儿小燕初中毕业，在全市初中升高中的统考中，考了支塘中学第一名。小燕的学习全凭她的自觉努力，她向父母、向学校交上了一份令人满意的答卷。这对我的工作也是鞭策和鼓

我成长为党的一名女干部

励，我更觉得前程灿烂辉煌、工作更有意义。

坐进市妇联办公室，喘息未定，我发现经商热已经渗透到了各行各业、方方面面。各机关事业单位都在办下伸厂，一切向钱看，机关领导还有引进外资的任务。

就在这个时候，有一个人到妇联找我来了。不是冤家不碰头，来客就是与我共事一年的那位台商。我离开婚纱厂后，他这个经理也辞职不干了。他回到台湾后，受老丈人之托，重返大陆，要自己投资办一家婚纱厂。他不知从哪里打听到我在妇联工作，便找上门来了。我跟他曾经融洽地共事，也曾经有过争执，可他偏偏别人不找找我来了，因为他是个真正的商人，真正的商人就是这样的：利益为重，感情为次，除了利益外，其他一切都可以变通。

市妇联办公室的干部都看在眼里。平日里，大家谈外资、说外资，现在"天上掉下个林妹妹"，外资就在眼前，自己找到门上来了。因为尚未安排我的具体工作，妇联便决定由我代表妇联帮助李经理办婚纱厂，我领着他到各乡镇选择办厂的合适地点。

我是脚踏陌生地，在新单位工作，作为新来人员，我理应给大家留个好印象，必须服从命令听指挥，于是我便跟着台商去办企业。

我们先到各乡镇，奔走在田间地头选址，最后选择在藕渠镇办起了台湾古百兆国际婚纱礼服有限公司。然后兴建土木造起厂房，安装设备。还是由我招收两百多名工人，培训开业。这么一干，就是三年。我把工人招进厂后，就跟台商约法三章，尽量为工人争取最大的权益。三年后，我回到妇联，不再参与婚纱厂的管理，告别我招进厂的这么多工人时，我的心里真有点不舍。

在这三年时间里，我作为妇联代表，参与了这家婚纱公司的所有工程建设，包括人事安排、产供销的建立。所有工作中，我最大的贡献是为这家企业争得外贸配额。这家婚纱厂是台资的独营企业，产品全部出口，而外贸出口必须有国家计委颁发的外贸配额。有了外贸配额，商品才能通关出口，进行外汇结算；没有配额，一切都无从谈起。

外贸配额分出口配额和进口配额。出口配额分被动出口配额和主动出口配额。被动出口配额是为国外要求进口的商品制订的配额。主动出口配额指国家根据境外所需商品的多少和其他一些情况确定的出口配额。对于老企业，这种配额都是根据上年度的配额指标因因相循，不再另起炉灶。新办企业没有配额指标，也就没有出口资格。一定要出口的话，只有两个办法：一是向老企业借用配额指标，二是直接向外经贸部申请配额指标。

台商的婚纱厂办起来了，投入生产了，可是没有出口配额指标。怎么办？去申请。李总知道我办事雷厉风行，效率高。我们带了一大叠资料和文件，一行直奔省会南京，赶到了江苏省外经贸厅。

到了江苏省政府的机关门前，我们吃了个闭门羹——被警卫人员挡在门外。台商是境外人员，不便上前交涉，我就上去反复说明来意，请求放我们进去见有关领导。警卫人员说领导有职责在身，不能放我们进去。

我们也不能坏了他们的规矩，只得碰了一鼻子灰，垂头丧气地回家。外贸配额是一定要争取到的，否则，办这个厂就毫无意义。李总瞪着眼睛朝我看，意思是这个事情得你来办。确实这是我的工作职责范围，我在这个厂里的价值就在于社会上人头熟，办事兜得转。但这次是要去省直机关做工作，这对我来说难度未免太大了。

我也没有直接通往省委机关的关系，怎么办？先写封信去吧。通过邮路投递进去，门口的警卫不可能把信件扔出来吧？我以常熟市妇联副主席的名义向省厅写信，介绍了这个厂的来龙去脉，表达了外贸配额的请求。

信发出后，我们便处在焦急的等待中。台商对这封信不抱什么希望：政府机关的衙门气这么严重，一封信能解决问题？他不相信，他叫我还是去寻找间接的人事关系，打通关节及时拿到配额、及时营销，因为时间就是金钱。

等待确实让人焦心，我的心里有预感：这封信可能有用。果不其然，不到两个月，我们和江苏省外经贸厅通电话，他们叫我赶快去南京商量外贸配额的事。

我把事情对台商说了，他那张严肃的脸终于露出了笑容，也才终于相信我们的政府并不是衙门气十足。马上打点行装，前去南京。这次我带了几个财会人员一同前往，他们对经济数据熟悉。

这次我们避开了门岗，从后门上楼，一位领导已经在楼梯口等我们。她找来了具体经办此事的工作人员，叫我们到专门的办公室，顺利解决了外贸配额问题。

婚纱厂正常运行了，我也就告别大家、告别藕渠，回到市妇联工作。

8. 痛失双亲

  1995年农历八月初九日，妈妈永远闭上了眼睛。劳累一生的老妈走了，聪慧一生的老妈再也不能为我们操心操力了。她走得安详，好像是去天国旅游，天国需要她，要她去做好多好多的事情，要她去出好多好多的主意，但是对我来说，她的离去，离得我揪心，离得我心里空荡荡的，分外失落，分外空虚，无可弥补。外国学者弗洛伊德认为，女儿有一种先天的恋父情结，我这个女儿却有根深蒂固的恋母情结，我跟母亲走得非常近，她不仅是我肉体上的母亲、精神上的母亲，还是我文化的教员、生活的参谋。

  离中秋节还差几天，馥郁的桂花香气已经在四周弥散，走东走西，一种甜丝丝、清爽爽的气息扑向胸怀。老妈平躺着，轻闭双眼，轻抿嘴唇，脸上没有任何表情。这是母亲的常态。不管风大浪急，不管灾如天塌，她都能临事不慌，静观其变，想出应变的办法，将突发事件化解至无形。她就像一位太极高手，轻拳慢腿，使周围的邪气近不得身，钻不到空子。三年自然灾害是对人性的考验、对家庭的考验，她发挥聪明才智，发动家庭成员大搞副业，勤俭抗灾。灾难过去时，我们家庭非但没有人员损失，还增长了经济实力，更重要的是学到了随机应变的能力，为以后家庭的兴旺发达奠定了基础。她是家庭的中流砥柱，是上天赐给我家的福星。

  唢呐呜咽，香烟缭绕，灵堂里亲友来了，又抽泣着走了。气氛沉郁，沉郁得空气似乎要凝结起来，随即又似乎要爆裂开来。哥哥很忙，要应酬他那些生意朋友。弟弟指挥邻居四出借桌借凳，安排丧事。爸爸精神上遭受沉重打击，呆坐在房间里，泪流满面。妹妹看护着他，流泪眼相看流泪眼，断肠人相对断肠人。夜幕降临，老妈头边的两支蜡烛荧荧摇曳，熠熠放光。

  第二天，来吊唁的亲友依旧络绎不绝。灵堂请来和尚、道士做法事，进行各种表演。这些表演，不知道妈妈在冥冥之中能否感觉到？我没有目莲的毅力和才能，无法救亲人于九泉，但我可以发扬我妈的能耐，传承我妈的贤德，让她的贤明在我们家族中传扬开来。让妈的生命之树常绿，让妈的精神永在。

我妈也是一位爱好表演的女子。到了插秧季节她特别来劲，在众多插秧能手中，她能稳拿第一。露脸的机会来了，能不高兴？梅子黄熟的季节，天忽阴忽雨，稻田灌水，水平如镜。挑秧的担子在田埂上摇摇晃晃，一步一滑，一不小心跌倒在水田里，一身水、半身泥。不要紧，天并不冷，把散开的秧扔出去，谁笑她，就扔在谁的屁股后面，溅他一屁股的水，让他尝尝尿炕的滋味。

　　秧苗插下便成稻，插秧人呈"一"字排开，大家处在同一道起跑线上，凡有人群的地方就有竞争、就有较劲。黄秧人人会莳，各有技巧不同。不到半支烟工夫，是骡子是马便显出了原形。我妈插秧，手似闪电，脚像赛跑，一马当先，能把众人甩开老远。她直起腰来，手抓黄秧，"嗬喂"一声，就唱起了山歌："手把青秧插满田，低头能见水中天。六根清净方为道，原来退步是向前。"

　　妈妈的山歌好像号令，莳得慢的人感到了压力，拼命地追赶，无奈各人生就的手脚，慢牛变不成快马。一天秧插下来，妈妈得胜回朝，满面春风。人生能有几回搏？胜利者能长精神、长志气，在家人面前说话也响亮，在村里人面前也长脸面。妈说，人争一口气，佛争一炷香。

　　当年生龙活虎的妈妈争取到了她要争取的荣光。她有一颗聪慧的心，她有一双灵巧的手，她有一股不服输的狠劲，她把自己定格为家庭中的中流砥柱。一个平凡的农户家庭，在她的带领下走上了兴旺发达的上升之路。

　　现在妈妈安息了，她静静地躺在灵堂里。她脸无表情，是否因为她已感到自己无愧于造化、无愧于亲人、无愧于人生，所以才走得这么平静，这么安详？作为女儿的我，在正想侍奉母亲、正有能力侍奉母亲的时候，母亲却走了。这种失落，这种空虚，无可填补。想到这里，我的泪水又涌了出来，非号啕大哭一场不能平息心中的压抑。

　　天色渐暗，又一个守灵之夜。明天出殡，以后就再也见不到老妈了。我端详着慈母的脸，心中翻滚着母亲的往事。20世纪60年代初的困难年里，妈把好不容易得来的糠饼子分给孩子和老人。她把挖的三棱根舂烂了，放在野菜糊糊里与全家分享。我初次到生产队出工劳动，妈妈在田埂上开始教我如何割草，如何防止事故，使我成了劳动的能手、种田的行家。困难年代后期，母亲纺纱织布，改善了我家生活，摸索出了一条生产自救的路子，还教会了我纺纱织布，同时拓宽了我们的思路，增强了随机应变的能力。妈妈得了关节炎，走路不便，她寻找不太要用腿脚的活干，她提篮在小学门前卖瓜子，开起小店卖日用百货，收入并不比出大力、流大汗的人少。妈妈在我家看护外孙女，她教我做孩子衣服、各式鞋子，养老抚幼，她做什么事都是行家。母恩重如山，母情深似海。母亲永远是我的楷模，我的指路明灯。

第三天，道士来做道场。亲友们在灵堂跟我妈叩拜诀别。道士舞蹈，唢呐奏鸣。临出殡，我在母亲灵床前主持了一个追悼会。我回忆了母亲勤劳的一生，她的感人美德，她的灵巧手艺，她的活泼思想，讲到细微处，我们兄妹放声痛哭，旁人也低头落泪。母亲走了，但她留给了子女丰富的财富。这财富不是金钱，不是家当，而是她的为人。我们要依循妈妈的为人之道：不做人上人，不做人下人，要做人中人。我们要做清清白白的人，做对这个世界有用的人，让母亲的精神永留人间。

妈妈永远走了，随着时间的流逝，她不再是一个活生生的家庭成员，而成了我脑海中刻骨铭心的记忆，成了我生活中的一杆标尺，她是我人生旅途上的一张导航图，一盏明灯。

6年以后，2001年农历十月二十三日，爸爸也闭上眼睛离我们而去。爸爸享年76岁，一个身材魁梧、孔武有力的种田能手訇然倒地，我内心的悲痛难以用语言表达。

爸爸生了严重的胃病，卧病在床，身上壮健的肌肉一天天在消瘦下去，强悍的力量也从他体内一点点地被抽走。我给他擦洗，扶他坐起来，给他翻身，喂他吃稀薄的粥，榨了果汁让他喝。窗外淅淅沥沥下着雨，我给他讲过去的事情。罱河泥罱到的小鱼小虾，钓蟹钓到了大家伙。他用竹篾给我做了个风转子，我追着风转子在田野里跑啊跑。他罱河泥时强悍有力，扛水泥楼板时步伐协调，在生产队分配大家干活时颇有大将风度。我想用他风华正茂时的形象和作为驱散他眼下的无奈和凄凉，他脸上只是硬挤出来一点苦笑。我紧握着他的手，这双手干过多少活啊，滋养了我们一家子人口，金手、银手，不如爸爸这双勤劳有力的手。

晚年的老爸就像风中摇曳的烛光，闪闪烁烁，光芒越来越小，越来越微弱，终于熄灭了。他竭尽了他的全部体力，熬干了他的全部心血，换来了我们的成长。他累了，他要休息了，他丢下我们这些儿女，去天国会见妈妈了。我在床前哽咽着，眼看着他闭上双眼，眼看着他停止了呼吸，无奈之中只能说："爸爸，您一路走好。"说罢，就像一阵暴风雨袭来，头顶就像在山呼海啸一般炸裂开来，我的感情闸门再也闭拢不住，我号啕大哭。兄弟姐妹跟着我一齐哭叫。哭着哭着，爸爸的一缕幽魂好像再次回到我们身边，再次抚摸我们的身体，再次亲吻我们的脸庞，再次为我们遮风挡雨。我们哭声更大、更激动、更悲伤了，好像要把爸爸给我们的全部恩情都要用哭声倾诉出来。

爸爸的丧事跟妈妈的丧事一样，非常隆重，生荣死哀。我爸爸生前没有建立轰轰烈烈的事业，他不过是个普普通通的农民，但是他身上的勤劳、淳朴、踏实、能干，正是千百年来我国农民的写照。毛主席说："人民，只有人民，才是创造世界历史的动力。"这个世界就是像我爸爸这样的劳动人民创造出来的。我悼念爸爸，正是基于这样一个信念。

送走双亲，我的感觉是失落、孤独。世间唯一的母爱，唯一的父爱，都离我而去了。以后，再没有如此关爱我的亲人了，他们不再会跟我娓娓而谈，遇到事情再也没有人对我耳提面命。没有办法，这是自然法则，长江后浪推前浪，一代新人换旧人，谁也拦它不住。不管什么人，都只能搭乘这趟列车中的一段路程，观赏一段风景，正像我这部书稿中点滴的回忆，也不过是历史的一瞬，大海中的一滴水。这是每个人的宿命。

9. 工作在常熟市妇联

常熟市妇联的办公地点在常熟市政府内，我平级调动，任市妇联副主席。一个农民，一个农村干部，现在在市政府大院工作。对我来说，这既是工作性质的变动，也是生活方式的改变。往日，见到城里干部时我总感到有点神秘，现在在这个新的环境里，我沐浴着春风雨露，尽情地吮吸营养，磨炼自己，希望自己能"更上一层楼"。

想象中的情景总是十分美好的，就像去某地旅游，听了人家的介绍，看了迷人的照片，加上自己的想象，便成了仙山琼阁。实地体验之后，才会有一个恰如其分的印象。我到妇联工作也是这样，刚进大门，理想的成分多于现实，时间长了，冒出的问题提醒了我：无论什么地方，其实都有特殊的情况，都需要我们去摸索解决问题的方法。

首先是陌生。我当了20多年支塘镇干部，支塘31000多人口，45000亩土地，我摸得跟自己手心的纹理一样熟悉。一个镇机关，30多名干部，早晨不见晚上见，他们要做什么、要说什么话，我都能猜出个八九不离十。上到苍颜白发的长者，下到牙牙学语的幼儿，见面我都能打上招呼、拉几句家常。我在支塘工作，春种、夏长、秋收、冬藏，注意事项，开发技能，都滚瓜烂熟、倒背如流。在支塘，我是如鱼得水，优哉游哉，人生价值得到了充分发挥。

到了市妇联，脚踏陌生地，面对陌生人，俗语说："做生不如孵熟。"我就像一条活泼泼的水中鱼儿跃到了干岸上，一切都得重新接受考验，重起炉灶另开张。分配给我的工作，得从头摸索；接触的人事，要从头交接磨合。这时我已是年龄奔五的人了，能不能有所作为，心中确实没有把握。

妇联同志对我产生了先入为主的印象，似乎我的强项是在商海里搏击，创建产业。既然沈奎生（我的兄长）在当时的民间企业家中铺子摊得很大，业界的名气很响，那他的妹妹在这方面也应该具有先天才能。于是妇联便分派我与台商合作，创办婚纱厂。在接下来奔走的3年中，我基本不在妇联上班，而是领着台商到各乡镇看地块，商洽租赁合同，破土基建，招收员工。我有自知之明，经商并非我所长，所以3年期满就按时回到了妇联。

妇联认为我干得很好，为单位办了实事，为单位挣到了钱，是办企业的一块料子，有这种能耐的人理应去带动下岗工人重新创业。20世纪90年代，国营企业转制，一大批工人下岗待业。常熟市的企业中纱布厂比例高，女职工多。如何使这些下岗女工跟上形势，为她们创造就业机会，减轻社会压力，妥善解决自身的生活问题？市妇联当然要责无旁贷地帮助她们。领导便指派我干这项工作。

开弓没有回头箭，我只能硬着头皮干下去。过去我在农村当干部，妇女工作从未脱离过，但主要是维护妇女儿童合法权益、家庭纠纷调解、计划生育、妇女病普查、哺乳育儿呵护等方面的事，这种工作我熟悉，至于创办企业、安排就业，我实在没有接触过，只能勉为其难了。其实我协助台商做点工作，也不是创办企业，而是我利用熟悉的人事关系给台商牵线搭桥。妇联领导对我产生了误解，要我去创办企业，消化下岗职工，对我来说这确实是大姑娘上轿——头一回。

市妇联在海虞北路有处空房子，我便去打扫一下，权当创业基地。怎样帮助如此多的下岗女工再就业？我首先想到的是办一个职业介绍所，为用工者与待业人员牵线搭桥。我认为适合妇女干的工作无非是给人家搞搞卫生、烧饭做菜、洗衣汰漉，那么，就办个"常熟市妇联家政服务中心"吧。各项手续办好，牌子挂了出去，来这里找工作的妇女同志不少，而需要家政服务的客户也有不少。我就乱点鸳鸯谱，根据先来后到的规则，一个萝卜一个坑地安排。从反馈的信息看，这样介绍的工作成功率不高。不管是包月工还是钟点工，客户和阿姨相互的满意度都不高，中途解聘的比比皆是。怎么办？

经验是从实践中摸索出来的。要给客户提供理想的服务，生手上门肯定不行，我给阿姨们办了个家政服务速成培训班，请有经验的阿姨讲解家政服务的注意事项，比如如何保洁，洗衣的注意事项，日常饭菜的烹调，老人的护理，进入雇主家要讲究什么规矩等。有了这些基本常识，再上门服务，阿姨们大多不再高兴而去、扫兴而回了。

"家政服务中心"解决了一小部分下岗女工的再就业问题，可是还有面广量大的人群在等待再就业，而这些人中愿意去做家政的比例很小。这是传统思想在作祟：过去在国营大厂当工人，工人阶级是领导阶级，现在去做家政，"家政"是美其名曰，说白了，就是帮佣，当佣人，人生价值不是一落千丈了吗？若不是急着等钱用，或者本来就是做惯勤杂工的，一般人是不愿意去做家政工作的。

人各有志。我发现有些来应聘的阿姨不想打工，而是想创业，想下海经商，尝尝当小老板的味道。但她们单干独斗又没有把握，便来家政服务中心打听，看这里能不能提供点这方面的信息咨询，包括业前培训。

有需求就有发展。按照阿姨们现有的条件，辅导她们开个销售店、餐饮店，小打小闹，还是切实可行的。

我利用的是妇联原来虞园幼儿园的空余房屋，为了扩大规模，我们还租用了两间门面房，开了一家下岗嫂快餐店，外送餐饮，兼带牛仔裤等服装的批发业务。快餐店由几个精于烹饪的阿姨掌勺把关，而更多的阿姨则加入外送的行列。接电话的阿姨要有一定的文化，要做到问得周全、听得清楚、记得牢靠。我统管两店，哪里缺人手，我就到哪里垫缺。

风霜雨雪，我骑了自行车去送餐饮；天蒙蒙亮，我出外进货，大布包顶在自行车后的书包架上，风风火火地蹬回来。那时，我女儿在读书，她的同学问她："你妈是干什么的呀？今天看她蹚着衣服，像是卖服装的；明天看她串街过巷，像个卖盒饭的；还见她卖过瓜子、给人家做钟点工。是个下岗工人吧？行业换了一个又一个，过日子真的不容易。"我女儿说："我也不知道，她什么事情都要去干，什么事情也不精通，大概这就叫千叉叉、百卡卡，猪头肉三不精。"

我对业务不精，但有精明的人在。我开店办中介的目的是消化下岗女工，让她们加快再就业进度。我的两个店和服装批发是铁打的营盘流水的兵，进中介的，散到各户用工家庭；做服装批发的，熟悉后自筹经营，出去开服装店；餐饮的会调理了，就到外面去开办餐饮店。我的两店一零售批发部像只生蛋孵小鸡的老母鸡，孵出了无数的小店、无数的小老板。从这里走出去的小有成就的小老板，我们再请回店里来传授经验，让新手胸中有一条路子，以后少走弯路。

我当常熟市妇联副主席时做的事情，其实和私企创业大同小异。每天风里来、雨里去，成本核算，担心滞销了、报废了、亏本了，一颗心吊在嗓子眼上，真是心力交瘁。好处是，接地气，和众姊妹同命运、共呼吸，说说笑笑，很是充实。到了夜深人静时我会回忆刚进城坐机关时的梦想：进了城，学习城里干部的管理经验，让自己的能力有一个大幅度的提升，现在想来，想象中的东西只是空中楼阁，虚无缥缈，最终会被现实替代。能力都是从自身的实干中滋生出来的，我这样培养一批小摊小贩，不知是否能跟干部的工作能力挂起钩来？是不是城里干部的本职工作？直到现在，我还是吃不准。

来我们店学习的下岗职工来自各个单位，处于不同年龄段，各自的情况也不太一样。有一个叫许梅的，三十刚出头，脸庞靓丽，身材婀娜，就像绽放的一朵花朵。她下岗了，来我们家政服务中心求职。她首先声明，她在家是衣来伸手、饭来张口，不会服侍别人、只受别人服侍的人，家人原来只要求她上班做一天工就足够了，现在下岗了，没有这一天工做了，所以到这里来求职了。她要求我们尽量给她安排一个不服侍人的工作。我问她会不会骑车，她说会。我说："那就去送快餐吧，传递一下盒饭，不必在人家面前低三下四。"

许梅踏着自行车，带上几盒盒饭去送餐了。城里的路她熟，不一会儿就回来了。我说："手脚不错，一会儿就回来了，是做这工作的料。"

不料，她柳眉耷拉，一脸羞涩地说："一盒也没送出去。人家门窗关着，我们素不相识，我去敲门进户恐怕不合适吧？"

真是个傻女人，这有什么不合适的？客户需要吃饭，我们就去送饭，满足了他们的需要，我们也挣到了钱。可不能让热饭凉了，我领着她去送。我去敲门、递送、收款，给她做了一系列示范。这个小媳妇芝麻大的胆子就这样一步步练大了，个把月就能大大咧咧地独立工作了。

一个缩手缩脚的小媳妇，练成了风风火火的送饭女，大家都说："什么样的师父教出什么样的徒弟，她身上真有点沈乡的影子。"像许梅这样的小媳妇有多个，经过锻炼，不但能独立胜任工作，而且在熟悉了业务后，很快就能出去自主创业。

1998年11月，中央要求了党政机关与所办经济实体脱钩，我受妇联委托所办的两店一零售批发转交给阿姨们承办，机关不办企业了。我再次回到妇联，干起了本职工作。

面向21世纪，下岗职工的再就业问题基本解决了，妇联给我的新任务是"双学双比""巾帼建功"和维护妇女合法权益。"双学双比"是针对农村的创业大户，扶持农村妇女在种植和养殖两方面开创事业。"巾帼建功"是针对城市妇女，为她们创办制造业、商业、三产企业提供辅导。

我分到任务后发现自己绕了一个大圈子，在城里当干部没几年，现在又回到了工作的原点，重回乡下，找往日的张阿小等人，给他们的妻小办学习班，联系各类技术人员、管理人员、创业有成就的人士来现身说法，送技术，送经验，带动妇女同志奔小康。在城市里找有志妇女，培训她们创业。

这是我退休前做的最后一波工作，其中有哪些事情可以拿来说说呢？

我们常熟最为游客青睐的地方是虞山尚湖风景区，这里山水相映，风光旖旎，山能远望骋怀，水可垂钓怡情。游虞山，如果不到剑门，就像看戏看了卖甘蔗，没看到脸面只看了个屁股；玩尚湖，如果不到穿湖大堤两端的尚湖公园和景秀园游览，就像慕长江江鲜之名而来，却吃不到鲥鱼、刀鱼、河豚，会留下难以抹去的缺憾。

尚湖公园和景秀园都是以虞山为背景、以尚湖为基地构建的真山真水真园林。两个园林一个在尚湖的南岸、一个在尚湖的北岸，穿湖大堤一线串联，就像一根藤上的两个瓜，又像夜空降落在碧水上的双子星，璀璨夺目。

这样两处高档园林都是游客向往的地方，终日人流不息。如果进一步深究，你就会发现：尚湖公园雍容华贵，如大家闺秀；景秀园清朗雅致，似小家碧玉。尚湖公园由国家经营，要收游客游园费；景秀园为私家经营，游客来者不拒，一律免费。

景秀园为什么不收门票任凭游览？他们用什么经费来维护这个园林？这里面有个故事。

景秀园的老板娘名叫陈美珍，她原是吴市乡近长江边的一位农家妇女，家住长江边的太平桥。1983年，改革开放的春风吹到这个边远乡镇，陈美珍和丈夫朱德保双双进了社队办企业当工人，工作之余种植棉花。在经商热潮的推动下，她丈夫喜欢侍弄盆景花卉，便开辟了十亩花卉苗圃，做起了花木生意。

陈美珍热衷于这个行业，她认为干这一行是"存绿色银行，炒绿色股票"，是造福子孙后代的阳光产业。

其实，成功之路从来都不是一帆风顺的，种植有风险，跟风要谨慎。他们开始种苗木时，龙柏一枝独秀，单株价格"噌噌"地涨，市场上一苗难求。陈梅珍看准行情，倾其所有积蓄进了一批龙柏秧苗，精心照料。秧苗一天天长大，小苗长成了大苗，大苗长成了小树。树在长，市场上的龙柏价格却在跌，一直跌到龙柏无人问津。陈美珍种植龙柏的本钱、人工、精力全部付诸东流。这就是花木种植史上著名的"龙柏烧狗肉"事件。后来的五针松、铁树、棕竹都曾经像龙柏一样先是热炒飞涨，最后价格直泻，惨淡收场。

在龙柏事件的打击下，陈梅珍亏得两手空空，但她并没有鸣金收兵，她说，骑在老虎背上，只有勇往直前，没有退路。她干脆跟丈夫从社队办企业辞职回家，全身心扑在花木上，破釜沉舟，背水一战。他们不再跟风追风，而把精力花在价格较为平稳、利润较小的绿化苗木和用于环境摆设的草花上。

当时我正在执掌"双学双比"，培养成功的专业户做示范典型，我发现她是个人才。那是金秋八月的一个午后，高乡的农田棉花雪白，在洁净如白云的棉田中，一片红浪翻滚，就像银锁片中镶嵌着一块硕大的红宝石。啊，美极了，看得人心也要醉了。我和乡妇女干部情不自禁地来到了"红宝石"边，原来这不是一块宝石，而是种植的一片"一串红"草花。

镇妇女主任介绍："这里有个叫陈美珍的个体种植户，她的事迹我们也曾多次做成材料介绍给上级领导。但她这个个体户经营时好时坏，好时能赚上一些钱，失败时血本无归。领导考虑再三，认为风险太大，不宜推广。"

我当时就认为这是一株好苗子，是一个非常值得树立的典型，也是抓"双学双比"的极好人选。她的艰难曲折为她的发展夯实了基础、积累了经验，这样的典型树起来抗得住风浪，生命力强大。

我留了下来，跟美珍妹子促膝谈心。她说起了自己的经历："花木行业大起大伏，人就像在大风浪中游泳，避过大浪，在夹缝中才能求取生存。刚开始种花木时，左邻右舍都不理解：一个庄稼人，不侍候庄稼，去种花草，这花草又不能当饭吃、当衣穿，你是不是犯了'花痴'？果然，龙柏事件让我遭遇了灭顶之灾。我是硬着头皮挺了下来，东挪西借重新开张，我相信只要志气在、勇气在，总有出头的一日。"

我为美珍的锲而不舍精神所感动，问她眼下有什么困难。她说："你看在眼里，我种了十亩一串红，正在等待买主，到现在卖出去的不多，如果过了这个季节，这季花就打水漂了。现在的花木专业户，一要有名声，有了名声，客户会自动找上门来；二要有资质，承包绿化工程就看你的资质。"美珍的这番话使我想起了我指挥的盐铁塘拓宽工程，当时碰到一个没有资质的包工头，最后酿成了群体事件。

美珍说："我地处长江江滨，要名声没名声，要资质没资质，在花木市场上拼搏，力气很小。"

我对她说："你提到的一些困难，市妇联一定配合你去解决，当然战胜困难主要还得靠你自己。"

我配合美珍，跟多个单位联系，帮助找承包工程的负责人，提高了她的销售率。她家的绿化苗木也打开了销路。市林业部门也给她这个专业户作了技术指导。她的事业迅速做大做强。

我们妇联及时总结了陈美珍的创业经验，并在全市"双学双比"会议上交流推广。她的交流经验受到大家的欢迎，她也因此赢得了许多荣誉——全国绿化女状元、全国优秀绿化工程获得者、江苏省妇女代表、江苏省三八红旗手、苏州市十三届人大代表、苏州市劳动模范等。中央电视台特地为她拍摄了十五分钟的专题报道。

陈美珍成了地方上的名人，她的事业蒸蒸日上。市政府计划美化尚湖，美化家园，动员她承包尚湖边的砚台圩一块荒地，她一口答应下来。这就是现在景秀园的前身，那时的尚湖还处于一片荒芜状态。

景秀园现在是个像模像样的园林，成了常熟市民休闲的重要场所，取之于民，用之于民，我被陈美珍的奋斗经历所感动。

我的"双学双比"工作，除了帮助陈美珍成就了事业，还帮助了一批很有建树的女强人，比如沙家浜镇的陈惠琴。陈惠琴年轻、敢想敢干，她的家靠近阳澄湖，有养殖"阳澄湖大闸蟹"的优势。我们市妇联鼓励她发展养殖，她承包了50亩水面，在技术人员的指导下取得了可观的收益，并且带动了周边一批养殖户，她被评为苏州市劳动模范。

陈美珍和陈惠琴是我即将退休告别干部队伍时培养的农村专业户先进典型。她们不但为改革开放争了一口气，也为我们妇女争了一口气。

长江里的潮水奔涌向前，一浪推过一浪来，祖国的建设大潮也是一浪高过一浪。回顾我的工作，我只是起到了庞大机器上一颗螺丝钉的作用，在建设大潮中不过是沧海一粟。"哀吾生之须臾，羡长江之无穷。"激情燃烧的岁月还在推进，对我来说，却到了"不知明镜里，何处得秋霜"的年龄，我开始直接面对2005年以后的退休生活。

第四章
夕阳争贡献

退休了,可我感到自己还不够老,好胳膊好腿的,怎么说退就退了呢?古人不是有"老骥伏枥,志在千里""老当益壮,宁移白首之心;穷且益坚,不坠青云之志"的格言吗?我们也不应该输给古人呀。我必须充分利用这段宝贵时光,做一点事业,出一点成绩,无愧于时代。做什么呢?经验告诉我,做事不能好高骛远,我得做我熟悉的事,做我有把握的事,做对大家有益的事。退休后的我已经进入人生的最后一季,不再受方方面面的牵制,正好可以实现"我的人生我做主"的理想,切实用好这段时光,我不想有丝毫的懈怠或浪费。

1. 收中乾坤大,藏里日月长

不知是生活对我的潜移默化,还是我的天性喜爱旧物,我把退休后的主攻目标选择为"收藏"。收藏?人们会惊讶地问,甚至感到好笑:唷,做那种藏宝人?钻营来一两件宝贝,束之高阁,秘不示人,自己摩挲、老眼赏玩,好东西让你一人占据了,"被窝里放屁——独吞"。与古董相伴,玩物丧志,整天生活在梦幻中,古人有语"匹夫无罪,怀璧其罪",这对你自身也没好处呀。

他们说的其实是收藏家的负面形象,而我跟这种负面形象一点关系也没有,我们之间只在收藏有价值的东西这一点上是相通的。有的东西为什么有收藏价值?因为它凝聚了历史,蕴藏着故事,反映了文化。一件东西反映的是涓滴文化，一群东西，不就反映了一个时代？要是能收藏到这群东西，把它们有序列地摆放在一起，便有了参观价值、研究价值，也就有了影响力。游客通过参观它们，能看到一个时代的风貌，联想到那个时代的历史，从中体会到某些事件的背景，直观地理解那个时代人们的思想和精神状态的形成。而收藏群体性文物肯定是个浩大工程，不是轻而易举的事。可是正因为任重道远，才对我有吸引力，才催我发奋努力。

收藏群体文物，寻找遥远年代的系列文物是不现实的。因为年代越久远，遗物越稀少，往往只有一鳞半爪，只能用想象来填补不足，不可能组合起一个完整的场景。我把收藏物品的类别定位在我从小到大接触过的东西上面。我是基于三个方面的考虑：一是为时不远，经过努力能够收集齐全这个时代的生活、生产用品；其二是中国社会的生产与生活方式，从秦汉到近代，发展速度极其缓慢，风貌变化不大，20世纪上半叶基本保留了过去漫长岁月的生产与生活方式，这种方式与当代生活却相差很远；其三，我是过来人，熟悉这些物品，能够识别这些物品，并且能够再现那时的生活场景。

目标确定了，可行性也论证了，说干就干，分秒必争。首先我把自家的、亲戚或邻居家的旧农具、旧家具收藏好，或购买过来。家里的空房放满了，就租用亲戚朋友家的闲置空房，破旧东西堆得到处都是，旧东西还在源源不断地被收购过来。我对这些东西有兴趣，看作爱物，我家的老严却噘起了嘴，脸色很不好看，他一个劲埋怨："你像'衔蒲鞋小狗'，什么东西都往家里搬。你看，把家弄成了垃圾场。我们生活在垃圾堆里，也要变成垃圾了。"我说："问题不至于这么严重吧？"

老严没好气地对我说："你堆的这些'宝贝'，有人欣赏吗？"

我说："报告丈夫大人一个不幸的消息：还没有人欣赏我的'宝贝'。"

老严说："那还用说？你早听了我的话，也不用花这么多钱，不用花这么多力气，不用走这么多路。过安安逸逸的生活，那多好，你现在无事三千里，自找苦吃。"

我说："我还要报告丈夫大人一个好消息：我的这些收藏品已经找到婆家了。在你眼里它们一钱不值，现在这些藏品将华丽转身，闪亮登场，让你刮目相看。"

老严的一双眼睛瞪得大大的，充满了不解。

老严问我葫芦里卖的什么药，我说："葫芦里卖的是一味聪明药。"老严问："这话怎讲？"我说："这些东西在你们眼里是垃圾，一文不值；在我眼里却是文化，价值不菲。一个人文化吃多了，见多识广，思路开阔，触类旁通，不就聪明起来了？所以，文化就是聪明药，这些旧物也是聪明药中的一味药。"为了确认这些藏品的价值，我和老严开车去昆山锦溪、吴中甪直和苏北的东台参观同类场馆，以加深印象。

事情要从头说起。我们常熟市的南缘，阳澄湖北、昆承湖东，正在建设沙家浜风景游览区，已经初具规模，游客很多。

抗日战争时期，当时的新四军一部，番号为"老六团"，在叶飞、吴焜等人率领下向东推进，与江阴等地的地方抗日武装——江南抗日义勇军第三路军会合，越过太湖，推进到江海之滨的阳澄湖畔。

新四军东进打了几场硬仗：首战黄土塘，夜袭浒关车站，奔袭虹桥机场，声震江南，队伍由1000多人迅速发展到5000余人。战斗中有36个伤病员被安排在沙家浜一带隐藏休养。1964年，根据这段革命历史，北京京剧团改编、创作了京剧现代戏《沙家浜》，它是"八大样板戏"之一，在当时风靡全国，可谓老少皆知、人人会唱。

现在故事的原产地沙家浜正在建设游览区，而且知名度越来越高。

我找到了景区主管小支，我问："我家收藏了一批反映常熟地方民风民俗的旧物品，能不能放在景区展览？"小支详细询问了我收藏物品的数量和品类，他说："耳听是虚，眼见为实，我得抽个时间来你家看看，看过以后才能决定。"

我就回家等支领导的消息，不料，支领导第二天就派小吴和小马来阳桥看我的藏品了。两个小伙子看后大吃一惊道："太好了，您收藏得这么齐全，这么原汁原味，真是好极了。这些物品到景区去展览，能给景区锦上添花。"

我这才一块石头落了地，在景区领导的支持下，我去景区选择了展出场馆。我们一家人忙碌起来，搬运的搬运，布置的布置，我的藏品被一一陈列在"沙家浜农艺馆"中。

我的收藏出师告捷，藏品找到了婆家，全家很高兴。天生此材必有用，腐朽化作了神奇，丑小鸭终于长成了白天鹅。其实，我对收藏早有打算，我好像在写一篇大文章，这大文章是通过一件件实物再现原汁原味的往日江南农村风貌。有位哲人说过这样的话："人不可能两次踏进同一条河流。"昔日的江南风貌已经过去，抓捏不到，通过这些实物的展示，往日江南的景象就再现出来，可以使参观者将之与今日祖国的巨大变化进行对比，从而增进爱国热情，为社会提供正能量。

游览区"沙家浜农艺馆"的开设成功，给我这篇大文章的开头书写下了劲健的一笔。沙家浜游览区越办人气越旺，我的"农艺馆"也越来越引起人们的注意。许多人来此打样仿造，回去依样画葫芦；还有人来跟我联系，要我去他们那里开馆，给他们积聚人气。怀旧和憧憬是人类的两个基本情愫，我的民俗馆正切合了这两个情愫，所以受到大家的欢迎。

我曾出席一个宴会，酒到高潮时，有人说了句："酒里乾坤大，壶中日月长。"我突然想到，这收藏不也是这样吗？"收中乾坤大，藏里日月长。"这句话真实反映了我收藏时的心境。

2. 收藏资金何处来

有人说，收藏是个烧钱的行当，风险特高，踏进收藏圈子，就像到云南瑞丽去赌石——赌上一记，要么楼上楼，要么楼下笃砖头，得利者暴富，失利者自认倒霉。一般老百姓因为热衷收藏当冤大头的就更多了。收藏市场可谓鱼目混珠，能真正明辨真假的人，多乎哉？不多也。

收藏需要钱，这是人所共知的硬道理。我收藏的是民俗器物，成本相对低一点，但也需要钱。钱从何来？只能去找赚钱的门路，积累资金。

做什么呢？退休人员再创业，首先要考虑到公益性，能对社会做贡献，然后再考虑能赚点钱。这种钱赚得合情合理，也赚得心情舒畅。

一个秋高气爽的下午，我到支塘办完了事回城，路过白茆镇，浏览窗外景色：白茆塘银光闪闪，我回想起当年跟根根大伯割草的情景；塘边的水稻金黄似海，我又回想起参加路线教育工作组割稻的情景。进入白茆镇后，只见白茆镇像发酵的馒头，迅速铺展开来：厂房鳞次栉比，街道日新月异；厂区花园，树影婆娑，纤尘不染；远处的仓库像卧龙，条条带带；近处的工房像民居，窗明几净。白茆乡镇突飞猛进的发展，首先要归功于我的老同学高德康。他创办的波司登羽绒企业迅猛发展，成了世界名牌，成了世界羽绒服生产的一艘旗舰。白茆镇随着波司登羽绒服的崛起，迅速发展成为一座规模宏大的服装城。

我突发奇想，何不下车去看看老同学，沾上点财气？在董事长办公室，当今企业界的明星人物高德康很高兴地接待了我。老同学相见，东拉西扯，张三的事业，李四的婚姻，王五的身体，赵六的经济，掰着手指一一数过去。我问他有没有到沙家浜景区看看我办的"沙家浜农艺馆"。他说："看过了，办得很好，走进民俗馆就好像回到了青少年时代，增加了今天生活的幸福感，也增强了向前奔的信心，改变家乡面貌，匹夫有责。"我称赞他："高总的体会很深刻。"

这时，有个中层管理人员来报告：车间裁剪下来的布屑，有两家收布屑的客户争着要来收购，您看给哪一家？高总说，谁出的价高就给谁家。

管理员走了。高总对我说："你看你看，人类，人类，人活着就是累。一天到晚，看上去太平无事，其实事情不断冒出来，尽找麻烦。"

我说："能者多劳。许多人想找这个麻烦还找不到呢！即使找到了，也不一定处理得好。"

高总说："你是在奉承我？"

我说："我不喜欢奉承人，我是在将你的军。我想找点麻烦事干干。既然你厂的布屑人家争着要，那我也来争一下，再给你添点麻烦。明天叫人来拉，今天就跟你签约。"

"这么爽快？你拉走布屑，我得声明一句，这不是送你的，要付款，而且价格不能低于他们竞争的两家，市场竞争么，亲兄弟，明算账。做这种破烂生意有规矩：秤砣落地，钱货两讫。至于是付现金还是打欠条，我倒并不明确要求。"

"你的企业蒸蒸日上，赢就赢在你这个精明上，不干吃亏事。"

有心栽花花不发，无意插柳柳成行。有时，机会与运气会自动找上门来。先决条件是你要多活动，多出去转，把圈子走得开一点、大一点，这样运气跟你发生碰撞的机会就会多一点。很难想象，一个人蜷缩在家里，天上会掉下好运气。我经过白茆，如果不下车拜访同学，这个赚钱的机会就会擦肩而过。

拣布屑，美其名曰"废品回收"，俗称"拾荒""捡破烂"。布屑拉回来了，拉到奎生哥十二层办公大厦旁的水泥场上。这里环境好，广场空旷，冬暖夏凉。冬天可以在向阳处孵太阳，夏天可以在大厦的背阴处享受穿堂风。工作条件好，清一色新裁剪下的布屑，洁净柔和，五彩缤纷，你就是在里面打几个滚，睡上几个钟头，也没有关系。这里还安全，办公大厦有安全保卫人员，东西放着万无一失——谁敢来动老板妹妹的东西？我在这里还可以扶贫济穷——招收村子里弱势的老公公老婆婆来做力所能及的工作，让他们在家门口就找到挣钱机会。一堆碎布屑，把许多美事集中起来，都给我一人占据了，真是有福之人自有天相。

　　行行出状元，拣破烂也是要技术的。拣破烂的老头老太要把布屑分门别类整理开来。我手把手地教他们怎样把毛呢、皮革、涤纶、丙纶、纯棉、混纺、白烟、黑烟按类别分装在不同的麻包里。我自己先去分拣工场学习，用手揉、用目测，从手感、闪光度、挺括度等方面区分，如果再无法分辨，便用打火机点燃，通过看焦灰、烟雾来确定它的材质。点火容易引起火灾，所以要特别小心。我学会了这一套方法，回来再教给婶娘老伯，让他们用一段时间熟悉。要是老眼昏花，拣错了，成分夹杂，布屑就卖不起价。布屑细小，挑拣得小心、耐心、尽心，就像小鸡拾黄豆，积少成多，这倒是老婆婆老头子的强项。

　　进料渠道是畅通的，不用担心，除了波司登这个大供货商，我又打通了十多家服装厂，像中江服装厂、凯慕丝服装厂，还有虞山镇开发区的几个服饰厂。奎元弟帮我把布屑源源不断往我们广场上运过来。常熟的服装厂多，大家拣不胜拣。南门外有服装城，是全国最大的服装销售中心之一。大批服装厂在它的引领下创办起来，星罗棋布在城乡各地。有人统计，常熟众多的服装厂每天要产生200余吨布屑边角料，如果合理回收这些布屑，将之制造成再生产品，是一笔不可小觑的财富。我们把它分级处理，提供给再生厂家，既减少了环境污染，又清除了工厂的隐患，更创造了社会财富，使多方面受益。这是做了一件大好事。

　　办起小工场，我又发挥起自己亲和力强的优势。在支塘镇当干部，每次选举，我是得票最多的几人之一；在李总的婚纱厂里，工人把我当成他们争取权益的靠山，跟我知无不言、言无不尽；那几年在妇联为解决下岗女工再就业，我和众姊妹团结一致，群策群力，一同风里来雨里去，一个馒头掰成两半，大家分享，为创造新生活一起抱团取暖。现在的拣布工场，爷叔老伯，阿姨舅舅，都是从小混在一起的好朋友，好亲戚，大家亲亲热热,嘘寒问暖,就像家里的兄弟姐妹一样。

根根大伯来了。他当年强健敏捷的身影还在我脑海里转。黄浦江里摇船,他左躲右闪,跟漩涡恶浪周旋,我背着草篮飞奔上船,一个踉跄,正要飞出船外,他手疾眼快,一把将我抓住,就像水中捞月,提上船头。那时的他,不是土得掉渣的根根大伯,而像《水浒传》里的浪里白条张顺。岁月无情,如今根根大伯英雄不再,背驼了,身材矮小了,脸上皱纹密布。不变的是他的口才和他满腹的故事。他拣布屑,大家在他旁边团团围坐,手拣碎布屑、耳听山海经。这样,时间就不觉得漫长,还增加了劳动的乐趣。俗语说:嘴里不嚼蛆,太阳不偏西;一句说不来,太阳不落山。

离大家远远的,一个人拣,一个人理,早早地来,晚晚地回家,那是老顾。原来的老顾,吹笛拉胡琴,排练美的节目,欣赏美的人,很有独到的眼光。现在的他沉默寡言、离群索居,自扫门前雪,不管他人瓦上霜。村里人说他是"闷声大发财",有人说他"多见树影,少见人影"。只有我知道三十多年前那个流窜犯杀人案给他留下的心理阴影有多深。

这个露天小工场办得热热闹闹。俗话说:"鸡老搜壁根,人老嚼舌根",这么多老人聚在一起,手里干的又是需要用嘴巴来解闷的活计,老婆婆占了大多数,"三个女人一台戏",这个热闹劲啊,可以和茶馆比个高低,跟集市赛个长短。

我的心理得到了极大的满足。这倒不是收藏资金有了着落,或者办个小产业取得了成功,而是我的人生转了一个大圈子又回到了原点,回到了我的出生地。古人说得好:"树高千丈,叶落归根。""富贵不回乡,如锦衣夜行。"我不富不贵,但热土难离,美不美,家乡水;亲不亲,故乡人:这是人类共通的心理。身处幼时同伴中间,有说不出的温暖;与兄弟姐妹谈天,有说不出的融洽,而且我还给他们带来了老有所养的收入,这种舒畅的心情是难以言表的。

但有一个人的心情不舒畅,而且很是不爽。他就是借给我场地的主人,阳桥产业园的老总,我的兄长沈奎生。他叫弟弟奎元对我说:"你是退休的副局级干部,想发挥余热,什么事情不好做要去拣破烂?你感觉不出来,我还为你丢脸。这破烂堆在我办公楼的场地上,人来客往,不是倒我台么?这些我都忍了,谁叫我摊上一个像你这样的妹妹呢?你看,你招了这么多的老头老太,整天像戳翻了乌鸦窝,撞倒了蜜蜂箱,那个闹啊,就像爆炸了原子弹，要掀翻我的办公楼，捣毁我的产业园。"

我叫奎元弟去传言："大哥，不要来吓我啊，我们没有那么大的破坏力。我们拣的不是破烂，而是崭新的边角布料，人家企业开张要挂红绿飘带，向我来要，我还不卖给他们呢。整天红红绿绿的布条在你这里挑拣，也给你老总增添喜庆色彩啊，喜气洋洋的丢什么面子呀？这些老头老太都是你的乡亲，你的患难兄弟，有言道：'患难之交不可忘，糟糠之妻不下堂。'你要记住了，不能小看他们，这是做人的底线。至于吵闹一点，我去对他们说一声，可以改善的嘛。"

说这种话，做这种事，我是内行，再便当不过的了。任何事情，说好，你就放大正面的形象；说坏，就放大负面的弊端，总能说出个大道理来，就像当年亲公为自己辩护那样。我是亲公亲手调教过的行家里手，说这种话驾轻就熟。

"千朵桃花一树生，同胞姊妹看娘面。"毕竟亲兄妹，有事好商量，即使是激烈的矛盾冲突，也可以转化为温情的内部对话。我的布屑工场就是赖着不搬走，坚持办下去，奎生哥也只能徒呼奈何。

3. 踏破铁鞋苦搜寻

解决了资金问题，民俗文物收藏就有了扎实的基础，我尽量收得多、收得全。有了收藏这颗心，我抬头低头，举脚转首，都会留意眼前的一事一物是否与我的收藏有关。"来得早不如来得巧"，"货见主人会说话"，"货卖与识家"，这些俗语只有通过亲手交易才会有体会。

专业收藏家收藏的是宝贝，我收藏的是人家的弃物，这是我跟专业收藏家的最大区别。有了这个区别，收藏过程中我碰到的奇葩人物也就多了。

有一天，我在拆迁区见一家人家门内角落里有一只

专心收藏的有心人

五截梯格篮，上面尘灰漉漉，蛛网蒙络。这种篮呈长方形，过去酒楼常用来给客户外送饭菜，大户人家也有，清明上坟，做几盘祭菜放在此篮中，方便提到坟上祭祀。篮子中间梯状分成一格一格的，可放十来盘菜肴。现在这种篮子基本绝迹了。

我就把这只梯格篮收藏起来。它引发了我的联想：竹作是民间工匠，他们除了制作大众的日用篮篓，还要制作一些不常用的竹编工艺品，就拿篮篓来说吧，篮篓花样繁多，如果把各种样式都收集齐全了，岂不是一件功德无量的事？这样，我的收藏也就有了目标。之后的我在收藏中不断拓宽视野、增长知识，并且制定出一步步的收藏计划。

我收藏民俗器物，目标矢志不渝，在这条路上，只要不受到捡漏、企图一夜暴富的诱惑，步子也便能走得坚实。

我为了收藏四处奔波，凡是能反映民俗风情的实物，我都千方百计寻觅，不计代价收购，而那些名贵古董我倒往往是熟视无睹，不在我关注的范围之内。如果要讲究名贵藏品，那去北京故宫博物院参观好了，何必找一两件真假难辨的东西沾沾自喜呢？这是我个人的看法。

俗语说："抲卖不值钱，谋买呒价钱。"在收藏过程中，我要向货主买物，有的货主的第一感觉是这个东西有价值，于是马上喊出天价，叫我无从还价。

俗语说，世界上存在三种人，"三千金眼睛，三千铜眼睛，三千无眼睛"，金眼睛碰上无眼睛，便会闹出许多笑话。有一次，我到某拆迁区转悠，一天，两天，三天，我的眼睛盯着家家户户，想不到也有一双眼睛盯着我。那是个八十多岁的老太太，她家杂物堆里有一只满是尘土的梳妆盒，不知是她婆婆的还是她太婆、太太婆的，总之是个过气的、空空如也的盒子。我到她家几次，要收下来。可是我越催得紧，老太太越感到不同寻常：平平常常的杉木盒子值不了几个钱，既然寻宝人认为是宝贝，肯定价值非凡。一天夜里，老人拿出旋凿、榔头、老虎钳把盒子的板子、边条、小隔框一一拆开仔细寻找，结果除了灰尘之外，一无所获。当我赶到她家的时候，桌子上只剩下一堆木板条子，我忙叫来木匠重新拼装。还好，盖板上的油漆彩绘《和合二仙图》和侧翼的敦煌飞天大致完好。我又到各处寻觅梳妆小物件，配齐梳妆盒。后来，我把这只盒子捐赠给中国妇女儿童博物馆，现在它已经成了这家博物馆收藏的国家级文物。

梳妆盒是姑娘、媳妇们的宝贝，它也叫首饰盒、妆奁、藏宝盒。著名故事《杜十娘怒沉百宝箱》中杜十娘沉入扬子江的那只百宝箱就是梳妆盒。一只小小的箱盒，体现了千百年来的传承，有说不完的故事。

其实即使是收藏粗糙工具也有难度。比如铜匠担子、浇铸铜勺铲刀的铸铜模子、钉碗匠的褡裢包袱、补锅匠的炉子布垫、阉鸡人的手术刀等，有些民间匠人的遗物早已消失得差不多了，但是我都把它们觅到了。在我的收藏馆里，粗糙的与精致的相互映照，庞大的和细小的巧妙搭配，干活的工具与生活的用品同处一堂，可以多方位反映逝去的那个时代。

我做收藏有一个有利条件——交往的人多。朋友们听说我在收藏民俗文物，便帮我留意这方面的物件。一次，一个远在江边乡镇的朋友传来信息：他那里有户人家祖上是做"生铁补镬子"生意的，他家猪棚里还有副补锅担子。这正是我多年寻觅的东西！像我这个年纪的人，小时候谁没见过走街串巷的"生铁补镬子"？民俗馆里缺了这副补锅担子，正像舞台上"生""旦""净""末""丑"缺了一个角色，也像千里迢迢来到江边的人没吃到"长江三鲜"，会留下遗憾。

补锅了，把破锅放在铁架上，坩埚上的盖片揭开。匠人左手托一手掌大的布棉垫，上铺一层木灰；右手拿铁钳夹一小勺，从坩埚里舀一点铁水，倒在左手的布垫灰烬上。铁水立即变成一粒红亮红亮的圆珠，火星飞溅。左手将圆珠摁在锅子的破洞下面，圆珠漫过破洞。匠人右手再拿一个布扎的小棒棒揿那漫过来的铁珠，铁珠被揿成铁片，牢牢铆在破洞上。一点点的铁水，一点点地铆合，就把破洞补上了。补好的铁锅，内侧平滑如新，而锅底留有隆起的铁蜈蚣状补丁，影响铲锅底灰。将就着用吧，总比买一只新锅便宜。

我摸黑来到留有补锅担子的人家，把楼上正准备睡觉的主人叫下来，说明了来意。他睡眼惺忪地到猪棚摸摸索索拎出那副担子。担子尘土覆盖，蛛网蒙络，黑不溜秋，实在是个不起眼的东西。见我要出钱收购，那主人无所谓地说："随便出个价拿去算了，放在这里早晚要烂掉。"

这时，楼梯上"咚咚咚"下来一个人，是他的老婆。她说："慢点拿走，这东西不是我们一家的，我们把它卖了不合适。"主人一拍脑袋，恍然大悟地说："对了，对了。这补锅担是我爸的，爸去世了，我们有兄弟三人，我说了不能算数，等明天我们讨论决定了再说。大姐，你就将就一天，明天再来等我们的消息吧。"

我在做收藏时经常会碰上这种尴尬场面,明明一切顺利,但是半路上会杀出个程咬金,把事情搅黄。没办法,东西是人家的,客随主便,只能顺着人家的心意办。

趁热打铁,绝不能让眼皮底下的鱼溜了。第二天傍晚,我估计三兄弟已经讨论明白,可以去讨价还价了。这副担子我一定得拿下,但我明白,眼前的难度肯定增加了。连傻子也看得出,一个人摸黑来收购担子,并且缠住不放,可见担子的价值不菲。我到的时候,三兄弟已经坐在方台的三方,他们的妻子也来了,并且拉着孩子,似乎这件事对他们来说很重要。

我上前打了个招呼,坐下来展开四方会谈。老大先作代表性发言,他说:"这副担子我们保存了四十多年。父亲在世的时候,是他的宝贝疙瘩,天天要摆弄,日日要擦拭。他说'家有千金,不如薄技随身',赚钱糊口的家伙,亏待不得。他一直在做重挑担子走街串巷补锅子的梦。这是陪伴老爸一生的东西,老爸走后,我们见物就像见到了人,所以把它保存了下来。现在世界上大概也就剩下这一副担子了,好歹它算是孤品。现在你说要把它买走,我们认为价钱应该往上提一提。这上面,我们的父子感情也要计算在内。"

老大把话挑明,于是开出了一个天价,他真的把它当作宝贝了。这时,天暗了下来,江村暮霭中,波涛拍江岸。小村里的人觉得新奇,男男女女、老人孩子围了一屋子。

我做了一番解释:"刚才大哥说得对,补锅担子现在存世不多了,所以我要找到门上要下这副担子。但不要误会,补锅担子不是宝贝,它并不值钱,你把它拿到淘宝市场去卖,有谁要它?那么,我为什么要它呢?因为我要办一个民俗博物馆,要再现四五十年前我们这里的民风民俗。那个时候,走门串户的补锅匠是街头一景,民俗馆里应该有这副补锅担子,它有民俗文化价值,大哥你说对吗?货要卖与识家,你出个合理的价位,让你爸钟爱的补锅担子放到能够被妥善保管的地方,不是很好吗?"

那个老二,也可能是老三,发话了:"大姐,这话我可不爱听了。你说这担子不值钱,又说它有民俗文化价值。那到底值不值钱?有民俗文化价值不就是值钱吗?"

漫天要价,就地还钱,这本来是生意场上稀松平常的事,但卖家和买家的心理价位相差悬殊，破扫帚硬要卖黄金价，我二来江村的目的就达不到了，只能扫兴而回。

过了一个星期，听说外地有家民俗馆要高价购买这只补锅担，我急了，只得三到江村高价买下了这副担子。过去有"刘皇叔三请诸葛亮"，想不到我买个补锅担也有三到江村的经历。有朋友不解地说："用现成的材料再做一副担子不就行了？"那是仿作，收藏界是排斥赝品的，赝品怎么能和货真价实的担子相比呢？

我收购藏品的黄金地段在拆迁居民区。这里来来往往尽是收破烂的人。拆迁户老人恋旧，割舍不了曾经用过的东西，破烂塞得到处都是。现在拆迁了，得先处理这些垃圾。收破烂的拉了一车又一车，大有愚公移山精神。在收破烂的队伍中，我凭一双敏锐的眼睛，专挑有特色的生活用具和生产工具。从这辆车上拉下一把长勺，从那家人家要上一只笸箩，我要的东西少而精，但是，也有人认为我是贪小便宜、捞外快，我也因此难免遭人白眼。

泰安街、引线街一带拆迁改造是个大工程，又是老居民区，值得收藏的东西多。拆迁阶段，我每天必到。我便是收破烂的人，街头街梢走上几个来回，尽量让有价值的物品不逃出我的视线。

收获虽然丰厚，但也暗藏杀机。一天傍晚，我想趁居民在家的机会再去收点东西。我正在东张西望时，一个面目清秀的中年人对我说："你是不是收破烂的？跟我走，我家有东西。"我不知道他是什么人，跟着便走。他走进墙门，我正要跨进门，里面突然蹿出一条大狼狗，对着我一阵咆哮。吓得我连蹦带跳，往后奔逃，险些摔倒在街上。那个中年人在里面，还在调嚣狼狗，狗仗人势，人凭狗威，好好一家人家变成了龙潭虎穴。

这时，一位叫老徐的大伯走过，上前挡住了狼狗，骂道："痴阿二，又惹事了，还不把狗牵进去！"原来，这个外表眉清目秀的人患有间歇性精神病。而当时我如果出了意外，什么赔偿也得不到，因为精神病人不用负法律责任。

老伯知道我是收旧物办民俗馆的，便领我到他家，凡我需要的物件，他都愿卖给我。我这才惊魂稍定，我揉揉眼睛、拍拍脑袋，在确认小命还在后，开始慢慢挑选老伯的东西。这次奇遇真应了那句："祸兮，福所倚；福兮，祸所伏。"

街道居民家有城里人用的反映民俗文化的物品，乡间农民家有乡下人用的反映民俗文化的物品，两者各有侧重，只有把两者结合起来，才能反映时代风貌。城里的物品我可以去拆迁现场收购，乡下物品只能靠我众多朋友提供信息，我再前去乡间各个角落看货买货。

　　有朋友打来电话说，在淼泉一个养鱼池边上，有一只"放鸟船"要卖掉。得到信息后，我马上骑了助动车前往。

　　"放鸟船"，就是放鱼鹰捉鱼的船。在木船中它是最小的一种船。它两头高翘，船身细窄，没有技巧的人上这种船，脚一发抖，便会人倒船翻。放鱼鹰的渔民却能双脚稳稳站在船后舱，一枝长篙一点，船像箭一样在水面上射来射去。渔民一脚站稳，另一脚稍微提起，把脚下的活动木板"笃笃笃"踩得山响，嘴里"恰恰恰"地吆喝，长篙击水，驱赶鱼鹰钻水捉鱼。

　　这样的船当然要收下来。现在造木船的船匠已经不多，河里不是铁船就是水泥船、塑料船，这样真正木制的"放鸟船"在民俗文物收藏家眼里是抢手货。

　　交易进行得很顺利，只是运输麻烦。船要从水里拔上岸，水漉漉的，很沉重。叫上一辆车，还得把它扛到车上，我终于一身水半身泥地把它运回了家。渔民新造了房子，旧家具堆在外面场地上，也要处理掉。我挑拣了一幢箱橱，几只排杌，几条长凳，有的还是榉木的老家具，很便宜。

　　从农民手里收购物品，也并不都是一帆风顺的。有一次，我在漕泾一个村庄收缸甏。收来的缸甏排了一长列，大大小小，缤纷五彩。这是笨重东西，我叫来一个收旧货的，把它们装上三轮车。不料，一个四十岁左右的妇女对村里人说："她是个头道贩子，东西还没出村，就被她倒手卖给收旧货的了，这个钱太好赚了。"村里人听她这么一说便把钱扔在地上，又把缸甏一个个拿了回去。最后我什么也没收到，还得付皮卡司机误工的钱。按理说，货到了我的手里就由我支配，管我是自用还是转手贩卖。但在这种场合，我就是"秀才碰到兵，有理说不清"。

　　见了秀才说书，见了屠夫说猪，三句话不离老本行，各行各业的人都有一套独特的语言系统。我搞收藏，得和各种人打交道，得熟悉各种语言系统。一天，我骑自行车回家，路上看见一个老阿姨肩上捐了一只六角竹坐车，正艰难地走着。这是一只破旧的六角坐车，过去农村最常见的孩子坐车，现在很难见到了。这小小的坐车，也能反映那个时代。

我上去搭讪："阿姨，您背了坐车上哪里去？"她说："去妹妹家，她家添了个孙子，我找出这个旧车给她用。"我直截了当地说："您这个车能不能卖给我？或者，我去买辆新车跟您换？"阿姨惊讶地上下打量我，以为我精神不正常，她带着畏惧的眼光加紧脚步逃走了。我问了左右邻居，知道了她的确切地址，多次上门求购，她弄清了我的用意，才把坐车卖给我。

我比较注意收藏有特色的器具，努力进行系列化的主题收藏。当初设定了"百篮""百桶""百衣""多彩的童年"等专题。为收藏"百篮"，我几乎走遍了常熟的各乡各村，还到苏州市区、江阴、张家港、太仓、昆山等和常熟民俗相近的地方寻觅。后来"百篮"收集到了"店堂宝货篮""细篾人物篮""黛玉葬花篮""十鼠闹元宵篮""龙凤提盘漆篮"，"百桶"有"钱币桶"等罕见品种。

农具和家具体积大，很占摆放的地方，像雕花飞来床架、竹家具、牛车盘、风车、织布机、手推独轮车等，一两件东西就把一间房子放满了。我动员几乎所有的亲戚，让他们把一些闲置的房间借给我使用。龙骨水车一时无处寻觅，20世纪末，我在老家锯倒三棵树，请来三个老木匠，在家里做了三十几个工，才制作成功。由于体积大，我把它存放在生产队的公房里。想不到，后来公房出租给外地民工，他们竟将水车的斗板和其他配件当柴爿烧了，我心疼得要命。

有句关于写文章的话："文章千古事，得失寸心知。"把这句话借用到收藏领域也同样合适："收藏千古事，得失寸心知。"我的民俗文物收藏看起来洋洋大观，铺出的摊子很大，其实，一件件来历都不相同，里面都有故事。这些藏品，外表看来破旧暗淡，不显山，不露水，但对我来说是自肉自痛的宝贝，项项件件都倾注了我的心血和感情。

4. 蒋巷村江南农家民俗馆

他身材并不高大，但机敏灵活；他的嗓音偏高，但不失温和亲切；花甲之年，村镇决策，他依然运筹帷幄；人来客往，他都要亲自出马应酬。我初次见到他的时候，感觉到他脸有沧桑之态，身上散发着久干农活的吃苦耐劳气息。他跟我一样，是水田里莳秧拔稗、旱地里掰土疙瘩成长起来的"泥腿子"干部。相似的经历，一下子拉近了我与他的距离。人逢知己话偏长，家长里短，春种秋收，引进项目，技术培训，带领集体奔小康，我们拥有许多共同语言，他说我领会，我说他点头。

他叫常德盛，任阳乡党委副书记，任阳乡蒋巷村的党支部书记，现在任阳乡并入支塘镇，我们是乡里邻居了。

常书记非常谦虚，他说："我很幸运，比先辈幸运。一个村干部的步伐能跟祖国同步，与春天同步，是我最大的幸运。"

他强调了幸运的一面，其实这个"幸运"不能光从字面上理解，他说的幸运，蕴含了紧跟党的步伐，听从党的指挥，做出无愧于时代的贡献。他跟我约略讲了自己的努力，使我近距离感觉到了他敏锐的眼光、务实的作风、为民创业的决心和公而忘私的胸怀。

这是2006年的早春三月。老严开车，我坐在旁边，我俩在为藏品寻找婆家。麦苗儿青青菜花儿黄，早春的鸟儿叫得欢。满眼绿意，春风拂面，心情舒畅，我有一种预感，今天有喜事等着我。

我们直奔蒋巷村而去。在常书记的带领下，蒋巷村由"万户萧疏鬼唱歌"的血吸虫病流行区发展成为国家级农村现代化示范村。他们立足农业，工业发家，创造了农民的富裕生活。如今蒋巷人又把目光投向了生态旅游，常书记说："蒋巷村还要靠旅游旺家。"奔着常书记这句话，我们夫妇俩前去投石问路——凡事要抢在头里，良好的开端是成功的一半。

能不能在蒋巷村建馆办展出？我们有一个有利条件。蒋巷村的农业生态游是受了沙家浜红色旅游成功的启发而办起来的。沙家浜红色旅游区，我的"沙家浜农艺馆"为它增色不少，用实物再现了抗战时代的农村风貌，为游客确切了解先烈的革命业绩提供了实物氛围。如果蒋巷村的农业生态游也能办上一个"农家民俗馆"，也将会深化景区的意义，升华景区的主题。

常书记热情接待了我俩，一口同意我们的建议，并且要求我们立即动手去办馆。

常书记规划将占地3000余亩的蒋巷村全部划进旅游范围，以起到"国家级农村现代化示范村"的示范作用。这包括日进万金的常盛工业园、整齐划一的农民新家园、姹紫嫣红的村民蔬菜园、千亩无公害粮油生产基地，加上新建设的小桥流水生态园，五大板块的景观丰富多彩，任游客徜徉，任游客观赏。常书记设想有了这么个庞大的旅游区，再联系各界人士前来作"新农村考察游"，联系教育部门在假期中组织"学生教育游"，在有了名牌效应后再吸引市民来"农家乐趣味游""田园风光游""休闲生态游"等，把"乡村游"这篇大文章写实写好。

常书记还设想在景区设立一系列的场馆，如农俗馆、综合科普馆、村史展览馆、中小学生运动体育锻炼基地、商贸服务区、宾馆、度假村、医疗站等。我们"农家民俗馆"自动投奔，对他来说真是求之不得，好比一滴水滴在油瓶里——巧极了。

常书记带领我俩参观了准备开辟生态园的区域。这是一片300多亩的河浜沼泽地，水面开阔，芦箭出土，浮萍片片，野花飘香，岸柳波光，鸥鹭翔集，弥散着初始状态的乡村宁静，充满了空旷的山野之气。本来这片荒滩已经改造过，湖湾水滨养殖了鸡、鸭、雁、鹅，高阜上栽种了果树林木，平地上培育了蔬菜，水面上长出了菱荷。这些蔬果鸡鸭，将与生态园配套，成为条条带带的田园风光。

常书记叫我们把民俗馆办在一长列猪棚里。这里的好处是棚屋成列，风俗文物放置在两边，游客走走看看，可以成为一个系列；另外，此地在生态园进门不远处，开门见馆，民俗馆在生态园众景点中充当唱头牌花旦的角色。民俗馆放在景区咽喉位置，可以成为生态园的一张标志性名片，如果站得住脚，影响就大了。

有一位溧阳来的杨女士，她比我们先来园区，在这里开办了一家根雕艺术馆。常书记初创旅游，多多益善，叫她选址。她的馆址就在我们猪棚的河对面。那里有个茶馆，房子小巧玲珑，既引人注目，又聚集人气。

她见我俩选了个猪棚，便过来嘲笑我们的傻气："办场馆办在猪棚里，脑子进了水了。人家来观光旅游，要看点养眼的东西，像我的根雕，高雅而有想象力，谁会来钻你们的猪棚闻臭气呀？"

听了她的话，我们夫妇俩真不舒服——事业刚开张，就有人来泼冷水、说丧气话。好在我们是共产党人，百无禁忌，不怕妖，不信邪，是骡子是马拉出来遛遛，出水还看两腿泥呢，走着瞧吧。从此之后，我见了她就像见了瘟神，避之唯恐不远。她见自己占了上风，更神气了，一有空闲便到我们猪棚里来说风凉话，体会那种鹤立鸡群、趾高气扬的快感。

兵贵神速，既然蒋巷村答应下来了，我们就加速布置场馆，别让煮熟的鸭子飞了。可是这里毕竟是猪棚，破砖烂墙，八面通风，要把它整修成人家愿意走进来参观的场馆可不容易。

首先要去除异味。拆除猪圈后，室内空间比较大，就像一条小巷，可以走一段时间。只是久年的猪棚，那股气味除不掉，怎么办？请教了许多人，他们说，气味来自地下，猪粪尿多年浸染，已经入皮入骨，根除的办法只有将室内地坪的泥土全部更换掉。这是个大工程。我们在雇佣民工挖土填土的同时又整修了墙壁。原来的半墙，上半部分不挡风雨，我们便装上窗户，这样既有利于保暖，又注意到了采光。

那位杨女士又来挖苦了："怎么？你们大干快上，连地皮也挖了？你们是藏宝的还是想来这里挖宝的呢？"

我不胜其烦，便叫她看好自己的场馆，挖自家的宝去——乌鸦嘴，少说几句行吗？

猪圈改造完毕，我将藏品装来布置，这得要点学问。一是合理分类，二是布置要有场景感，能引起参观者联想。我将场景分成"生产""生活""街市"三部分，基本上涵盖了当年原生态的乡村风俗场景。

一长条由猪棚改造的展览馆终于初具规模了。进入场馆所见有：男耕女织，匠作百工；农家小院里，锅瓢小灶，提桶水缸；门外，生铁补镬子，棒槌弹棉花；铜匠担子老皮匠，箍桶篮篓豆腐坊。新房里，飞来床架挂发禄，麻纱蚊帐相思钩，床后米寨稻柴做，床前榉木马

"江南农家民俗馆"一隅

鞍台。场地上，鸭下河，鸡上树，老婆婆簸扬新谷米。捕鱼捉虾的鱼篓、撩海、各种网具，也一应俱全。常书记来看了非常满意，他也是那个时代的过来人，见到再现的情景，感慨良多，连声叫好。

蒋巷村的生态园越办越好，来参观游览的人川流不息。民俗馆设在生态园的头上，是游客必经之道。他们刚进小屋时还不以为然，后来是越看

越有启发，越看越有味道，好评如潮。

可是有一个人还是不看好我的场馆，她就是开设根雕馆的杨女士。她来前前后后看了一番，嘴歪到了耳朵上，鼻子里打着哼哼说道："这算什么呀！破破烂烂，我没见到一件价值千元的东西。现在的人眼睛都钻在钱眼里，你拿什么去向观众交代？你们去看看我的根雕馆，一件东西就价值几万、几十万，那才叫货真价实。"

我们蒋馆长的爱人听不下去了，走上去说："什么根雕？你糊弄人。几个杨树根、柳树根、刺槐根，剥了皮，上了漆，就算宝贝了？那东西易朽快烂，过不了几年就扔了。你带一把石灰撒瞎人家眼睛，人家才会再来买你的东西。"

一顿抢白，把杨女士说得脸色煞白，她正要发作，我忙上去打圆场："蒋阿姨不要跟她一般见识。她开的是艺术品馆，我们不懂。听老辈人说，她们这种馆三年不开张、开张吃三年，让她发财去吧。"

各人的眼光是不一样的，俗话说："有人喜欢孙行者，有人喜欢猪八戒"。我的民俗馆并没有像杨女士说的那样不堪，而是办得很成功。我也从中领悟到了自己的人生哲学："我自走我的路，让人家说去。"

来自上海旅游参观团的一位老工人听说民俗馆是我办的，他紧紧拉住我的手要和我拍照，还问这问那的。他说："你办了一件大好事，这个民俗馆顶得上人家办一个钢铁厂。钢铁是冷冰冰的，你的民俗馆饱含深情。我的外婆家在上海乡下。那时，我每个星期天到外婆家去，就生活在这些东西中间。现在外婆去世了，娘舅家的房子翻建成了小洋楼，家里的旧东西没有了。去娘舅家，就没有了那个味道，没有了那个感觉，我也就感到没有意思了。想不到这里跟我外婆家那么相似，我又找到了当年的感觉。以后每年我都要到这里来，就像回外婆家。"

老工人的话给了我极大的鼓励。

来民俗馆感触最大的人是当年的插队知青。他们见到这些东西，就回忆起知青岁月，感到分外亲切。一物一故事，一事一段情，见物思旧情，当年的农耕生活重现眼前，让他们激动不已。还有人不远千里来这里拍照绘图，准备回去仿作办馆。也有外地旅游区跟我联系，邀请我到他们那里去办馆。

我的民俗馆门庭若市，十分兴旺，而且广受好评。河那边杨女士的根雕馆却很不景气，游客在门前走过，很少有人进去。杨女士哀叹："我的馆是阳春白雪，和者必寡。世上还是不识货的人多啊，你看，那个下里巴人的民俗馆多热闹啊！"终于，杨女士支撑不住，把她的根雕装上卡车打包回她老家去了。临行，她对我说："我是选错了地方投错了门，到这个死田角落来，哪里能碰上几个有艺术眼光的人？"她就是这种人，失败了不总结教训，只是把失败的原因推向别人，摆脱责任。这是变相的"死要面子活受罪"，这样是很难取得进步的。

民俗馆在修理后的猪棚里展出了三年。蒋巷村的生态园办得生气勃勃，越来越完善，游客盈门。村里一派安居乐业、活力四射的景象，人与自然和谐发展。当地经济的起飞，吸引了党和国家领导人也来视察，他们称赞说："多好的地方啊！这就是现代化新农村。"

我的民俗馆受到了重视，也得到了蒋巷村领导的支持，于是我决定拆除猪棚，重建新馆。新馆面积3000平方米，外加一条500平方米的乡镇古街。我们请广告公司来制作了多个蜡像，还制作了家禽家畜的动物标本。新馆落成，我用了15天时间将藏品一一布置在新馆内。15天日夜连续作战，把我彻底累垮了。所谓"一夜不睡，十夜不醒"，再用15天时间也恢复不过来。

新馆开张，鸟枪换炮了，它以多彩多姿的画面迎接世人，灯光配备，音响模真，全方位打点，赏心悦目。分类还是生产馆、生活馆、乡镇一条街，再现昔日的江南风情。

家庭副业，织布纺棉花：布机"札札"响，纺车嗡嗡唱，这里能勾起我对慈爱的亲婆和能干的母亲的回忆。家门前老婆婆簸扬，鸡啄秕谷，羊啃青草，鸭子"嘎嘎嘎"下河远游，清新的田园生活，有我梦幻般的童年记忆。赶牛犁地的老农，拔秧莳秧的农妇，龙骨水车上汗流浃背的壮汉，诉说着"白米饭好吃田难种"的艰辛。乡镇小街热热闹闹，过小石拱桥，历井台巷门，便是闹市。皮匠摊、补锅摊、补碗摊摆在角角落落，铜匠担、豆腐担、转盘游戏见缝插针。肉铺、缸甏、钉秤、南货、布庄、米行、茶馆、剃头店、小吃店应有尽有，市井嘈杂声、叫卖声、交易声此起彼落。身处其间，好像时光倒流，回到了那个时代。

有人比喻："摄影是时间的神偷。"如果这句话能够成立，那么我的民俗馆就是时间的大盗了。这里不是一时一景一物几个人的留存，而是一个时代的风貌，一个时代的故事，一个时代的企盼和追求，留存了下来，再现了出来。

蒋巷村江南农家民俗馆开办成功，产生了一定的影响力。在这个基础上，古吴轩出版社出版了我的第一本专著——《走进记忆：沈玥瑛江南旧时农家器具图集》。在这本书中，原常熟县委书记周福元给我写了序言，原《常熟日报》副总编辑吴从真老师对我的藏品作了高度评价。

周福元老领导在序言中说："沈玥瑛的农家女孩和农村领导工作者身份，使她的收藏活动达到了今天很少有人堪比的程度。出没千家万户，走村串巷，使她的收藏目标很强；和农家天然的亲和力，使她收到了职业收藏家或学术研究部门想收却收不到的一些物品；不少占地很大的器物，只有寄放在农村亲朋和好友闲置的空房中才能保存下来，而这一点又是那些城里的专家学者难以做到的；改革开放，使她的家道相对殷实，加上省吃俭用，为她的收藏提供了财力。以上几点说明，沈玥瑛做了一件别人无法替代或无法全面替代的工作。"

老领导指出："那些被静静陈设在一角的各种旧时器物，却在告诉我们曾经有过怎样的一段历史。这些物品今天不经意间担当的新的'历史角色'则证明，在中国共产党的领导下，我们确实在不长的时间里经历了巨大的历史进步。这本画册，理所当然地联系起了过去和现在、昨天和今天。从这个意义上讲，沈玥瑛女士的这本藏品画册，使江南的历史文化再放异彩，是一本促进我们继往开来，努力建设新农村和新生活的好读物。"

吴从真总编在述评中指出：沈玥瑛收藏的"珍宝"，"它有极强的地域性""它有极强的专题性""它有极强的草根性"，这些物品"活脱脱地向我们'陈述'着过去的江南。因此，说这些藏品有着极强的个性和生命力，也就不奇怪了！文艺界有'越是民族的，越是世界的'精当见解，那么化用这句话于沈玥瑛的收藏，可以说，越是区域的，就越是超区域的、超疆界的。"

吴从真老师还深入分析了这些藏品蕴涵的社会意义。他说，这些藏品反映了"社会发展的主体问题"，他从罱网、粪桶、纺车、石磨等工具中看到："使用这些工具的人，才是真正的英雄，他们的辛勤劳作创造了财富，他们是创造社会历史的主体。"吴老师还从蓑衣、斗笠、草帽中看出"劳动人民又是在遵循自然规律的同时与大自然抗争"，"于是生产不断扩大，社会有了进步"；而秤、斗、箩"体现了人的智慧"，也使人了解到曾经的利益权衡，人们为社会的公平正义所做的努力。

吴老师还注意到这些藏品涉及的"技术发展与社会进步的问题"。他说，各种劳动工具"从学科的眼光看，它涉及到对风能、水能、机械能、太阳能等的研究和开发利用问题，也涉及到对力学原理、物理学原理、化学原理和冶炼锻造等的技术应用"。正是这些科学技术的原始积累，"才使社会发展到今天这样的文明高度"。

吴老师还从中悟出了"创新的心智感悟问题"。这是他从一只木制尿壶上体会出来的，它突破了陶瓷的用材范围，显得轻便而温暖柔和，更加实用。

吴从真老师再从审美的角度对这些藏品做了总结："一为自然质朴美"，"巧借自然的形态而为我所用"，"显示了一种自然天成和约定俗成的线条美"，"凸现出圆匀或古朴的神采"。"二为磨蚀沧桑美"，像石臼粗糙的外侧，与内面长期打磨而成的润滑，"是美的矛盾体，又是统一体"，让人感受到沧桑在一件器物上留下的痕迹。"三为工艺密丽美"，"那么多的篮、盘、箩、篓"，"反映出细密的工艺及其形态各异的造型，有的让人叹为观止"。"四为由物象而生的意象美"，器物引人联想，见船篷，便会想到"春水碧于天，画船听雨眠"的画面；见烛台，便想起"何当共剪西窗烛，却话巴山夜雨时"。此外，"还有操作情趣美"，水车、纺车等木机械，游客可以直接操作，"增添了情趣，调节了身心"。

吴老师的论述深入浅出、发人深思，既提高了我的藏品的品位，又是对我收藏工作的极大鼓励和鞭策，我在这里要深切地感谢周福元领导和吴从真副总编。

这本书从生产工具、生活用具、专题器具三个方面通过实物图像全面介绍了我的藏品，既为游客参观提供了路径，也揭示了藏品的内涵，扩大了影响。

随着我的民俗收藏影响的不断扩大，2005年7月，我加入了江苏省收藏家协会。2009年8月1日，我被吸收为中国收藏家协会会员。

5. 场馆系列

　　做任何事情，开头比较难，但是一旦上了轨道，尤其是出了点成绩，就像物体运动有了惯性，一溜过去，刹不住车，便一发而不可收。我的民俗文化收藏也是如此。我把碎布工场关了，一心一意做收藏。有人说，江南农家民俗馆已经办成，见好就收，还瞎忙乎啥？不行，只要听到哪里有值得收藏的东西，我的耳朵就痒痒起来。我会急不可耐地赶去看看，因为我的脚底痒痒的。我还想把这件东西买下收藏起来，因为我的手心也是痒痒的。

　　我的老公严同志有意见了：人家的老婆相夫教子，日子过得清清闲闲、安安稳稳，我俩同是局级退休，不差钱，也不缺少朋友圈子，要活动有活动，要旅游可旅游，你赶来忙去的，图个啥呢？

　　亲不过郎舅，近不过夫妻。我跟老严同衾40年，前十年我做乡干部，他在部队服役，新婚即是远别，只凭鱼雁传情，难能朝夕相处。十多年后，终于聚首一室，可是养母育雏，忙里忙外，甜蜜的日子匆匆而过。现在退休了，空闲时间突然多了起来，终于有时间卿卿我我了，我却像断了线的风筝、脱了缰的野马，城里乡下忙得团团转。

　　我忙的事他不感兴趣，还有意见。他见我收集了那么多东西，只得很不情愿地帮我搬搬运运、装装叠叠，就好像在尽一个丈夫道义上的义务。在外面设场馆的时候，他出力出汗不用说，还会被不理解的人风言风语，甚至发生矛盾冲突。做任何事情不可能一帆风顺，只有善开顶风船的角色，才能到达彼岸。我常说："我干我的，让人家说去吧。"老严也就忍着，每当这个时候，我瞥他一眼，心弦拨动，真感觉到似乎欠着他点什么。

　　蒋巷村江南农家民俗馆的建办成功，增强了老严对我的事业的信心，他对我收藏的态度也有了转变。之后，鞍前马后，不是我要他做什么，而是他主动要来帮我做什么。二人同心，其利断金。我的收藏事业顺畅多了。

　　沙家浜农艺馆和蒋巷村江南农家民俗馆是两个文物综合馆，剩下来的藏品，我还要办几个单项馆。第一家单项馆办在尚湖荷香洲公园，这是尚湖"红色藏品馆"。

接着，我们在我长期工作过的江南名镇支塘、我的故乡又办了"古砖雕石馆""锡壶艺术馆""古门窗馆"。这三个馆办在盐铁塘风景带的集贤桥南北两侧，为历史文化名镇增添了亮点，提高了文化品位。

"古砖雕石馆"办在集贤桥往北走三四十米的古建筑"姚厅""张厅"中。姚厅是明代官员姚汝化的家宅，现存的姚厅只剩第二进，与张青莲院士家的"张厅"并列，两个四庭柱叠梁楠木大厅，大梁彩绘、雕刻精美，是常熟市文物保护单位。走进庭院，露天陈列着石柱础、石塔莲花顶、石望柱等建筑构件，石碾、石磨、石槽、石臼、石凳、石锁、石缆纽等生活或生产工具，还有石狮、石荷花缸、石栏板、石栏凳、云石等石雕装饰品。室内玻璃柜中陈列着各式龙门砖与瓦当等砖雕作品，其中以龙门砖为多，还有屋脊上各式造型的螭吻。整个展厅，洋洋大观，琳琅满目，从中既能体会到民间艺人丰富的想象力，也可以看出水乡人民追求幸福美满生活的热望。

"锡壶艺术馆"陈列在盐铁塘风景带的另一传统古宅中。从集贤桥往南走三四十米，向右转弯，便是一幢清代古建筑，它叫"周家陈楼"，有120年的历史了。沿街两层小楼，三进院落，古朴的木雕门窗，粉墙黛瓦刻石，精致幽雅，是一处传统江南民居。

江南的茶文化内涵丰富，锡茶壶是饮茶的主用器具。过去的农民，早晨手挎竹篮上茶馆，篮里放上锡茶壶，在茶馆磨蹭上一两个小时才打道回府，把茶壶、茶盅内喝过的茶叶、茶水倒入锡茶壶，锡茶壶里再续满开水，拎了就走——这是他们一天的饮料。

我的"锡壶艺术馆"占地面积有600平方米，设有5个展厅——两个瓷器展厅、三个锡壶展厅。主要有各种式样的锡茶壶，各种式样的锡酒注，各式铜火锅，部分青花瓷器、粉彩瓷器和"文革"瓷器，其他还有烛台、香炉、笔筒、笔洗、发钗、发簪等器皿。这些展品造型奇秀，加工精致，纹饰优美，錾刻刀法讲究，让人不得不赞叹手工匠人的心灵手巧。

这些壶的年代在清代到民国期间，多出自常熟民间匠人之手。江南锡茶壶在历史上有两个最有名的产地，一个是苏州木渎，一个是我们常熟。根据壶上落款，可以知道有常熟南门坛上的夏顾，有梅李匠人，有白茆李市匠人，有支塘匠人。一物一年代，一物一故事。比如馆中一把提梁式漆有桐油的陶酒壶，造型敦实，容积巨大，是农民带到田头饮水解渴的必备器具，现在已经难得一见，十分稀少。从漆水看，这只壶已有百年壶龄了。这个收藏馆，抢救了常熟的农家民俗器物，为研究常熟锡茶壶工艺提供了实例，也为下一代接受传统教育提供了实物。

馆中还有中国人民解放军原副总参谋长、乡贤吴铨叙上将的书法作品："传承优秀文化，发扬民族精神"。还有中国作家协会副主席、乡贤何建明给我馆书写的书法作品："养身"。我还收藏了中国书法家协会原副主席、本邑著名书法家言恭达的书法作品。

我对把场馆设在传统古居中颇有心得：一是充分利用资源。二是妥善保护古居。俗语说"人是屋肚肠"，房子是用来住的，没人住着，房子会很快朽烂。三是节省了维护古建筑的成本，能让更多的人来观赏前人的建筑艺术。比如我的"江南古门窗馆"就选址在支塘镇的中心街旁，现在已经面向游人开放了。

一连串场馆的开设，受到了参观者的好评，他们称我为"江南民俗文化的守望者"。现在，我办的场馆已经有6家，还有"红色藏品馆""服装馆"正在筹备中。

一家家民俗器物场馆的创立，我家老严功不可没。他对我的收藏事业由反对到同情再到同心协力，经过了一个痛苦曲折的过程。这里面潜藏着夫妇磨合的真谛：有矛盾、有磕碰不是坏事，而是使家庭关系上升一层境界的契机。

一年一度秋风劲，又到了中秋佳节——家庭团圆、共庆甜蜜生活的节日。我和老严驾起电瓶车去把几个场馆装点一下，让它们显得喜气洋洋，好迎接八方来客。

我收藏的成功，最要感谢哥哥奎生、弟弟奎元、妹妹妹金、侄子军明、侄子佳平，感谢这些好亲好眷的全力支持。每当我因藏品无处安放急得团团转的时候，弟弟奎元便会清出自己的老房子，全部给我作仓库，他家的房子被我的东西塞得满满当当，就像个垃圾堆场。每次藏品要搬运到场馆去，妹夫永涛的阿里山炒货厂、军明的沈氏塑业厂便调出运输车辆无偿给我服务。我有了他们的支持，事业才干得顺心顺手。

奔走了一天，终于坐到了家里，我又忙开了买汰烧。宝贝孙子、两对女儿女婿和我们老夫妻两个，一桌人团团围坐，共庆佳节。

中秋之夜"斋月华"，又称"赏月华"。庭院里放上一张小方桌，放上

第四章　夕阳争贡献

一个小香炉,点上一炷香,两边小烛台,两支蜡烛烛光荧荧。桌面上供着月饼、鲜菱、宿藕、糖烧芋艿、糯米团圆、桂花栗羹、苹果、葡萄。桂花香里,圆月高照,我和两个女儿桌前叩拜,共祝我们的美满生活,祈求国泰民安、祖国兴旺发达。

我把月饼分成小块,让家人每人吃上一块,饼虽少,意义却深,这叫"团圆饼";喝上几口酒,这叫"赏月酒";吃上糖烧芋艿,这叫"甜甜蜜蜜";吃点馄饨,这叫"兜财馄饨"。扳扳蟹脚,尝尝甜瓜,一家人唱一曲《我们的生活充满阳光》。

我看着两位女儿、两位女婿、一个外孙,心里非常欣慰。下一代已经长大成材,她们都很优秀,事业蒸蒸日上,孩子活泼可爱。我想到自己新婚时还担心能不能做一位像我妈那样的好母亲。我看了看丈夫老严,示意他:我交上的这份答卷,你满意不满意?女儿小燕孩童时脖子上挂着钥匙,自己料理自己的生活,长大后学习和工作都认真踏实……一件件往事如在眼前。我似乎看到了她身上对外婆精神的传承,我的眼睛有点湿润了。

秋天是收获的季节,中秋节,我品味到了丰收的快乐。

6. 与岁月共舞

转眼间,我到奔七的年龄了。退休后,十多年的收藏生活给我的人生增加了亮色,丰富了我的身心,也为常熟的文化事业添了砖、加了瓦,虽然此中有辛苦、有曲折,但想到由此而收获到的舒畅的心情,充实的生活,绚烂的文化,这功夫下得值

让我们跳起来

得。然而,沉湎于事务,发愤忘食,乐以忘忧,却不知岁月无情,老之将至,再强健的体魄也挡不住岁月的侵蚀。怎么办?去跳广场舞。

我沉迷于收藏,但也不排斥做其他公益事务,因为做公益和收藏并不

冲突。有项活动,只要同伴来一声呼唤,我手边事再多再紧也要丢下,拔腿就走。这项活动就是跳广场舞。跳广场舞,除了表达感情,展示形体的美好,还有养生保健的作用。

我热衷于跳广场舞,原因多多。生性活泼的我,少女时代参加过宣传队,喜欢唱歌跳舞,今日跳起广场舞,便有一种重返青春、重显活力的感觉。更重要的是,我从事过十多年的常熟市妇联工作,真正为常熟妇女办的实事,屈指算来,也就那么几件,现在我退休了,仍然想为姐妹们做点实事,弥补任上时的不足。眼下,中老年妇女都很注重身体健康,坚持锻炼成为时尚,我作为妇女干部,有责任把她们组织起来进行教练和辅导,提供力所能及的方便。此外,还有一点私密原因:我聪明能干的母亲,最后四年卧床不起,毁在病痛上,我要吸取教训,照管好自己的身体,我坚持跳广场舞,既是锻炼身体,又实践了母亲的教诲:"不要做人上人,避免做人下人,要做个人中人"——永远融洽在姐妹们中间。

2007年,我们几个广场舞爱好者聚首体育馆学习《全民健身条例》,我们决定本着"强身健美,造福市民"的宗旨,成立常熟市健美操舞协会。大家推选当时妇联的一位干部兼任会长,我为副会长。不久政策下达,要求在职干部一律不得担任群众组织负责人。市妇联主席要求我当会长,我便在协会成立的第二年接任协会会长职务。

协会成立之初,我们只有107名会员。我在全市各地奔走,特别是在还没有拉起舞蹈队伍来的空白户乡镇走得最勤。我联系领导,挑选人才,分发资料,配备辅导人员,培训骨干,将舞蹈队由小队伍发展壮大为群众的自发行动。在虞山镇,不管寒来暑往,我穿梭奔忙在

为广场舞奔走的我

润欣、世茂、九里、乐购、琴枫苑、红峰苑、漕泾等居民区,逐个传授市民健身舞的基本技巧。我们还把广场舞推广到全市各个边远乡镇角落,做到"村村都跳广场舞"。我到乡镇去辅导路途比较远,最远的要骑车30公

里。有时,回来路上电动车轮胎穿了,前不着村,后不着店,怎么办?只能叫老公开车来接。有时在村边车就出了故障,我就把电瓶车寄在农家,自己打的回家,第二天再去把车取回。有时车坏在近处,我就推上破车,走上个三五里路,步行回家。在常熟,不管哪个角落,所有辅导站都留下了我的足迹。每个足迹都记录下了我的坚持和努力——身在广场舞队伍,就感到责任在肩。

协会发展到2014年,我们已拥有了一个多达6295人的大队伍,指导员由11人发展到了252人,还建立了10个分会,141个辅导站。家大业大了,我们每年组织健美舞比赛,通过电视台直播,搞得热火朝天、全民振奋。我们的队伍还参加江苏省、苏州市以及各个部门的比赛,并且都取得了良好成绩,在舞林角逐中,锻炼了队伍,发现了人才,扩大了影响。

到2017年,我们协会会员扩充到15060人,辅导站增加到223个,指导员430人。这么个庞大队伍,活动在城乡各个角落,组织全市广场舞爱好者开展健身。不管哪里,凡有居民区的地方,就有音乐声,就有整齐的演练步伐,就有充满活力的舞姿,就能听到欢声笑语。民安国富,娱乐升平,我们的舞姿使盛世美景更加绚烂多彩。

暑练三伏,冬练三九,寒来暑往,常年不辍。每到春暖花开或是秋高气爽的季节,我组织各路英豪的领队或参观或旅游或开联谊会,相互交流指导大众健身的心得体会,尽力为会员、骨干服务。

我们出游,大客车"嘟嘟嘟"地在大街上穿行,两旁花花绿绿的店铺一闪而过,这边新开辟了公园,那边新建起了大厦,城市的面貌日新月异,一路春风一路歌,看得人目不暇接,身处时代大潮,姐妹们激情澎湃。

车到乡村,绿野田畴,天高地广,窗外风景独好,车内热气更高。车长点着人头,邀请众姐妹一展歌喉。真是"生生燕语明如翦,呖呖莺声溜的圆",都是惯于舞台打拼的狠角色,歌曲声情并茂,戏曲一往情深,岁月的沉淀,使歌声的内涵更加丰富,感染力更加悠长。什么叫老有所乐?这就是乐。什么叫老有所为?这就是为。大家感觉到越活越年轻。

有时,我领大家参观我的藏品馆。一大群人,置身在昔日的生活场景中,触摸逝去的岁月,回忆遥远的往事,既像刘姥姥进了大观园,又像沪剧《庵堂相会》中的"看龙船"。大家指指戳戳,一路看来,我讲一件件藏品的收藏故事,狼狗嘴里逃生路,猪圈棚中觅补锅担,老太太拆卸梳妆盒，说得大家哄堂大笑，也有人汗毛直竖，但大呼过瘾。姐妹们深深感觉到：我们老年人的生活丰富多彩，我们老年人也是可以大有作为的。时代为我们提供了最好的生活条件和发展条件，我们要充分利用好这个优势。

火车跑得快，全靠车头带。作为舞林世界的协调人，我不断激发队友的活动热情，协同各个辅导站齐头并进，及时发现问题，及时解决问题。

这个庞大的团队，各个辅导站的负责人便是一个个火车头。我发现个别辅导站的会员，人是精兵强将，业务水平也很高，接受能力强，舞姿翩翩，赏心悦目，但是手下带领的人员不多，凑不满舞台上一个队列。独木不成林，柴少难有火，人少干不成大事，健美操本身是带领全民健身，多多益善，如果发动不了群众，有违我们的办会宗旨。我便到他们乡镇，跟有关领导磋商人选，把有广泛群众基础的人请到第一线。这样上下协力同心，油点扩散，全民健身操很快扩张开来。

我平时不管走到哪里，总做有心人，注意挖掘各类人才，抓好各个辅导站的班子建设，不断调整班子人员，提高整体向心力和战斗力，各级班子实现年轻化、精英化。要求班子人员讲团结、讲和谐、讲原则，虽然分工不同，但都要以协会发展为目的，工作中大事讲原则、小事讲风格，在利益面前谦让，在困难面前敢上，有事勤沟通，相互补台，而不是拆台。要求各成员之间目标一致，行动一致，各司其职，各负其责，相互协调，密切配合，努力形成民主、团结、和谐的良好氛围，使每个人都能为协会的发展壮大做出贡献。

为了使我们的健美舞活动更加规范，技术动作更上一层楼，2016年11月29日，我特邀全国排舞运动推广中心副主任朱冬喜老师和江苏省分中心副主任沈金花老师来常熟指导培训，我们常熟百余名健美操指导员现场接受指导。这次培训，搭建起了专业排舞与业余排舞间的沟通桥梁，使我们学到了最时尚最流行的动作，领略到了专业排舞的风采，初步掌握了科学的健身方法和训练要领，极大提高了我市健美舞的整体水平。

我本人的健美舞水平也在不断地提高。2004年我参加了国家级的健美操指导员培训，并获得证书；2010年又通过培训，获得了国家级一级指导员的资格。

辛勤耕耘收获多，小心呵护花儿艳。常熟市健美操舞协会经过多年努力，硕果累累，各种奖项琳琅满目：

第三、第四届"苏州乐园杯"全民欢乐大比拼,常熟市健美操舞协会均获表演奖,第六届获季军。

2010年,我被江苏省体育局评为"群众喜爱的社会体育指导员"。

常熟市健美操舞协会参加第一届"东方明珠杯"广场舞国际大赛获第三名。

我和姐妹们参加腰鼓大赛

常熟市健美操舞协会被评为2010—2013年度常熟市群众体育先进集体。

2011年,我因在文艺工作中成绩显著,被常熟市文联评为"先进个人"。

2012年,常熟市健美操舞协会被评为3A级社会组织。

2012年,我被评为常熟市社会主义精神文明十佳新人、"亚细亚"杯苏州市第十三届运动会群众体育先进个人。

2014年,常熟市健美操舞协会获苏州市首届市民健身运动会优秀组织奖。

2014年,常熟市健美操舞协会被江苏省社会体育管理中心评为"江苏省体育达人"先进集体。

我们协会的周钰芬、万丽芳、黄瑾被评为苏州市优秀社会指导员。

邢伊萍同志被常熟市人民政府表彰为群众体育先进个人。

2017年8月,我被"舞动江苏"组委会授予"精英领队"荣誉称号。常熟市健美操舞协会有多人获得县市级的多个奖项。

2017年,常熟市健美操舞协会被评为方4A社团组织。

2017年11月,常熟市健美操舞协会被常熟市人民政府评为2014—2017年度常熟市群众体育先进单位。

在各级领导的关怀鼓励下,常熟市健美舞形成了热潮,越来越多的中老年妇女从"买汰烧"的厨房中走出来加入舞林,越来越多的青壮年妇女也加入了我们的队伍。烟熏火燎的苍颜白发,变成了沐浴春风的鹤发童颜;腰酸背痛的筋骨,变成舒筋活血的健体;伛偻呆滞的龙钟老态,变成了机动灵活的轻燕飞鸿。有言道:"祛病免疫动中求,强身健体舞中出。"听着动听的音乐，踏着轻快的舞步，在如海的人群中翩翩起舞，与大自然共舞，与岁月共舞，谁都会感觉到：这个味道好极了。

我想起了幼时接生婆婆对我说过的那番话："月英啊，这就叫'秧好稻好，娘好囡好'，你娘灵绽，养的细娘也有模有样。你初出娘胎，长的那个眉眼啊，那个活灵，我一边兜蜡烛包，一边把你亲了个够。那是清明节过后没几天，杏花梨花开得热热闹闹，到处是'嗡嗡'乱飞的蜜蜂。我对你爹妈说，'这不是百花仙子送来的一朵花吗？亲公亲婆，阿爹阿娘，等着享福吧。'你爹你妈好像不当一回事，这叫'有眼不识金镶玉'。不用看别的，看你一双胖嘟嘟的小手，手指长长的，尖尖的，庄稼人抓粪掰烂泥哪用得着这样的手，明明是一双坐账台拨算盘珠的手嘛。"

回顾我走过的生活道路，我没有坐过账台，也没有拨过算盘珠，但确实像"百花仙子送来的一朵花"。在党的关怀培养下，我没有错过春光，不断地把青春美丽带给周围群众，装点周边环境，提高社会的和谐度和幸福感。

在递送美丽的工作中，江南水乡民风民俗文物的搜集展示这条路走得比较早，比较远，也比较引人注目。这是我退休以后发挥的余热，用花来比喻的话，是一朵"夜来香"。"夕阳无限好，为霞尚满天"，我不但收集了昔日的江南民俗文物，而且还发展了当今的民俗文化——广场健美舞，广场舞把江南的民俗跟全国的民风融合到了一起，成了全国人民团结纽带上的一朵新花。

我对自身的努力感到欣慰，这也是我写作这部回忆录的初衷。

第四章　夕阳争贡献

后 记

给沈月英女士记录整理回忆录是件轻松愉快的事。她说话有条有理，娓娓而谈，富有磁性，一个个场景，一位位人物，在我眼前鲜活地闪现。有人提议我带上录音笔，回去再整理。哪用得上录音笔呀？她的话语句句刻印在我的脑海里，不用记录，回去就能落笔成文。

她说着说着，不时站起来揩台抹凳、提壶续水、清洁地板、整理文案——一副从小养成的勤手脚，但这并不影响她说话的条理性和抑扬顿挫的声调。有时说着说着，旁边会聚拢起几个人来，一起倾听她讲故事。

沈女士的这些故事，跟她开设的"江南民俗馆"一样，充满民间风情，洋溢着地方特色，她的"民俗馆"布置了一个个江南农村定格的场景截面，她讲的这些故事使一个个截面活动了起来，串演成一出出戏剧。她是中国农村近六十年来变化的见证人和风口浪尖的弄潮儿，她的故事不但具有观赏价值，还具有史料价值。如果把这部回忆录与民俗馆参照着看，昔日的江南画面会更加清晰、更加生动。

沈女士讲故事着重于她偏爱的家乡民风民俗。民风民俗是地方文化的根，也是每个在农村成长起来的人的精神乳汁，就像游鱼凭借着流水，飞鸟凭借着空气，离开了民风民俗来研究社会人生，那便成了无源之水、无根之木。沈女士生活的时代，民风民俗经历过曲折的发展过程。由原生态的民风民俗发展到移风易俗，"破四旧"、立四新，再恢复某些方面的传统民风民俗，有所扬弃，有所发展，在这个方面，沈女士是一部"活字典"。

沈女士是位农村乡镇干部，她浸润在农民中间，浸润在泥土中间，乐农民之乐，悲农民之悲，好多方面她都有独到的见解。她对农民的副业生产从不抱排斥态度，她认为只有农业与副业两条腿走路，农民才能过上好日子。她认为乡村风俗不能一笔抹杀，许多风俗包含着精神文明的元素。她认为农村种田大户承包制能够发展农业生产，国家与种田大户双方得利，能保证粮食安全，她在这方面做了一名排头兵，这是她数十年农村工作的一大亮点。正因为她有独到的见解，所以退休之后致力于冷门的民俗物品收藏，才又一次获得成功，受到人们的普遍关注。

回忆录中涉及沈女士的许多亲朋好友，大多作了化名处理。这样做，一方面是为了使当事人免遭议论干扰；另一方面，文中人物的言行往往是几个人的综合，并不能划归在具体某个人的名下，所以还要请当事人谅解。

回忆录有幸得到胡燮敏、曹家俊、曾耀钧、郑行健、花亦明等学有专长的老师的指导，他们提出了许多中肯的修改意见，文本也融合了他们的智慧，因为有了他们的参与，文本才能达到现在的水平，非常感谢老师们的付出。

沈女士原单位领导、常熟市妇联主席周燕，在百忙中抽出仅有的假日时间，对书稿精心推敲、仔细修改，小到标点措辞，大到谋篇布局，丹铅满纸，匠心独运，提高了书稿的质量档次。

原《常熟日报》总编吴从真老师，退休后家居外地，他风尘仆仆赶来常熟，不顾身体的不适，整日整夜审阅修改原稿，他的行家眼光，他的认真负责精神，使我们深受感动，获益匪浅。

"千金之裘，非一狐之腋"，再次向对此书稿付出心血的老师们表示感谢。

沈女士还要办"服装馆""旧家电馆""红色藏品馆"等，她要争取办满8个场馆。

即将古稀之年的沈女士依然思路缜密、精力过人，衷心祝愿她身体健康，事业丰收。

孙永兴
2018年8月6日